BEYOND 또 다른 모험으로
THE WALL
울타리 너머

가지각색 영웅들

목차

디자인: 존 콕킹, 피터 S. 윌리엄스
개발: 플랫랜드 게임즈
집필과 레이아웃: 피터 S. 윌리엄스 (존 콕킹의 도움에도 불구하고 해냈습니다!)
삽화: 존 호지슨, 에린 로우, 레리 맥도우갈, 세스 믹스
편집: 헤롤드 크랜포드 (수치 자료 제외)
그래픽 감독: 제시 울프
특별히 감사를 드립니다: 쪼개지는 방패가 얼마나 쓸만한지 보여준 트롤스미스에게.

옛 게임을 다시 새롭게 바꾼 모든 분들께 바칩니다.

한국어판 번역: 오승한
한국어판 편집: 복희정
ISBN 979-11-88546-22-0
정가: 24,000원
발행 주체: 판권 및 제작 - 이야기와 놀이, 유통 - TRPG CLUB
제작 플랫랜드 게임즈
한국어판 출판 이야기와 놀이

또 다른 영웅들

가지각색 영웅들은 **울타리 너머, 또 다른 모험으로**의 캐릭터 만들기 단계를 크게 확장한 자료집으로. 저희가 이전에 소개한 귀족, 드워프, 엘프, 하플링, 마을, 연장자을 하나로 묶은 다음, 새로운 내용을 추가했습니다.

가지각색 영웅들의 주요 내용은 새로운 캐릭터 플레이북 30가지입니다. 이 플레이북들은 각각 '마을 사람', '귀족', '판타지 종족', '연장자'로 나눕니다. 또한 가지각색 영웅들은 몇 가지 새 주술과 의식, 머나먼 곳으로를 사용하는 테이블을 위한 추가 특성, 새 마법 물품, 노움을 플레이하는 규칙, NPC와 괴물 모음, 그리고 마스터와 플레이어들이 자신만의 캐릭터 플레이북을 만들 수 있도록 돕는 지침도 소개합니다.

울타리 너머, 또 다른 모험으로는 모든 캐릭터가 작은 마을에서 같이 태어나 자랐다고 간주합니다. 하지만 이 책에서 소개하는 일부 캐릭터들은 출신이 다를 수도 있습니다. 다음에 소개하는 규칙과 지침을 사용해 서로 다른 출신의 캐릭터들도 함께 일행이 될 수 있도록 하세요.

귀족 캐릭터

귀족 캐릭터는 소박한 농촌 마을에서 태어난 캐릭터와는 다릅니다. 귀족 캐릭터의 플레이북을 사용하려면 플레이 시작 전에 몇 가지 사항을 검토해야 합니다.

먼저, 테이블 참가자들은 모든 캐릭터가 귀족일지, 아니면 일부 캐릭터만 귀족일지 정해야 합니다. 모든 캐릭터가 귀족이면 쉽고 간편하지만, 일부만 귀족이어도 괜찮습니다. 귀족 캐릭터와 마을 캐릭터들은 쉽게 섞일 수 있습니다. 대부분 귀족 영지에는 성 주변에 마을이 있으니까요. 그렇기 때문에 귀족과 마을 캐릭터들은 친구가 되어서 어린 시절을 함께 보낼 수 있습니다.

귀족 캐릭터를 두 명 이상 만들 때는, 이들이 형제자매인지 아닌지를 정해야 합니다. 귀족 플레이북의 첫 번째 표는 캐릭터의 가문이 어떤 귀족인지를 보여줍니다. 이 표를 굴리는 첫 번째 플레이어는 캐릭터의 "고향 영지"에 사는 가문의 특징을 정합니다. 만약 귀족 캐릭터들이 서로 형제자매나 친척이라면 다른 플레이어들은 이 표를 굴리는 대신 첫 번째 플레이어가 굴린 결과를 그대로 따르면 됩니다.

만약 다른 플레이어가 첫 번째 표의 다른 결과를 선택한

다면, 그 플레이어의 캐릭터는 이 영지로 와서 키워지는 다른 귀족 가문 출신의 아이입니다. 이런 일은 현실 세계의 귀족 사이에서는 흔한 경우이며, 여러 가문이 아이들이 함께 자라는 이유가 될 수 있습니다. 해당 캐릭터의 부모는 멀리 궁정으로 가거나 외국에서 벌어진 전쟁에 출전해서 어쩔 수 없이 아이를 이곳으로 보냈거나, 단순히 친구에게 아이를 보내 양육시키는 편이 좋다고 생각했을지도 모릅니다.

귀족 영지

만약 **울타리 너머, 또 다른 모험으로**의 마을 제작 규칙을 사용한다면, 여러분은 한 가지 고려사항을 덧붙여야 합니다. 우선, 영주의 성을 지도의 한 구석 어딘가에 표시하세요. 이 영지에 있는 마을의 중심은 여전히 여관입니다.

플레이어들은 마을에 장소를 추가할 때 원래대로 마을 어딘가에 만들 수도 있고, 성 옆에 있는 막사나 근처의 마상 시합장처럼 귀족의 영지와 관련이 있는 장소를 만들 수도 있습니다

판타지 종족

판타지 종족의 플레이북은 이 세상에 사는 인간 외의 다른 종족을 나타냅니다. 비록 모든 캐릭터가 자신들의 공동체에서 사는 엘프나 드워프로 플레이할 수도 있겠지만, 판타지 종족의 플레이북은 이러한 비인간 종족들이 매우 드물며, 인간들의 땅에서 보통 두려움의 대상이 된다고 간주합니다. 판타지 종족 플레이북을 사용하는 캐릭터들은 동족들을 떠나 인간의 마을에서 정착한 후 다른 캐릭터들과 친구가 된 방랑자나 추방자입니다.

연장자

모든 영웅이 항상 젊다는 법은 없습니다. 그리고 많은 어린 영웅들은 더 나이 많고 현명한 스승의 인도가 필요합니다. 바로 젊은이들에게 본을 보여주고 모험으로 이끄는 연장자 말입니다. 연장자 플레이북은 일행에서 이런 역할을 맡는 캐릭터들을 플레이할 수 있도록 합니다.

연장자 플레이북으로 만든 캐릭터는 반드시 늙은 사람일 필요는 없지만, 분명 자신의 길을 걷는 성숙한 어른일 것입니다. 연장자 캐릭터는 적어도 25살은 되며, 플레이어가 원한다면 나이 많은 노인일 수도 있습니다. 이들은 다른 캐릭터들과 같은 마을 출신이거나, 최근 마을에 정착

한 사람일 것입니다. 연장자 플레이북은 캐릭터가 다른 PC 중 한 명을 특별히 제자로 삼았다고 가정합니다. 그러므로 일행의 수가 많지 않은 한 연장자 캐릭터는 한 명만 있는 편이 좋습니다.

연장자 캐릭터는 게임에 몇 가지 영향을 끼칩니다. 우선, 연장자 캐릭터는 경험치 2,500점으로 시작하며, 2레벨 캐릭터로서 모든 능력과 힘을 갖춥니다. 하지만 그 대가로 연장자 캐릭터는 다른 캐릭터보다 능력치가 낮습니다. 연장자 캐릭터의 HP는 1레벨 때 원래대로 주사위로 굴릴 수 있는 최댓값을 받지만, 2레벨 때 받는 HP는 캐릭터를 만드는 즉시 굴려야 합니다.

둘째로, 연장자 캐릭터는 모든 일행의 스승 역할을 하겠지만, 그중에서도 특히 많은 시간을 들여 가르친 특별한 제자가 있을 것입니다. 연장자 캐릭터를 맡은 플레이어는 자기 오른편에 앉은 플레이어의 캐릭터를 제자로 삼습니다. 연장자 플레이북의 여섯 번째 표는 연장자 캐릭터가 제자와 어떤 사건을 함께 겪었는지 알려주며, 제자는 표에 나온 대로 두 능력치에 보너스와 페널티를 각각 받습니다.

연장자 플레이북 대부분은 마을 사람임을 염두에 두고 만들었지만, 땅 없는 귀족과 박식한 교사는 귀족 캐릭터들과 함께 하는 편이 더욱 적합합니다. 귀족 캐릭터와 마을 캐릭터들을 같은 일행에 어떻게 넣을지는 앞에서 설명한 '귀족' 항목을 참조하세요.

다중 클래스 캐릭터

가지각색 영웅들에서 소개한 캐릭터 플레이북 중 열네 가지는 다중 클래스 캐릭터입니다. 이 캐릭터들은 곧바로 플레이에 사용할 수 있습니다. 다중 클래스 캐릭터 규칙은 **울타리 너머, 또 다른 모험으로** p.31에서 다시 볼 수 있습니다. 각 다중 클래스에 관한 설명은 해당 플레이북의 마지막 부분을 참조하세요.

사육사 조수

사육사 조수는 도적과 마법사를 섞은 특이한 캐릭터입니다. 이 캐릭터는 자기 분야에서 뛰어난 실력을 갖추었으며, 몇 가지 마법 지식도 알고 있습니다. 사육사 조수는 도적이 가진 능력을 거의 사용할 수 있지만, 마법사처럼 느리게 레벨을 올리며 마법은 오직 캔트립만 씁니다. 한편, 사육사 조수는 마법 동물을 동료로 데리고 시작합니다.

드워프 스승

툉명스럽지만 믿음직스럽고 노련한 동반자가 될 수 있는 드워프 스승은 전사와 도적을 섞은 클래스입니다. 캐릭터는 전사처럼 싸울 줄 알며 특기도 가지지만, 도적처럼 추가 기능도 얻습니다.

드워프 룬 주술사

드워프 룬 주술사는 전사와 마법사를 섞은 클래스입니다. 드워프 룬 주술사는 고대의 전승과 주술로 전투 실력을 강화하는 강력한 전사지만, 캔트립과 의식을 쓰지는 못합니다.

엘프 귀족

엘프 귀족은 마법의 검으로 무장한 전형적인 마법 전사입니다. 엘프 귀족은 캔트립과 의식을 쓸 줄 알지만, 주술을 쓰지는 못합니다.

엘프 레인저

엘프 레인저는 요정의 노래를 부르는 노련한 숲사람으로, 도적과 마법사를 섞은 클래스입니다. 엘프 레인저는 다른 엘프와 마찬가지로 행운 점수가 적지만, 다양한 기능과 몇몇 재미있는 주술을 갖추었습니다.

요정 업둥이

요정 업둥이는 전사와 마법사를 섞은 클래스입니다. 요정 업둥이는 마법사처럼 느리게 레벨이 오르며 여러 가지 강력한 마법의 능력을 사용하지도 못하지만, 전사만큼 잘 싸우기 때문에 전투가 벌어지면 최전선으로 나설 수 있습니다. 또한 요정 업둥이는 요정의 특징을 한 가지 지니며 누구보다도 특이한 배경을 갖추었습니다.

미래의 장군

미래의 장군은 전사와 도적을 섞은 클래스입니다. 미래의 장군은 전투에서 충분히 한몫을 담당하며, 많은 행운 점수를 활용해 동료들을 돕거나 불가능해 보이는 작전을 펼칠 수 있습니다.

재능 많은 취미꾼

재능 많은 취미꾼은 도적과 마법사를 섞은 팔방미인 클래스입니다. 이 캐릭터는 마법사처럼 느리게 레벨이 오르며, 캔트립과 의식만 쓸 수 있습니다. 하지만 재능 많은 취미꾼은 도적의 HP와 전투 능력, 다양한 기능을 갖추었으며, 가죽 갑옷도 입을 수 있습니다.

노움 대부모

여러 가지 재주를 부리는 노움 대부모는 도적과 마법사를 섞은 클래스입니다. 노움 대부모는 몸을 숨기면서 집안일을 거드는 데 도움이 되는 다양한 기능을 갖추었으며 주술만 쓸 수 있습니다. 하지만 이 캐릭터는 노움이기 때문에, 환상 짜기 캔트립도 사용합니다.

하플링 순찰대원

하플링 순찰대원은 도적의 추가 행운 점수를 가진 작은 전사입니다. 이 캐릭터는 근력이 부족한 탓에 어려움을 겪을 수도 있지만, 전문적인 무기 실력으로 차이를 극복합니다. 또한 하플링 순찰대원은 특수한 능력을 가진 조랑말을 충직한 동료로 삼아 함께 모험을 떠납니다.

전설의 후계자

영웅담을 들으면서 자란 전설의 후계자는 전사와 도적을 섞은 클래스입니다. 이 캐릭터는 순수한 전사만큼 잘 싸우며 특별한 검을 다루는 데 숙달되었지만, 전사의 특기는 지니지 않았습니다. 하지만, 전설의 후계자는 도적처럼 행운 점수가 많은 덕분에 폭넓은 능력을 갖춘 훌륭한 모험가가 될 수 있습니다.

땅 없는 귀족

땅 없는 귀족은 가문의 영지를 잃고 힘든 시간을 겪는 캐릭터로, 전사와 도적을 섞은 클래스입니다. 땅 없는 귀족은 순수한 전사만큼 잘 싸우지는 못하지만, 모든 갑옷을 입을 수 있으며, 무기 숙련 능력을 가졌습니다. 또한 땅 없는 귀족은 도적처럼 추가로 행운 점수를 받습니다.

몰락한 가문의 마지막 자손

몰락한 가문의 마지막 자손은 오래전 멸망한 왕국의 혈통을 잇는 캐릭터로, 전사와 도적을 섞은 클래스입니다. 몰락한 가문의 마지막 자손은 전사만큼이나 잘 싸울 수 있으며 HP도 많지만, 무기 숙련 능력은 가지고 있지 않습니다. 또한 몰락한 가문이 마지마 자손은 도저처럼 추가로 행운 점수를 받습니다.

수련 성전 기사

수련 성전 기사는 전형적인 성기사나 신싱 진사토, 진사와 마법사를 섞은 클래스입니다. 수련 성기사는 마법사처럼 느리게 레벨이 오르며 여러 가지 강력한 마법의 능력을 사용하지도 못하지만, 전사만큼 잘 싸우기 때문에 전투가 벌어지면 최전선으로 나설 수 있습니다.

새로운 마법

가지각색 영웅들은 새로운 캐릭터 플레이북에서 사용하는 몇 가지 새로운 주술과 의식을 소개합니다. 여기 나온 마법들은 새로운 플레이북을 사용하는 캐릭터뿐만 아니라 마법사라면 누구든지 쓸 수 있습니다.

주술

엘프의 사격
유효 거리: 접촉
지속 시간: 5라운드
극복 판정: 특별
마법사는 화살이나 다른 사격용 탄약 위에 낮게 주문을 흥얼거려서 강력하고 해로운 마법을 불어넣습니다. 지속 시간이 지나기 전에 마법이 깃든 화살이 명중하면, 상대는 독 극복 판정에 실패할 경우 1d10라운드 동안 완전히 이동할 수 없습니다.

요정의 망토
유효 거리: 근거리
지속 시간: 1라운드/레벨
극복 판정: 없음
마법사가 고대 엘프어로 주문을 부드럽게 노래하면, 마법사와 동료의 주변에 은빛 안개가 피어올라 일행의 형체를 그 즉시 완전히 감춥니다. 마법사와 최대 여섯 명까지의 동료의 모습은 주변 환경에 녹아들어가서 발견하기 매우 어렵게 바뀝니다. 이 마법의 짧은 지속시간 동안, 주문의 영향을 받는 대상은 모두 숨거나 잠입하는 시도에 +2 보너스를 받습니다.

허기와 갈증
유효 거리: 근거리
지속 시간: 1시간/레벨
극복 판정: 실시
이 주문은 근거리 안의 상대 한 명에게 엄청난 허기와 갈증을 느끼게 하는 끔찍한 저주입니다. 극복 판정에 실패한 상대는 몸이 안 좋아질 때까지, 어쩌면 몸이 망가지는 것도 개의치 않고 오직 먹고 마시는 일에만 집중합니다. 비록 전투 중에 칼을 버리지는 않겠지만, 그 밖의 다른 행동이나 계획은 별로 중요하지 않게 느껴질 것입니다.

밤의 기예
유효 거리: 자신
지속 시간: 하룻밤
극복 판정: 없음
마법사는 손에 침을 뱉고, 기호를 그린 다음, 도구를 듭니다. 하룻밤 동안, 마법사는 공예나 청소, 그 밖의 일상적인 육체노동을 하는 판정에 +5 보너스를 받습니다. 하지만 마법사는 열심히 일한 후 잠을 잘 때까지 모든 판정에 -1 페널티를 받습니다.

타오르는 열기
유효 거리: 근거리
지속 시간: 7라운드
극복 판정: 없음
타오르는 열기는 근거리 내의 금속 물체 하나를 무척 뜨겁게 만드는 주문입니다. 평범한 생물이라면 보통 뜨겁게 달궈진 물건을 즉시 떨어뜨릴 것입니다. 만약 적이 착용한 금속 갑옷에 타오르는 열기를 사용했다면, 상대는 갑옷을 벗을 때까지 라운드마다 1점씩 피해를 받습니다.

시각 공유
유효 거리: 접촉
지속 시간: 집중
극복 판정: 없음
마법사는 상대에게 손을 대고 주문을 외어서 자신의 눈으로 보는 대신 주문대상의 눈을 같이 사용합니다. 이 주문은 사람이든 다른 동물이든 살아있는 생물에게는 모두 사용 가능하며, 마법사가 집중을 유지하는 한 주문이 계속됩니다.

뒤틀림의 노래
유효 거리: 근거리
지속 시간: 순간
극복 판정: 없음
뒤틀림의 노래는 근거리 내에 있는 비마법적인 평범한 목재 물체 하나를 망가뜨려서 쓸모없게 만드는 주문입니다. 활은 완전히 망가지며, 배는 갑자기 물이 새기 시작하고, 문은 덜커덩 열립니다.

고통의 저주

유효 거리: 근거리
지속 시간: 3라운드
극복 판정: 실시

고통의 저주는 주문대상의 속을 뒤틀어서 끔찍한 고통에 몸부림치게 하는 무서운 주문입니다. 마법사는 귀를 아프게 하는 강력한 권능의 단어 한 마디를 외치고 주문대상을 가리킵니다. 극복 판정에 실패한 상대는 주문의 지속시간 동안 라운드마다 1d4점씩 피해를 받으며, 심한 고통 때문에 모든 공격 판정과 능력치 판정에 -2 페널티를 받습니다. 마법사가 3레벨이 되면 주문의 지속 시간은 5라운드로 늘며, 6레벨에는 7라운드로, 9레벨에는 9라운드로 늡니다.

1레벨 의식

요정의 부름 (지능)

유효 거리: 장거리
지속 시간: 사흘
극복 판정: 실시

요정 군주의 이 비밀스러운 의식을 익힌 인간 마법사는 거의 없습니다. 의식이 완성되면, 반경 3마일(4.8km) 내에 있는 요정 2d6마리가 강제로 마법사에게 와서 사흘 동안 마법사의 하인으로 일합니다. 만약 주문의 유효 거리 안에 요정이 매우 많이 있다면, 마스터는 누가 영향을 받는지 정하세요. 어쩌면 작고 하찮은 생물이 부름에 응할 수

도 있고, 매우 강력한 요정 군주가 부름에 응할 수도 있습니다. 영향을 받는 요정은 주문 극복 판정에 성공하면 부름을 무시할 수 있습니다. 만약 유효 거리 안에 적합한 생물이 없다면, 이 의식은 아무 효과도 없습니다.

소환된 요정이 꼭 마법사를 좋아한다는 보장은 없지만, 보통 성실하게 마법사의 말을 따릅니다. 하지만, 특별한 이유가 있거나 마법사가 매우 그럴듯한 말로 설득하지 않는 이상 본성에 어긋나는 행동은 하지 않습니다. 마법사가 요정에게 위험한 일을 시키거나 본성에 이울리지 않는 일을 하도록 구슬린다면, 마스터는 **매력** 판정을 요구할 수 있습니다.

이 의식을 치를 때마다 마법사는 님프의 샘에서 떠온 물이나 그림자의 우물 바닥에 있는 돌, 별의 단풍나무에서 따온 잎처럼 해당 지역의 요정들에게 어떤 식으로든 큰 의미가 있는 의식 재료를 사용해야 합니다. 의식을 치르는 동안 마법사가 요정의 노래를 부르면, 준비한 의식 재료는 희미하게 빛나기 시작합니다. 의식 재료는 의식의 지속 시간인 사흘 동안 계속 빛을 발하면서 점점 바스러져 결국 완전히 사라집니다.

마지막 안내 (지혜)

유효 거리: 근거리
지속 시간: 영구
극복 판정: 실시

어떤 마녀들은 방해받기를 싫어합니다. 마법사의 일에 참견하지 말라는 사람들의 말에는 다 이유가 있는 법입니다. 이 의식은 연회장이나 숲속 공터, 오두막처럼 다른 곳과 분리된 특정한 장소에 거는 마법입니다. 의식이 완성된 다음 마법사는 언제든지 '마지막 안내'를 할 수 있습니다. 마법사가 마지막 안내를 하면, 이 장소에 남기를 바라는 생물들은 누구든지 극복 판정을 해야 합니다. 판정에 실패한 상대는 가능한 한 모든 방법을 동원해 그 자리를 즉시 떠나야 합니다. 의식의 영향을 받는 상대는 다음 날에 해당 장소로 되돌아올 수 있습니다. 의식의 지속 시간은 마법사가 '마지막 안내'를 할 때 끝나며, 다시 '마지막 안내'를 하려면 처음부터 의식을 다시 치러야 합니다.

의식을 치르려면 철로 만든 못 세 개와 저녁 식사 때 피운 불의 재, 그리고 창문의 돌 부스러기나 덮개 조각처럼 마법사가 선택한 해당 장소의 물체 중 하나가 필요합니다. 마법사는 의식을 치를 때 해당 장소를 서성이면서 입구와 출구를 본 다음, 격리의 마법이 담긴 단어를 중얼거립니다.

2레벨 의식

결사단의 대화 (지능)

유효 거리: 장거리
지속 시간: 10분/레벨
극복 판정: 없음

마법 결사단의 단원들은 이 의식의 도움으로 거리에 구애받지 않고 연락을 주고받을 수 있습니다. 같은 결사단의 두 단원이 같은 날 이 의식을 치른다면, 두 사람은 같은 차원 안에 있는 한 서로 어디에 있든 대화를 주고받을 수 있습니다. 지속 시간은 두 사람 중 더 짧은 쪽을 적용하세요. 이 의식은 두 사람이 같은 날에 주문을 사용해야 한다는 제한이 있기 때문에, 결사단의 회원들은 보통 미리 의식을 사용할 날짜를 정합니다. 만약 의식 판정에 실패하면, 마법사는 원하는 상대 대신 다른 누군가와 대화를 하게 됩니다.

다른 의식과는 달리 **결사단의 대화**에는 아무 의식 재료도 필요 없습니다. 그저 같은 결사단에 속한 두 마법사가 두 시간 동안 조용하고 평화롭게 방해받지만 않는다면 의식을 치를 수 있습니다.

마법사의 집 (지능)

유효 거리: 근거리
지속 시간: 1개월
극복 판정: 없음

이 의식은 많은 전설과 노래를 낳은 주문입니다. 의식이 완성되면 마법사의 집 안은 비현실적으로 넓어집니다. 마법사는 자기 레벨 당 방 하나를 (혹은 방 하나와 비슷한 크기의 공간을) 집 안에 추가할 수 있습니다. 연회장이나 병영 같은 유난히 큰 방은 "방 두 개"로 간주합니다. 마법사의 집은 바깥에서 볼 때는 아무 변화도 없지만, 집 안의 사람들은 공간을 무척 넓게 사용할 수 있습니다.

게다가, 마법사는 실제 거리에 상관없이 집 안에 있는 모든 주문대상에게 접촉한 것처럼 마법을 사용할 수 있습니다. 그러므로, 자기 집 안에 있는 마법사는 정말로 무서운 적입니다.

이 의식을 아는 마법사 대부분은 장서나 물품, 장비 등이 있을 충분한 공간을 유지하기 위해 매달 이 의식을 치릅니다. 만약 마법사가 의식을 치르지 못한다면, 마법적인 방에 있던 모든 물품과 가구는 사라집니다. 사라진 물품들은 어쩌면 이후 다른 곳에서 발견할 수도 있고, 영영 발견하지 못할 수도 있습니다. 사라진 방에 머물던 하인이나 손님, 친구 역시 다른 장소로 사라집니다. 그러므로 집에 틀어박히기를 좋아하는 마법사의 집에서 지나치게 오래 머무는 것은 현명하지 않습니다.

마법사의 집은 반드시 매달 같은 주기의 달(예를 들어 보름달 등) 아래에서 치러야 합니다. 의식에는 오래된 돌과 갓 만든 벽돌, 모르타르, 막 자른 주목 가지가 필요합니다. 이 의식 재료들은 마법사가 두 시간의 의식을 치르면서 방마다 돌아다니며 경계를 표시하고, 비밀스러운 기호를 만들고, 새 문을 열고, 마법의 단어를 중얼거리는 동안 모두 소모됩니다.

마법 물품

이번 장은 캐릭터가 **울타리 너머, 또 다른 모험으로** p.69에서 소개한 것 외에 추가로 얻을 수 있는 마법 물품을 수록했습니다. 또한 치료나 비법 사용 능에 도움이 되는 마법적인 약초도 소개합니다.

새 마법 물품

아버지의 검

아버지의 검은 대대로 전해진 강력한 마법의 검입니다. 아버지의 검은 주인의 힘에 맞추어 함께 성장합니다. 캐릭터가 레벨을 올릴 때마다, 아버지의 검 역시 새로운 마법적 특성을 얻습니다. 검의 특성은 다음 표를 참조하세요. 아버지의 검은 언제나 주인의 레벨에 맞춰 능력을 얻으며, 이전 레벨에서 얻은 마법적 특성은 모두 축적됩니다.

레벨	특성
1	검은 마법 물품으로 간주하지만, 명중이나 피해에 보너스를 주지는 않습니다. 하지만 평범한 공격에 영향을 받지 않는 적에게 피해를 줄 수는 있습니다. 또한 검은 어디에 있든 하루 이틀 내에 언제나 정당한 주인을 찾아갑니다
2	검의 주인은 명중과 피해에 +1 보너스를 받습니다.
3	검의 주인은 모든 극복 판정에 +1 보너스를 받습니다. 또한 검은 주인에게 모호한 꿈을 꾸게 해서 가까운 미래에 닥칠 커다란 위험을 경고합니다. 꿈의 세부적인 내용은 마스터가 정합니다.
4	검의 주인은 명중과 피해에 +1 보너스를 더 받습니다. (총 +2 보너스)
5	검은 주인에게 곧 닥칠 위험을 경고합니다. 적이 반경 30야드(27m) 내에 있으면, 검은 희미하게 빛납니다.
6	검의 주인은 명중과 피해에 +1 보너스를 더 받습니다. (총 +3 보너스)
7	검의 주인은 **장갑**에 +2 보너스를 받습니다. 또한, 검은 주인의 손으로 튀어 올라 즉시 전투태세를 갖춥니다. 이 덕분에 주인은 행동 순서에 +3 보너스를 받습니다.

레벨	특성
8	검의 수인은 명중과 피해에 +1 보너스를 더 받습니다 (총 +4 보너스)
9	검은 주인의 몸을 돌봅니다. 주인은 검을 가지고 있는 동안 중독되거나 병에 걸리지 않습니다.
10	검의 주인은 명중과 피해에 +1 보너스를 더 받습니다. (총 +5 보너스)

주인과 함께 성장하는 검의 특성 때문에, 캐릭터는 수많은 이야기 속에 나오는 영웅들처럼 가문의 무기를 가지고 캠페인 내내 사용할 수 있습니다. 아버지의 검은 **울타리 너머**에 나오는 모든 캐릭터가 가질 수 있는 마법 물품이지만, 특히 전설의 후계자와 몰락한 가문의 마지막 자손에게 어울립니다.

마스터와 플레이어들은 얼마든지 아버지의 검과 비슷하지만 형태나 특정 능력이 다른 마법 무기를 고안할 수 있습니다. 어떤 드워프는 어머니에게 물려받은 도끼를 애지중지할 것이고, 초기 문명의 영웅은 고대의 창을 지니고 있을 것입니다.

오거의 장갑

흠집투성이에 여기저기 기운 흔적이 가득한 이 장갑은 난폭한 오거 장군의 무덤에서 가져온 마법 물품으로, 겉보기에는 지나치게 크지만 누가 끼든 착용자의 손에 꼭 맞습니다. 오거의 장갑은 옛 주인의 힘을 그대로 지니고 있기 때문에, 착용자는 장갑에 명령을 내려서 피해와 모든 **근력** 판정에 +5 보너스를 받을 수 있습니다. 하지만 인간의 몸은 이런 괴력을 견디기 어렵기 때문에, 착용자는 오거의 장갑을 사용하는 라운드마다 마법 물품 극복 판정을 해서 실패하면 착용자 레벨마다 1점의 피해를 받습니다.

요정 궁정의 징표

형태는 각각 다르지만, 규모가 큰 요정 궁정 대부분은 자신들이 사용하는 징표를 만듭니다. 요정 여왕을 모시는 강력한 요정들의 궁정은 아마도 아름다운 흰색 금속을 초록색 작은 보석으로 장식한 징표를 만들 것이며, 고블린과 드워프, 노움들이 섞인 지하 궁정에서는 황동 안에 어두운 돌을 박은 커다란 징표를 만들 것입니다. 어떠한 경우든 이 징표는 오직 요정들의 진실한 친구에게만 주는 커다란 선물입니다. 징표의 소지자가 위험에 처했을 때 이 징표를 준 궁정의 요정이 반경 1마일(1.6km) 안에 있다면 그 요정은 징표의 소지자가 위험하다는 사실을 알아차리며, 지금 어디에 있는지도 대략 알 수 있습니다.

약초

마법의 힘은 그저 마법사나 요술사가 만든 마법 물품에만 있을 뿐 아니라 우리 주변 모든 곳에 존재합니다. 특히 씨앗을 틔우고 번성하는 생명의 마법은 이 세상 곳곳에 스며들어 있습니다. 평범한 사람들은 모든 약초에 신통한 효과가 있다고 생각하지만, 그중에서도 몇몇 약초는 정말로 특별합니다. 다음에 소개하는 마법의 약초들은 마법 감지 능력으로 파악할 때 마법의 기운을 발산하며, 요술사나 연금술사, 치료사들 사이에서 무척 큰 가치를 지닙니다. 마법의 약초는 무척 찾기 어렵기 때문에, 아무리 약초가 자라기 적합한 지역에서 찾으려고 하더라도 판정에 최소한 -6 페널티는 받습니다. 그렇기 때문에, 부유한 약초사들은 눈에 띄지 않거나 엄중하게 보호받는 장소에 정원을 마련해서 직접 귀한 약초를 키우곤 합니다. 하지만 마법의 약초는 키우는 것 역시 어렵기 때문에, 계절마다 **지혜** 판정이 필요합니다

겨울바람꽃

겨울바람꽃은 그늘진 겨울 계곡과 커다란 떡갈나무 그늘에서만 자라는 위험하고 희귀한 꽃입니다. 겨울바람꽃의 칠흑빛 꽃잎은 만지기만 해도 독 극복 판정을 해야 하며, 실패하면 HP 1점을 잃습니다. 또한 겨울바람꽃의 꽃과 줄기는 달여서 독액으로 만들 수 있습니다. 이 독액을 마신 사람은 2d6+4점의 피해를 받으며, 완전히 힘을 잃고 최소 1주일 동안 병상에 누워서 휴식을 취하거나 모든 판정에 -10 페널티를 받아야 합니다. 독 극복 판정에 성공하면 피해는 받지 않지만, 여전히 몸져누워서 앞에서 설명한 페널티를 받습니다.

고블린의 재앙

고블린 종족들은 이 약초를 보거나 냄새를 맡기만 해도 도망칩니다. 고블린의 재앙은 깊은 숲속에서 자라며, 특히 메마른 땅에서 잘 자랍니다. 이 식물은 잎이 불그스름하고 꺼끌꺼끌하며, 작고 아름다운 흰색 꽃을 피웁니다. 만약 캐릭터가 싱싱한 고블린의 재앙을 품에 지니고 있다면, 고블린들은 해당 캐릭터를 상대로 한 모든 행동이나 공격에 -1 페널티를 받습니다.

대왕의 숨결

이 들쭉날쭉 자란 잡초는 여러 세대 전에 최초의 대왕이 이 땅에 가져온 식물입니다. 대왕의 숨결은 몇몇 장소에서만 자라지만, 서식지 안에서는 풍성하게 자라서 금방 퍼집니다. 대왕의 숨결은 봄과 가을에 작고 하얀 꽃을 피우며, 겨울내 푸름을 잃지 않습니다.

대왕의 숨결은 약효가 뛰어나기 때문에, 천에 적셔 찜질용 약으로 사용하거나 차로 달여서 마시면 치료나 약초 지식 판정에 +1 보너스를 받습니다. 이 약초의 꽃은 싱싱한 상태로 사용하든, 말려서 사용하든 보호와 차단의 효과가 있기 때문에 보호의 원 의식 같은 마법에 의식 재료로 사용한다면 마법사는 의식 판정에 +2 보너스를 받습니다.

마녀의 떨기나무

마녀의 떨기나무는 매우 드물게 자라는 연약한 녹색 식물입니다. 이 식물은 매우 높은 곳까지 기어올라 짙디짙은 보랏빛의 작은 꽃을 피웁니다. 마녀의 떨기나무에는 보호와 비밀, 탈출의 힘이 깃들여 있어서, 숙련된 약초사는 꽃을 훼손하지 않고 줄기를 엮어 보호의 부적을 만들 수 있습니다. 이 부적을 몸에 지닌 사람은 숨거나, 몰래 걷거나, 도망치는 판정에 +1 보너스를 받습니다.

장로의 장미

깊고 선명한 붉은 빛을 띠는 장로의 장미는 춘분이 될 무렵 요정들이 발을 디디는 곳에서만 자라서 꽃이 피는 식물입니다. 나무와 벽을 타고 높이 올라가는 이 장미에는 가시가 없습니다. 전설에 따르면 사람들은 연인이나 친구, 부모에게 장로의 장미를 선물로 주었으며, 이 꽃을 주고받은 이들은 절대 갈라지지 않았다고 합니다.

장로의 장미를 선물로 받은 캐릭터는 선물을 준 상대의 도움을 더 쉽게 받습니다. 이틀 정도 장미가 싱싱하게 살아 있는 동안, 선물을 받은 캐릭터는 선물을 준 상대에게 도움을 받을 때 +1 보너스를 더 받습니다. (즉, 도움으로 +3 보너스를 받습니다. 선물을 준 상대가 실력이 뛰어나다면 +5나 +7 보너스도 받을 수 있습니다)

푸른 성인

이른 봄에만 꽃이 피는 덩굴식물인 푸른 성인은 약초사들과 의사들이 귀하게 여기는 약초입니다. 이 약초의 작고 푸른 꽃과 줄기에서 나오는 즙을 끓이면 달콤한 향을 풍기지만 쓴맛이 나는 차를 만들 수 있습니다. 이 차를 마신 사람은 HP 1점을 회복하며, 즉시 독 극복 판정을 해서 성공하면 병이나 피로, 공포에서 회복됩니다.

황금 가지

때로, 고대의 성스러운 장소에 있는 나무의 특정한 가지에서 일 년 내내 깊은 황금빛 잎이 자라날 때가 있습니다. 이 잎과 그 가지의 수액은 잠들지 못하는 망자들에게 효과가 있는 강력한 마법적인 힘을 발휘합니다. 누구든 이 잎을 씹어 먹은 캐릭터는 한 시간 동안 죽은 이들의 영을 볼 수 있으며, 어떠한 언데드에게도 공격받지 않습니다

새 특성

특성은 머나먼 곳으로에서 소개한 특수한 능력이나 보너스, 재주입니다. 플레이어들은 특성을 사용해 한층 더 개성 있는 캐릭터를 만들 수 있습니다. 이번 장은 **울타리 너머, 또 다른 모험으로**에서 사용할 수 있는 몇 가지 새 특성을 소개합니다. 저희는 머나먼 곳으로가 없는 마스터와 플레이어들을 위해 특성을 어떻게 사용하는지 소개하겠습니다. 자세한 규칙은 머나먼 곳으로 p.32를 참조하세요.

캐릭터가 특성을 얻으려면, 반드시 진실한 이름을 가져야 합니다. 머나먼 곳으로에서는 모든 캐릭터가 1레벨 때 특성 하나를 가지고 시작하며, 5레벨과 9레벨 때 각각 하나씩 더 얻을 것을 권장합니다. 테이블에 따라서는 좀 더 많이 가질 수도, 적게 가질 수도, 아예 특성을 사용하지 않을 수도 있습니다. 어떤 경우든 모든 캐릭터는 같은 수의 특성을 가져야 합니다.

일반 특성

생존주의자
캐릭터는 야생에서도 편안하게 지내기 때문에, 언제나 자기 분량의 물과 식량을 확보합니다. 하지만 다른 사람들까지 먹이려면 원래대로 채집이나 사냥 판정을 해야 합니다. 이 특성은 타오르는 사막이나 암흑 군주의 영토처럼 가혹한 환경에서는 효과가 없습니다.

항상 준비됨
캐릭터는 그 상황에 도움이 되는 특이한 물건을 지니고 다닐 때가 많습니다. 행운 점수 1점을 사용하면, 캐릭터는 자신이 가지고 다닐 법한 물건이라면 무엇이든 가방 속에서 꺼낼 수 있습니다.

전투 특성

결투
캐릭터는 일대일 싸움에 능합니다. 만약 캐릭터가 인간 크기의 상대와 일대일 결투를 벌인다면, 명중과 **장갑**에 +2 보너스를 받습니다. 이 보너스는 다른 사람이 결투에 끼어드는 순간 사라집니다.

방패 싸움
캐릭터는 무시무시한 공격을 당해도 방패로 몸을 보호하는데 숙련되어 있습니다. 이 특성을 가진 캐릭터는 방패로 무장한 동안 적의 공격으로 받는 피해를 한 번 무시할 수 있습니다. 그 대신, 방패는 산산이 부서져서 쓸모없게 됩니다. 마법의 방패를 이렇게 사용한다면 완전히 부서지지는 않지만 망가져서 장인의 수리를 받아야 합니다.

주문 특성

유연한 의식
캐릭터는 다른 마법사들과 다른 방식으로 의식을 사용합니다. 플레이어는 의식 두 가지를 선택해서 해당 의식을 사용할 때 원래와 다른 능력치로 판정할 수 있습니다. 판정할 수 있는 능력치는 **지능**, **지혜**, **매력** 중 하나이며, 두 의식을 반드시 같은 능력치로 판정할 필요는 없습니다. 플레이어는 이 특성을 가질 때 반드시 지금 가진 의식에 적용할 필요 없이 "예비"로 남겨 두었다가 이후 새 의식을 얻었을 때 적용할 수도 있습니다.

최후의 마법
이 특성을 가진 마법사는 최후의 발악으로 몸속의 힘을 모두 끌어내 주술을 사용할 수 있습니다. 캐릭터는 하루에 사용할 수 있는 모든 주술을 다 소모한 다음에도 한 번 더 주술을 쓸 수 있습니다. 하지만 이 주술을 쓴 다음 캐릭터는 의식을 잃고, HP는 즉시 0으로 떨어집니다.

초자연적 특성

생쥐들의 친구
캐릭터는 혈통 때문이든, 신비한 약속 때문이든, 아무도 모르는 재능 때문이든 생쥐들과 매우 친합니다. 캐릭터는 근처에 생쥐가 있으면 대략 느낄 수 있고, 생쥐와 이야기할 수 있으며, 생쥐와 관련된 모든 판정에 +2 보너스를 받습니다. 이 특성은 오직 생쥐에게만 적용되는 능력이라는 점을 참조하세요. 다람쥐나 시궁쥐, 그 외 설치류에게는 아무 효과도 없습니다.

유령의 손길
캐릭터는 어떤 식으로든 죽은 자와 맞닿아 있습니다. 해가 진 후, 캐릭터는 자신 근처에 있는 모든 유령을 볼 수 있습니다. 다만 이 특성을 가져도 망자가 아닌 영이나 투명체, 혹은 비실체 생물을 볼 수는 없습니다.

판타지 종족

울타리 너머, 또 다른 모험으로는 p.30 "선택 규칙"에서 엘프와 드워프, 하플링으로 플레이할 수 있는 규칙을 제공합니다. 이번 장에서는 노움을 플레이하는 방법과 드워프 캐릭터의 변형 단점을 추가해서 해당 규칙을 다시 소개합니다.

많은 판타지 이야기에서는 용감한 인간뿐만 아니라 엘프나 드워프, 하플링들도 함께 모험을 떠나곤 합니다. 다음은 이러한 캐릭터를 만들기 위한 규칙입니다. 각 판타지 종족은 각자 특별한 장점과 단점을 지녔으며, 어떠한 종족을 선택하든 인간과는 무척 다른 캐릭터를 플레이할 수 있습니다.

언어가 중요한 역할을 하는 게임이라면, 마스터는 각 캐릭터가 자기 종족 언어와 다른 언어 하나를 기본으로 안다고 정할 수 있습니다. 예를 들어 엘프 캐릭터는 **지능** 보너스가 없더라도 여전히 인간의 공통 언어와 엘프, 또는 요정의 언어를 알 것입니다.

드워프

대지와 돌의 종족인 드워프는 숙련된 장인이며, 때로 인간들의 땅을 떠돌면서 물건을 팔고 보물을 찾기도 합니다. 드워프는 강인한 전사이자 원기 왕성한 모험가이지만, 그 내면은 황금과 아름다운 것을 사랑하는 마음으로 가득 차 있습니다. 많은 드워프가 인간들의 땅으로 떠나는 이유이기도 합니다.

울타리 너머의 드워프는 진실한 이름과 초자연적 능력을 지닌 무척 기이한 종족입니다. 모든 드워프는 다음 특성을 가집니다:

드워프 시야 - 드워프는 빛이 조금만 있더라도 앞을 볼 수 있습니다. 완전한 어둠 속에 있지 않은 한 드워프는 마치 환한 대낮에 있는 인간처럼 볼 수 있습니다.

돌의 힘 - 드워프는 인간이 생각하는 것보다 훨씬 강인한 종족이므로, 클래스를 선택할 때 체력 주사위가 한 단계 더 높아집니다. 예를 들어, 드워프 도적의 체력 주사위는 원래 받는 d8이 아니라 d10입니다.

진실한 이름 - 돌과 바위의 종족이자 대지만큼 오래된 드워프들은 각자 진실한 이름을 가졌으며, 그 이름을 아는 캐릭터는 드워프를 상대로 강한 힘을 발휘할 수 있습니다. 상대 드워프의 진실한 이름을 부르면서 공격하는 캐릭터는 공격을 포함해서 상대 드워프를 노리는 모든 행동에 +5 보너스를 받습니다.

드워프의 변형 단점

모든 드워프는 단점으로 적들이 이용할 수 있는 진실한 이름을 가지고 있습니다. 하지만 머나먼 곳으로의 특성 규칙을 사용한다면 모든 캐릭터가 진실한 이름을 가지게 될 것입니다. 게다가, 여기 소개하는 판타지 종족은 모두 요정이기 때문에 불쌍한 드워프뿐만 아니라 (아마 하플링을 제외한다면) 모든 종족이 진실한 이름을 가지고 있을 것입니다.

마스터는 이 점을 고려해서, 그리고 드워프가 받는 커다란 장점을 고려해 모든 드워프의 단점을 아래와 같이 바꿀 수 있습니다. 테이블의 선택에 따라서 드워프의 단점을 바꾸는 동시에 모든 판타지 종족에게 진실한 이름을 줄 수도 있습니다.

매료 - 훌륭한 손재주나 압도적인 아름다움, 혹은 어마어마한 부를 목격한 드워프는 눈앞의 광경에 매료되어 그저 감탄에 찬 눈빛으로 지켜보는 일 외에 다른 것을 하지 못할 수도 있습니다. 이런 상황이 오면, 드워프 캐릭터는 신체 변형 극복 판정을 합니다. 판정에 실패하면 캐릭터는 1d4+2라운드 동안 뻣뻣이 굳어서 아무 행동도 하지 못합니다. 경외심에 사로잡힌 드워프는 세게 얻어맞거나 다른 방식으로 신체적인 피해를 받더라도 강렬한 몽상에서 깨어나지 못합니다.

엘프

엘프는 인간의 세계 너머에서 온 아름답고도 위험한 종족으로, 요정들의 군주이자 오래전부터 쇠퇴해온 문명의 슬픈 계승자입니다. 어떤 엘프들은 아무도 모르는 잊힌 왕국의 웅장하지만 무너져가는 도시에서 살고 있으며, 또 다른 엘프들은 인간들이 모르는 야생지대에서 비밀리에 거주지를 이루고 삽니다. **울타리 너머**의 엘프는 인간들과 제대로 어울리지 못하는 요정 왕족입니다. 모든 엘프는 다음 특성을 가집니다.

엘프 시야 – 날카로운 시야를 지닌 엘프는 완전한 어둠 속에 있지 않는 한 앞을 볼 수 있습니다.

요정의 군주 – 요정 궁정의 왕족인 엘프는 요정 생물에게 명령을 하고, 감명을 주고, 겁을 주는 모든 능력치 판정에 +2 보너스를 받습니다.

불로 – 엘프는 그 긴 일생 동안 아름다움과 젊음, 활력을 잃지 않습니다. 어떤 이들은 엘프가 실제로 불사신이라고 말합니다. 엘프는 비마법적인 병과 독에 자동으로 저항합니다.

가을의 종족 – 엘프의 시대는 오래전에 지났습니다. 엘프는 다른 종족에 비해 행운 점수를 1점 적게 가집니다. 즉, 대부분의 엘프 캐릭터는 행운 점수가 2점 밖에 되지 않으며, 엘프 도적은 5점 대신 4점을 가집니다.

노움

노움은 몸집이 작고 오래 사는 종족으로, 때때로 드워프로 오인당하기도 합니다. 이들은 세상과 동떨어진 아주 작은 마을이나 작은 농장, 숲속, 언덕 아래에서 조용히 살아갑니다. 규모가 큰 요정 궁정에서도 노움들의 모습을 볼 수 있는데, 이곳에서 노움들은 조언자나 장난꾼, 장인으로 활동합니다. 모든 노움은 다음 특성을 가집니다:

노움의 환상 – 모든 노움은 마법을 쓸 수 있든 없든 환상 짜기 캔트립을 사용할 수 있습니다. 이 능력은 캐릭터가 아는 다른 캔트립과 별도로 얻는 마법입니다.

잽싼 – 노움은 작고, 빠르고, 조심스러워서 적들의 손에서 잘 벗어나곤 합니다. 노움은 **장갑**과 모든 숨기 및 몰래 걷기 판정에 +1 보너스를 받습니다.

작은 몸집 – 비록 하플링만큼 작지는 않지만, 노움 역시 몸집이 작으며 드워프만큼 건장하지는 못합니다. 그래서 노움은 피해 주사위가 1d4, 1d6, 1d8인 무기만 사용할 수 있습니다.

운석 철에 약함 – 노움은 대지와 깊은 연관이 있는 요정이기 때문에, 운석 철로 만든 무기에 두 배 피해를 받습니다.

하플링

하플링은 머나먼 땅에서 온 소박한 종족으로, 보통 자신들끼리 어울려 살면서 푸른 정원을 가꾸고 맛있는 맥주를 만듭니다. 하플링은 맛있는 음식과 좋은 친구, 그리고 재미있는 이야기를 높이 삽니다. 이들은 굳센 마음을 지녔으며, 때때로 평화로운 고향을 떠나 인간들의 땅으로 여행을 떠납니다. 이 작은 종족에게는 보통 사람들이 생각하는 것 이상의 무언가가 있습니다. **울타리 너머**의 하플링은 비록 가장 강한 전사는 아니더라도, 어느 일행에서든 귀중한 역할을 합니다. 모든 하플링은 다음 특성을 가집니다:

하플링의 기백 – 하플링은 어려운 상황에서도 사람들의 기운을 끌어내기 때문에 모든 일행에게 소중한 존재입니다. 하플링은 모든 극복 판정에 +2 보너스를 받습니다. 또한 하플링이 속한 일행의 모든 친구도 극복 판정에 +1 보너스를 받습니다.

작은 몸집 – 작은 몸집은 싸움에 불리합니다. 하플링은 근력이 10을 넘을 수 없으며, 피해 주사위가 1d4 또는 1d6인 무기만 사용할 수 있습니다.

친구와 적

다음은 게임에서 사용할 수 있는 몇몇 NPC와 괴물입니다. 이들은 여러분이 만든 캠페인에서 쉽게 사용할 수 있도록 일부러 이름을 빼고 간략한 캐릭터 묘사만 소개했습니다. 이중 일부 NPC는 어떠한 마을에서도 있는 인물이며, 일부 NPC는 귀족의 성에 머무르며, 몇몇 NPC는 야생에서 사는 기이한 요정 생물입니다. 이중 많은 NPC는 가지각색 영웅들에서 나오는 캐릭터 플레이북을 염두에 두고 만들었습니다.

검은 멧돼지

검은 멧돼지는 삼 년 동안 공포와 절망을 퍼뜨린 괴물로, 용감한 사냥꾼 두 명의 목숨을 앗아갔다고 합니다. 이 괴물은 무척 크고 사납습니다.

체력 주사위: 5d8 (23 HP)
장갑: 15
공격: 명중 +4, 피해 2d4 (엄니)
가치관: 중립
경험치: 175
참고: *재빠름* (멧돼지는 자신과 근접 전투 거리 안에 있는 적의 숫자와 같은 횟수로 공격을 합니다. 최대 두 번 엄니로 찌릅니다)

검은 와르그

검은 와르그는 와일드 헌트에 쫓기는 사나운 짐승으로, 눈앞을 가로막는 모든 것을 공격합니다.

체력 주사위: 4d8 (18 HP)
장갑: 16
공격: 명중 +4, 피해 1d10 (물기)
가치관: 혼돈
경험치: 110

까마귀 여왕

까마귀 여왕은 날개를 활짝 펼치는 멋진 새입니다. 까마귀 여왕은 성에 있는 몇몇 사람에게 말을 건네기도 하지만, 오직 상대가 혼자 있을 때만 입을 엽니다. 까마귀 여왕은 성에서 수 세기 동안 살아왔으며, 성안 대부분의 비밀을 압니다.

체력 주사위: 3d8 (14 HP)
장갑: 16
공격: 명중 +3, 피해 1d4 (부리)
가치관: 혼돈
경험치: 75
참고: *터줏대감* (까마귀 여왕은 성에서 5마일(8km) 밖을 벗어나지 않습니다), *완벽한 대화* (까마귀 여왕은 인간이든, 동물이든, 그 어떤 생물이든 누구와도 대화를 나눌 수 있습니다), *진실한 이름* (까마귀 여왕은 자신의 진실한 이름을 아는 적에게 취약해집니다)

뉘우치지 않는 불량배

이 불량배는 어릴 적에 직접 캐릭터들을 괴롭히거나, 혹은 더 만만해 보이는 약자를 괴롭혔습니다. 이제 이 불량배는 성인이 되었고, 방법은 달라졌지만 태도는 전혀 변하지 않았습니다.

체력 주사위: 1d8 (5 HP)
장갑: 12
공격: 명중 +0, 피해 1d6 (소검)
가치관: 중립
경험치: 10

대장

대장은 희끗희끗한 머리의 늙은 군인입니다. 그는 군주를 위해 복종하는 평민이며, 진지하게 업무를 수행합니다. 대장은 문젯거리를 찾아 나선 호기심 많은 젊은이들을 귀찮아 할 것입니다.

체력 주사위: 2d10 (11 HP)
장갑: 14
공격: 명중 +4, 피해 1d8+4 (장검)
가치관: 중립
경험치: 40

드워프 대장장이

이 젊은 드워프는 우연히 운석 철 한 덩이를 얻었습니다. 하지만, 이 귀한 금속을 다룰 실력을 갖추지는 못했습니다.

체력 주사위: 1d8 (5 HP)
장갑: 10
공격: 명중 +0, 피해 1d8 (전투 도끼)
가치관: 중립
험치: 15
참고: *진실한 이름* (드워프 대장장이는 자신의 진실한 이름을 아는 적에게 취약해집니다)

땅 없는 기사

어떤 젊은 귀족들은 영지와 백성들을 얻을 만한 운이 없기 때문에, 자신의 길을 찾아 세상으로 나서야 합니다. 이러한 전사들은 젊고 강직하며, 캐릭터들을 자신들의 도움이 필요한 피보호자로 여길 것입니다. 땅 없는 기사는 이미 자신만의 모험을 한 두 번 정도 무사히 마쳤습니다.

체력 주사위: 3d10 (17 HP)
장갑: 15
공격: 명중 +5, 피해 1d8+4 (장검)
가치관: 질서
경험치: 95

마구간 소년

이 젊은 소년은 영주와 가족, 그리고 성을 방문하는 귀족들의 말을 돌보아 왔습니다. 마구간 소년은 사람들과 잘 어울리지 못하고 항상 지루해합니다. 매력적인 모험가라면 같이 모험을 떠나자고 소년을 설득할 수 있을 것입니다.

체력 주사위: 1d6 (4 HP)
장갑: 10
공격: 명중 +0, 피해 1d6 (곤봉)
가치관: 혼돈
경험치: 15
참고: 영혼 시야 (마구간 소년은 영혼 시야 캔트립을 지니고 있지만, 스스로 제어하지 못합니다)

마법 결사단의 수장

이 세상에서 가장 강력한 마법사일지도 모르는 마법 결사단의 수장은 머나먼 땅에 사는 여성입니다. 수장은 사람들 위에 군림하기보다는 도움이 필요한 단원들과 다른 이들을 인도하는 편을 선호합니다. 비록 영웅들에게 즉각적인 도움을 주기에는 너무 멀리 있지만, 결사단 마법사는 아마도 수장과 마법으로 대화를 나눌 수 있을 것입니다. 수장을 직접 만나려면 커다란 여정을 거친 후에야 가능합니다.

체력 주사위: 7d6 (27 HP)
장갑: 19
공격: 명중 +3, 피해 1d8+4 (마법 지팡이)
가치관: 중립
경험치: 1,000
참고: 마법 (마법 결사단의 수장은 7레벨 마법사처럼 캔트립, 주술, 의식을 사용할 수 있습니다. 마스터는 수장에게 마법사의 빛과 축복 캔트립, 그리고 어울리는 주술과 의식을 주세요. 주문 판정을 할 때 **지능**은 17, **지혜**는 15로 간주합니다)

마을 어르신

마을 어르신은 전형적인 마을의 노인입니다. 마을 어르신은 마을 광장이나 여관에서 시간을 보내면서 체스를 두거나 자신의 지식과 경험을 나누어 줍니다.

체력 주사위: 2d6 (7 HP)
장갑: 10
공격: 명중 +0, 피해 1d6 (지팡이)
가치관: 질서
경험치: 30

마지막 씨족원

이 불운한 드워프의 씨족은 재앙에 휘말려 멸망했으며, 이제 그는 죽을 자리와 복수를 찾아 이 땅을 떠돕니다. 마지막 씨족원은 강인한 전사이며, 아마 잠깐 캐릭터들과 함께 싸우도록 설득할 수 있을 것입니다.

체력 주사위: 3d10 (17 HP)
장갑: 15
공격: 명중 +5, 피해 1d10+4 (대형도끼)
가치관: 혼돈
경험치: 80
참고: 진실한 이름 (마지막 씨족원은 자신의 진실한 이름을 아는 적에게 취약해집니다)

바다에서 건진 야만인

지난가을 어부들은 해안에서 몸집이 크고 털이 무성한 남자를 그물로 건져 올렸습니다. 그는 입을 열거나 싸움을 걸지는 않았지만, 겁먹은 어부들이 그를 풀어주었을 때 숲속으로 갔습니다.

체력 주사위: 3d10 (17 HP)
장갑: 13
공격: 명중 +3, 피해 1d8 (곤봉)
가치관: 혼돈
경험치: 50

베 짜는 할머니

베 짜는 할머니는 마을에 사는 사람 중 아무도 젊은 시절을 떠올리지 못할 만큼 늙었습니다. 몇몇 어르신과 할머니를 자매라고 부르는 마녀는 예외일지도 모르겠지만요. 할머니는 마을과 주변 땅에 전해지는 모든 이야기를 압니다.

체력 주사위: 1d6 (4 HP)
장갑: 10
공격: 명중 +0, 피해 1d4 (단검)
가치관: 중립
경험치: 10

참고: 지식 (베 짜는 할머니는 대부분의 전설을 압니다. 만약 캐릭터가 무언가 이야기를 물어보면, 할머니는 75% 확률로 그 이야기에 관한 추가 정보를 압니다)

수호요정

어떤 마을은 운이 좋게도 요정 정령이 사람과 가축을 돌보아줍니다. 이 요정들은 자신만의 목적이 있으며, 만약 적합한 공물을 받지 못한다면 화를 낼 것입니다. 그래서 현명한 마을 사람들은 옛 방식을 지킵니다.

체력 주사위: 5d8 (22 HP)
장갑: 15
공격: 명중 +4, 피해 1d8 (손길)
가치관: 혼돈
경험치: 550
참고: 축복과 저주 (수호요정은 한 달에 한 번 마을 근처 농장 아무 곳의 곡물과 가축의 수를 두 배로 불리거나, 절반으로 줄일 수 있습니다), 터줏대감 (수호요정은 마을에서 5마일(8km) 밖을 벗어나지 않습니다), 비실체 (수호요정은 물리적 육체가 없기 때문에 오직 마법과 철제 무기, 또는 은으로 만든 무기로만 피해를 받습니다), 진실한 이름 (수호요정은 자신의 진실한 이름을 아는 적에게 취약해집니다).

숙적

숙적은 연장자가 예전에 부딪힌 사악한 전사입니다. 그는 악당들을 고용한 다음 여행에 나섰으며, 아마도 눈에 불을 켜고 연장자를 찾고 있을 것입니다. 어떤 모욕을 당했길래 이토록 적의를 품고 있는 걸까요?

체력 주사위: 5d10 (26 HP)
장갑: 18
공격: 명중 +6, 피해 1d8+2 (검)
가치관: 중립
경험치: 250

어린 군주

너무 일찍 권좌에 오른 어린 군주는 지난겨울 부모가 병 때문에, 또는 살해당해서 죽은 후 군주의 자리를 물려받았습니다. 이 가엾은 군주의 부모는 이제 유령이 되어 자식을 지켜주고 있습니다. 어린 군주는 열다섯 살밖에 되지 않았지만 힘과 정의로 영토를 지키고 다스리겠다고 맹세했으며, 자질도 충분합니다. 불행히도, 궁정 안에서는 다른 꿍꿍이를 품은 사람도 있습니다. 어린 군주가 무사히 좋은 지배자가 되려면 도움과 조력이 필요할 것입니다.

체력 주사위: 1d8 (5 HP)
장갑: 14
공격: 명중 +1, 피해 1d8+1 (가문의 검)
가치관: 질서
경험치: 30

참고: 유령 (예기치 못하게 권좌에 오른 군주는 부모의 보호를 받고 있습니다. 밤 동안, **울타리 너머, 또 다른 모험으로** p.99에 나온 혼령 두 명이 언제나 군주 근처에 있습니다)

외국 고관

영토를 순회하면서 무역 협정을 맺는 외국 고관은 친구가 될 수도, 적이 될 수도 있습니다. 외국 고관은 무언가 고결한 이유로 성에 와있을 수도 있지만, 그의 진실한 목적을 밝혀내는 것이 캐릭터들의 모험 거리가 될 수도 있습니다.

체력 주사위: 2d8 (9 HP)
장갑: 10
공격: 명중 +1, 피해 1d6 (소검)
가치관: 중립
경험치: 25

요정왕

요정왕은 마을 근처 어딘가에 있는 요정 거주지를 다스리는 강력한 요정 군주입니다. 요정왕은 사납고 위험하지만, 동시에 변덕스럽고 장난기가 많습니다. 전설에 따르면 여러 용감한 모험가들이 요정왕의 의뢰를 받아서 첫 모험의 길을 떠났다고 합니다.

체력 주사위: 7d10 (43 HP)
장갑: 18
공격: 명중 +7, 피해 1d8+6 (마법의 검)
가치관: 혼돈
경험치: 450
참고: 마법 (요정왕은 모든 캔트립과 7레벨 이하의 어떠한 의식도 사용할 수 있습니다. 의식 판정을 할 때 **지능**과 **지혜**는 16으로 간주합니다), 진실한 이름 (요정왕은 자신의 진실한 이름을 아는 적에게 취약해집니다)

우물의 노움

우물의 노움은 마을의 어느 우물에 연결된 땅굴에 집을 짓고 살아온 작은 요정입니다. 이 노움은 몇 세대에 걸쳐서 마을을 보살펴주었지만, 마을 사람 대다수는 이 노움이 존재하는지도 모릅니다. 하지만 마을의 어른 일부는 아직도 축일이 되면 노움에게 선물을 남깁니다.

체력 주사위: 2d8 (9 HP)
장갑: 12
공격: 명중 +1, 피해 1d6 (몽둥이)
가치관: 혼돈
경험치: 50
참고: 환상 (우물의 노움은 축복과 환상 짜기 캔트립을 **지능**과 **지혜**가 14의 마법사인 것처럼 사용할 수 있습니다), 진실한 이름 (노움은 자신의 진실한 이름을 아는 적에게 취약해집니다), 철에 약함 (노움은 운석 철로 만든 무기에 두 배 피해를 받습니다)

원한령

예전에 다녀온 모험에서 연장자는 어느 영을 성나게 했습니다. 이제 원한을 품은 영은 멈추지 않고 느릿느릿 밤낮을 걸어 연장자에게 갑니다. 원한령은 목표를 망각 속으로 끌고 들어갈 때까지 절대 쉬지 않을 것이며, 목표를 제외한 그 누구에게도 피해를 받지 않습니다.

체력 주사위: 3d8 (14 HP)
장갑: 15
공격: 명중 +3, 피해 1d8 (으스스한 손길)
가치관: 중립
경험치: 150
참고: 외골수 (원한령은 가능하면 항상 목표만을 공격하며, 오직 원한령이 노리는 목표만이 원한령에게 어떠한 방법으로든 피해를 줄 수 있습니다)

은퇴한 영웅

수십 년 전 위대한 전사였던 은퇴한 영웅은 이제 모험을 마치고 마을에서, 또는 마을 근처에서 정착해서 살아갑니다. 한때 위대했던 전투 실력을 발휘하기에는 이제 너무 늙었지만, 은퇴한 영웅은 여전히 강한 의지를 지녔으며, PC들에게 다양한 지식과 조언을 줄 수 있습니다.

체력 주사위: 6d8 (27 HP)
장갑: 14
공격: 명중 +1, 피해 1d8 (검)
가치관: 질서
경험치: 325
참고: 괴물 지식 (은퇴한 영웅은 이 세상에 존재하는 여러 가지 위험을 잘 알고 있습니다. 은퇴한 영웅과 오랫동안 친밀하게 대화를 나눈 캐릭터들은 괴물과 관련한 **지능** 판정을 할 때 한 번 +4 보너스를 받습니다), 방랑자의 보물 (은퇴한 영웅은 여행 중 두 가지 마법 물품을 손에 넣었습니다. 어떤 보물이 적절한지는 마스터가 정하세요)

일꾼 요정

턱수염이 무성한 일꾼 요정은 요정으로서는 흔치 않게 질서에 집착합니다. 그는 마을에서 눈에 보이지 않게 살아가면서 집주인이 원하든 원하지 않든 집을 잘 정돈합니다. 일꾼 요정의 간섭은 때때로 예기치 않은 축복이나 저주가 될 수도 있습니다.

체력 주사위: 2d8 (9 HP)
장갑: 14
공격: 명중 +1, 피해 1d4 (단검)
가치관: 질서
경험치: 75
참고: 투명함 (일꾼 요정은 오직 보름달 아래서만 볼 수 있습니다), 진실한 이름 (일꾼 요정은 자신의 진실한 이름을 아는 적에게 취약해집니다).

충성스러운 사냥개

충성스러운 사냥개는 오랫동안 성의 주인을 섬겼고, 사냥에 나설 때는 나머지 사냥개 무리를 이끕니다. 이 사냥개는 자신을 돌보아주는 인간들을 무척 좋아합니다.

체력 주사위: 2d8 (9 HP)
장갑: 13
공격: 명중 +1, 피해 1d4+1 (물기)
가치관: 중립
경험치: 35

친절한 사냥꾼

친절한 사냥꾼은 아마도 어릴 적 캐릭터들을 한두 번 도와준 적이 있을 것이며, 지금도 캐릭터들이 도움을 요청한다면 힘을 보태 줄 것입니다.

체력 주사위: 2d8 (9 HP)
장갑: 12
공격: 명중 +1, 피해 1d6 (활)
가치관: 중립
경험치: 25

하플링 땜장이

하플링 땜장이는 마을과 마을을 순회하는 매력적인 아가씨로, 유용한 정보를 많이 알고 있을 것입니다.

체력 주사위: 1d6 (4 HP)
장갑: 10
공격: 명중 +0, 피해 1d6 (지팡이)
가치관: 혼돈
경험치: 10

플레이북 만들기

이번 장은 마스터와 플레이어가 **울타리 너머**에서 사용할 캐릭터 플레이북을 직접 만드는 기본적인 지침을 소개합니다. 플레이북 제작은 규칙을 정확히 지키는 과학보다는 느낌을 생생히 표현하는 예술에 가깝습니다. 그러므로 만드는 과정에서 얼마든지 다양하게 변화를 주세요.

이번 장에서는 저희가 가장 좋아하는 플레이북인 사육사 조수를 예시로 계속 사용하겠습니다.

각 캐릭터 플레이북은 다섯 가지 중요한 항목이 있습니다: 소개, 어린 시절, 입문, 청소년 시절, 규칙. 각 항목을 설명하기 전에, 능력치와 숫자에 관한 몇 가지 세부사항을 명확하게 정리하겠습니다.

플레이북을 사용하지 않고 캐릭터를 만든다면, **울타리 너머, 또 다른 모험으로** p.9에서는 능력치마다 4d6을 굴려 가장 낮은 결과를 뺀 다음, 원하는 대로 여섯 가지 능력치에 배정할 것을 추천합니다. 이렇게 만들 경우, 각 능력치의 평균 수치 기댓값은 12.24이며, 총합은 73.44입니다.

울타리 너머의 플레이북으로 만든 캐릭터는 능력치 총합이 72점에서 73점입니다. 이 점수는 주사위로 굴려서 나오는 기댓값보다는 조금 낮지만, 대신 주사위 결과가 나쁘게 나올 가능성을 방지하고, 자기 클래스에 가장 필요한 능력치를 가진 캐릭터를 만들 수 있습니다. 만약 다음에 소개하는 과정을 거쳐서 플레이북을 만든다면, 새로운 플레이북 역시 앞에서 설명한 범위 안의 능력치를 가질 것입니다.

소개

모든 플레이북은 캐릭터를 간단하게 소개하면서 시작합니다. 각 플레이북은 보통 청소년 판타지에서 등장하는 보편적인 주인공을 모델로 삼았으며, 때로는 판타지 게임에서 흔히 나타나는 유형의 캐릭터를 따왔습니다. 각 소개는 보통 두세 문장으로 끝납니다. 단순히 캐릭터가 무엇을 잘하는지 설명할 뿐만 아니라, 캐릭터가 마을이나 친구들과 어떻게 관계를 맺고 있는지 나타내는 내용을 적으세요.

사육사 조수는 프리데인 연대기의 타란이 막 모험을 시작할 무렵의 모습에서 영감을 받아 만들었습니다. 타란을 한눈에 보기에도 특별하게 만들었던 것은 스승인 달벤, 그리고 돼지 친구 헨왠과의 관계입니다. 달벤과 헨왠을 바꾸기만 하면 전혀 새로운 캐릭터를 만들 수 있습니다. 만약 달벤을 제거하고 헨왠을 바꾼다면, 곰돌이 푸의 크리스토퍼 로빈이나 패딩턴 곰의 주디 브라운을 플레이하게 됩니다.

저희 젊은 영웅은 타란처럼 외딴곳에서 사는 대신 다른 플레이어 캐릭터들과 함께 마을에서 살 것입니다. 롤플레잉 게임은 함께 플레이하는 놀이인 만큼, 가능하면 고향 및 다른 친구들과 깊은 관계를 맺는 캐릭터를 만들려고 합니다.

이제 어떤 캐릭터를 만들고 싶은지 알았으니, 저희 생각을 단순하고 간단한 구절로 나타내겠습니다. 반드시 지금 완벽하게 완성할 필요는 없습니다. 당장 쓰고 싶은 내용을 적으면 충분합니다. 왜 캐릭터가 모험을 떠나려 하는지 실마리를 넣어서 책 뒷면의 안내 문구처럼 글을 써 보겠습니다.

"여러분은 어릴 적부터 마을의 늙은 마녀에게 귀여움을 받았습니다. 그래서 이제 여러분은 마녀의 가축을 돌보아 줍니다. 비록 하찮아 보이는 일이지만 마녀는 여러분을 아주 중요한 사람으로 대접하며 무척 총애합니다. 하지만 여러분은 좀 더 흥미진진한 삶을 꿈꾸곤 합니다."

각 플레이북에서는 짧은 설명을 마친 다음 시작 능력치를 제시합니다. 캐릭터는 시작 능력치 총합이 52점이며, 각 능력치는 캐릭터에게 가장 중요한 능력치 한두 개를 제외하면 8점입니다. 중요한 능력치가 한 개라면 해당 능력치는 12점이며, 두 개라면 각각 10점입니다. 이렇게 시작 능력치를 정하면 그 후 모든 주사위 굴림이 매우 이상하게 나오더라도 가장 중요한 능력치는 여전히 평균 이상의 수치일 것입니다.

12로 시작하는 능력치에 주의를 기울이세요. 플레이북의 기본 능력치를 한 군데로 집중시킬수록, 캐릭터의 능력치가 19를 넘길 확률이 높아집니다. 기본 **지능**이 12인 독학 마법사처럼 특정 능력치에 점수를 집중하는 편이 나아 보이는 캐릭터의 플레이북에만 기본 능력치를 12로 정하세요.

만약 특이한 플레이북을 만들고 싶다면, 능력치 하나, 또는 두 개를 낮춰서 주요 능력치에 비중을 더 주세요. 가장 극단적인 예시로, 하플링 방랑자는 **근력** 4, **민첩성과 매력** 12, 나머지 능력치 8이라는 편향된 능력치를 가지고 시작합니다.

반대로, 만약 플레이어들이 전혀 새로운 배경을 만들고 싶다면, 단순히 지금 만드는 특정 플레이북의 캐릭터뿐만 아니라 해당 배경에 속한 캐릭터라면 누구든지 어울리는 세 가지 표를 준비해야 합니다.

어린 시절의 표는 다양한 결과가 나와야 합니다. 어린 시절의 표는 전사가 힘세고 민첩해지라고, 혹은 마법사가 현명하고 똑똑해지라고 만든 것이 아닙니다. 이런 내용은 플레이북의 시작 능력치외 이후에 설명할 청소년 시절의 글래스 기반 표에서 다룹니다. 어린 시절의 표는 아이라면 누구든지 싸움에 휘말리거나, 집안일을 돕거나, 어른들의 이야기를 들으며 여름을 보낼 수 있다는 사실을 보여줍니다.

캐릭터는 어린 시절의 표에서 총 능력치 11점, 또는 총 능력치 10점과 기능 하나를 얻습니다. 주사위 결과는 여섯 가지 능력치 사이에서 골고루 배분되거나, 혹은 거의 골고루 배정되어야 합니다.

저희 사육사 조수는 마을에서 자랐으므로, 마을 배경의 표를 사용하겠습니다.

각 플레이북마다 시작 능력치를 소개할 때는 간략하지만 흥미진진한 설명 문구를 집어넣습니다.

이 점을 염두에 두고, 이 캐릭터를 어떤 클래스로 할지, 그리고 어떤 능력치가 가장 중요한지 정해보겠습니다. 저희는 사육사 조수가 약간의 마법을 부릴 수 있기를 원하며, 주먹부터 나가고 보는 캐릭터를 만들 생각은 없기 때문에 도적-마법사 클래스를 주겠습니다. 분명 짐승 소통 캔트립을 알고 있을 것입니다. 이 캔트립은 **지혜**를 사용합니다. 그리고 가축을 치는 사람은 분명 **건강**도 높아야 할 것입니다. 그러므로 이 캐릭터는 **건강**과 **지혜**가 10이며, 나머지는 8로 시작합니다.

"여러분은 동물을 잘 다룹니다. 여러분의 **건강**과 **지혜**는 10으로 시작하며, 나머지 능력치는 8로 시작합니다."

어린 시절

현재까지 나온 **울타리 너머**의 캐릭터 플레이북은 여섯 가지 배경 중 하나에 속합니다. 대부분의 플레이북은 마을을 배경으로 하며, 그다음은 귀족입니다. 판타지 종족인 드워프와 엘프, 노움, 하플링은 각각 배경이 따로 준비되어 있습니다.

각 배경은 캐릭터의 어린 시절과 가족의 역사, 캐릭터가 받은 교육을 나타내는 세 가지 표로 구성되어 있습니다. 이 세 가지 표는 클래스나 캐릭터 유형과 관계없이 같은 배경을 가진 플레이북 이라면 같이 사용합니다.

만약 플레이어들이 기존 배경에 속한 플레이북을 새로 만들려고 한다면, 해당 배경에 있는 표를 그대로 사용하기만 하면 됩니다.

플레이어의 선택

울타리 너머, 또 다른 모험으로 p.37에서 설명한 것처럼, 플레이어들은 캐릭터 플레이북으로 캐릭터를 만들 때 한 번의 주사위 굴림에 한해 결과를 무시하고 원하는 결과를 선택할 수 있습니다. 플레이어들은 어쩌면 이 기회를 캐릭터가 어릴 적에 어떻게 특출했는지 나타내는 표에서 사용할지도 모릅니다. 만약 소년 탐정 같은 캐릭터를 원한다면, 이 근방에서 가장 튼튼한 아이가 되려고 하지는 않을 것입니다. 반대로 야만인 코난 같은 영웅을 염두에 두었다면 가장 튼튼한 아이였다고 주장하고 싶을 것입니다. 하지만 전사라고 해서 늘 싸움만 하고 다니지는 않았을 것입니다. 모든 마법사가 어릴 적부터 책벌레였던 것도 아닙니다.

어린 시절의 첫 번째 표는 캐릭터의 가족 배경을 설명합니다. 이 표는 과거 경험과 주변 환경을 기초로 해서 캐릭터의 능력치를 쌓을 기회입니다. 캐릭터는 결과마다 능력치 5점, 또는 능력치 4점과 기능 하나를 얻습니다. 가족들이 특정한 직업을 가지는 결과에 기능을 추가하세요.

정말로, 정말로 그럴 만한 이유가 있지 않다면 하나의 능력치를 2점보다 높게 올리지는 마세요. 점수를 골고루 배정하는 편이 더 좋습니다.

때때로, 어린 시절 표에서 캐릭터의 배경에 어울리지 않는 결과가 한 두 가지 나올 수도 있습니다. 이 경우 해당 플레이북에 한해 그 결과를 바꾸세요. 예를 들어, 요정 업둥이는 분명 양부모를 두었을 것입니다. 그러므로 요정 업둥이의 첫 번째 표는 다른 마을 출신 캐릭터와는 조금 다를 것입니다.

또한, 플레이어는 이번 표를 굴린 다음 마을 지도에 장소 하나를 추가해야 합니다.

장래의 사육사 조수에게 맨 먼저 다음 질문을 하겠습니다. "여러분은 어린 시절을 어떻게 보냈나요?"

누가 캐릭터에게 가장 먼저, 가장 큰 영향을 줄지는 쉽게 알 수 있습니다. 바로 부모입니다.

어린 시절의 두 번째 표는 가족보다는 캐릭터 자신에게 초점을 기울입니다. 이번 표는 캐릭터가 단순히 부모 사이에서 나온 산물이 아닌 독립된 개인으로서 삶을 시작하는 성장의 기회입니다. 마을과 귀족 배경의 플레이북에서는 양쪽 다 캐릭터가 어떤 점에서 남달랐는지를 물으며, 드워프, 엘프, 노움, 하플링 배경의 플레이북에서는 캐릭터가 왜 고향을 떠나 인간의 땅으로 왔는지를 묻습니다.

캐릭터는 표의 결과마다 능력치 3점을 얻습니다. 능력치 두 개에 각각 2점과 1점을 배정하거나, 능력치 세 개에 각각 1점씩 배정하세요.

1d12	부모는 마을에서 어떻게 살았나요? 여러분은 무엇을 배웠나요?
1	여러분은 고아입니다. 참 어렵게 살았지요. +2 지혜, +2 건강, +1 지능
2	마땅한 이유이든 억울한 이유이든, 아버지가 추방자였습니다. +2 지능, +1 지혜, +1 건강, 기능: 생존술
3	부모가 어부였고, 여러분은 강가에서 지냈습니다. +2 민첩성, +1 근력, +1 지혜, 기능: 낚시
4	가족이 마을 바깥에서 작은 농장을 꾸렸습니다. +2 건강, +1 지혜, +1 매력, 기능: 농사
5	아버지는 지역 대장장이였고, 여러분에게 망치와 풀무질을 가르쳤습니다. +2 근력, +1 민첩성, +1 매력, 기능: 대장장이
6	이전에 아버지가 했던 것처럼 여러분도 양을 몰고 산으로 갔습니다. +2 건강, +1 민첩성, +1 지혜, +1 근력
7	부모는 이 지역 여관을 운영했습니다. 여러분은 여러 여행자를 만나고 그들의 이야기를 들으면서 자랐습니다. +2 매력, +1 지능, +1 민첩성, +1 지혜
8	여러분은 마치 운명의 여신처럼 베틀로 실을 자르거나 꼬았습니다. +2 민첩성, +1 지능, +1 매력, 기능: 방직
9	부모 중 누군가가 옛이야기를 보관하고 전승했습니다. 여러분 머릿속은 부모에게 배운 이야기로 가득 찼습니다. +2 지능, +1 매력, +1 지혜, 기능: 민간전승
10	아버지는 파수꾼이었습니다. 누구에게나 엄하지만 공정하게 대했습니다. +2 근력, +1 매력, +1 건강, 기능: 운동
11	여러분은 숲으로 가서 약초와 산딸기를 모으곤 했습니다. +2 지혜, +1 건강, +1 민첩성, 기능: 약초 지식
12	아버지가 지역 상인이었습니다. 여러분은 가격을 매기고 사람들을 끌어드리는 법을 배웠습니다. +2 매력, +1 지능, +1 민첩성, 기능: 흥정

이제, 장래의 사육사 조수가 마녀의 제자이자 조수가 되기 전 어린 시절에 어떤 아이였는지 살펴보겠습니다.

1d8	여러분은 어릴 적 어느 점이 남달랐나요?
1	때로 아이들은 싸우곤 하지요. 여러분은 절대 진 적이 없습니다. +2 근력, +1 지혜
2	여러분이 이기지 못하는 시합은 없었습니다. +2 민첩성, +1 지능
3	여러분은 이 근방에서 가장 튼튼한 아이였습니다. +2 건강, +1 매력
4	여러분이 모르는 비밀은 없었습니다. +2 지능, +1 민첩성
5	여러분은 공감을 잘 해주었기 때문에 사람들이 이 런저런 이야기를 털어놓았습니다. +2 지혜, +1 건강
6	여러분은 누구에게나 사랑받았습니다. +2 매력, +1 근력
7	여러분은 남의 문제를 잘 해결해주었지만, 자기 사정은 털어놓지 않습니다. +1 근력, +1 건강, +1 매력
8	사람들은 저마다 가르칠 것이 있습니다. 여러분 은 여러 사람에게 이런저런 것들을 조금씩 배웠 습니다. +1 민첩성, +1 지능, +1 지혜

어린 시절의 마지막 표는 캐릭터가 마을 안에서 특정한 사람이나 집단과 (또는 해당 플레이북 배경에 적절한 누군가와) 맺은 인연을 확인합니다. 플레이어는 이번 표를 굴리면서 마을 지도에 NPC 한 명을 추가해야 합니다. 그러므로 결과마다 플레이어가 활용하기 좋은 아이디어를 최소한 한 가지는 집어넣으세요. 앞의 표와 마찬가지로, 캐릭터는 세 번째 표에서 능력치 3점을 얻습니다. 능력치 두 개에 각각 2점과 1점을 배정하거나, 능력치 세 개에 각각 1점씩 배정하세요.

어느 쪽으로 배정하든, 캐릭터가 받는 능력치는 최소한 주사위 결과에 나오는 사람들의 활동과 간접적으로라도 상관있어야 합니다. 예를 들어, 마을의 대장장이와 함께 일한다면 캐릭터는 풀무질하면서 **근력**을 단련하고 고객들을 상대하면서 **매력**을 갈고 닦았을 것이며, 마을 장로와 체스를 두었다면 **지능**과 약간의 **민첩성**을, 늙은 과부를 도왔다면 과부의 집에서 이런저런 일을 하면서 몇 가지 다른 능력치를 조금씩 올렸을 것입니다.

저희는 젊은 사육사 조수가 마을에서 누구와 어울렸는지 확인하겠습니다.

1d8	여러분은 자라면서 다른 플레이어 캐릭터들과 깊은 우정을 맺었습니다. 다른 마을 사람 중에서는 누구와 친하게 지냈나요?
1	대장장이와 함께 일하는 동안에는 모든 시름을 잊었습니다. +2 근력, +1 매력
2	어부들은 여러분을 마음에 들어 해서 서로 이야기를 주고받았습니다. +2 민첩성, +1 지혜
3	여러분은 사냥꾼들과 야영을 하곤 했습니다. +2 건강, +1 지능
4	마을의 어르신들은 여러분에게 고대의 체스를 가르쳤습니다. +2 지능, +1 민첩성
5	여러분은 방앗간 집 자식이랑 막 결혼할 예정입니다. +2 지혜, +1 근력
6	누군가 여러분에게 실연당했습니다. 어쩌면 반대로 여러분이 실연당한 것일지도 모릅니다. +2 매력, +1 건강
7	늙은 과부가 여러분에게 집안일을 도와달라고 부탁하곤 했습니다. +1 근력, +1 지능, +1 매력
8	이 마을에 정착해서 살아가는 어느 역전의 용병이 여러분에게 몇 가지 가르침을 주었습니다. +1 민첩성, +1 건강, +1 지혜

이렇게 가족과 재능, 친구가 모두 정해졌습니다. 사육사 조수의 어린 시절을 충분히 알았으니, 이제 이야기를 시작할 수 있습니다. 다음은 캐릭터가 청소년 시절 마녀 밑에서 일한 시간이 어떻게 캐릭터를 모험가의 길로 이끌었는지 알아보겠습니다.

입문

이 간략한 항목은 같은 배경을 가진 캐릭터들이 서로 달라지기 시작하는 부분입니다. 캐릭터의 입문은 분위기를 살리는 간단한 문장 한두 개와 캐릭터가 가진 클래스의 고유한 능력 소개로 이루어집니다. 캐릭터는 1레벨이 되며, **울타리 너머, 또 다른 모험으로** p.10-12에서 설명한 클래스의 모든 능력을 받습니다.

또한 모든 캐릭터는 이때 기능 하나를 얻어야 합니다. 이 기능은 해당 플레이북의 가장 핵심적인 기능이어야 합니다. 예를 들어 풋내기 도둑이라면 은신을, 마을의 영웅이라면 민간전승을, 경건한 예비 성직자라면 **종교 지식**을 얻을 것입니다. 플레이어들은 이 캐릭터에게 가장 중요한 요소가 무엇인지 생각을 한 다음, 하나의 기능으로 나타내야 합니다.

마법사는 추가로 캔트립 하나를 받습니다. 기능과 마찬가지로 이 캔트립 역시 해당 플레이북에 가장 어울리는 캔트립이어야 합니다. 경건한 예비 성직자는 **축복** 없이는 어울리지 않을 것이며, 어둠의 마법 수련생은 분명 영혼 시야를 가지고 있을 것입니다.

만약 다중 클래스 캐릭터의 플레이북을 만들고 있다면, **울타리 너머, 또 다른 모험으로** p.31의 '다중 클래스 캐릭터' 항목을 지침으로 참조하세요.

사육사 조수는 1레벨 도적-마법사가 되며, 알맞은 클래스 능력을 모두 얻습니다. 저희는 사육사 조수가 당연히 동물과 말을 하면서 함께 일할 거로 생각하기 때문에, 관련 기능과 캔트립을 줍니다.

"여러분은 왕국에서 가장 특이한 일을 맡았습니다. 여러분은 1레벨 도적-마법사가 되며, 클래스 능력으로 **운명의 총애와 숙련된 솜씨, 마법 감지, 주문 사용, 기능: 동물 교감,** 캔트립 **짐승 소통**을 얻습니다. 다음 표는 여러분이 어떤 기능을 더 익히는지 정합니다. 여러분은 무엇을 배웠나요?"

청소년 시절

청소년 시절 항목은 플레이북마다 고유한 네 가지 표로 구성되어 있습니다. 이 네 가지 표는 어린 시절부터 이제 모험을 떠나 영웅이 될 준비를 마친 지금의 캐릭터가 있기까지의 이야기를 쌓는 과정입니다. 네 가지 표를 굴리는 동안, 캐릭터는 능력치 9점과 새로운 기능 하나, 특이한 물품이나 친구를 하나 얻습니다. 여기에 추가로 마법사는 캔트립과 주술, 의식을 얻으며, 전사는 특기와 **무기 숙련**을, 도적은 추가 기능을 얻습니다. 그리고 캐릭터는 세 번째 표에서 다른 일행 중 한 명과 직접적인 인연을 쌓습니다.

어린 시절 항목과 마찬가지로, 청소년 시절 항목 역시 캐릭터가 어떤 길을 걷는지 설명을 하거나 질문을 던지면서 시작합니다. 어떤 플레이북은 결사단 마법사 플레이북처럼 "여러분은 머나먼 곳을 여행하며 많은 것을 배웠습니다." 같은 식으로 간단하게 정합니다. 물론 이 방식도 괜찮지만, 플레이어가 주사위를 굴리기 전에 생각하도록 만드는 질문을 던진다면 더 좋습니다.

사육사 조수는 마녀를 도우며 일합니다. 그래서 간단하게 묻겠습니다. "여러분은 무엇을 배웠나요?"

첫 번째 표는 캐릭터가 클래스 능력을 익히는 핵심적인 과정에 집중합니다. 엘프 레인저는 마을에서 떨어진 야생에서 위안을 구할 장소를 찾으며, 박식한 교사는 가장 좋아하는 책을 접합니다. 귀족의 말괄량이 딸은 싸우는 법을 가르쳐 줄 사람과 만납니다. 캐릭터는 이번 표에서 능력치 3점과 (능력치 하나에 3점 또는 능력치 두 개에 각각 2점과 1점) 기능 하나를 얻습니다. 캐릭터가 얻는 기능은 입문 과정에서 얻는 기능만큼이나 캐릭터에게 중요하며, 해당 표의 결과와 직접 연관이 있습니다.

당연히, 사육사 조수가 무슨 잡일을 맡았는지 묻겠습니다.

1d6	마녀는 여러분이 하기 싫어하는 잡일만 골라서 시킵니다. 어떤 일인가요?
1	마구간 청소. +3 근력, 기능: 동물 지식
2	마른 가지를 주워서 마녀의 가마솥 불을 계속 지피기. +3 건강, 기능: 생존
3	약초를 정리하고 분류하기. +3 지능, 기능: 약초 지식
4	병든 환자를 돌보는 마녀 돕기. +3 지혜, 기능: 치료
5	동물 먹이 주기. (동물이 정말로, 정말로 많습니다) +3 지혜, 기능: 동물 지식
6	식사 준비. +3 민첩성, 기능: 요리

사육사 조수는 마녀와 보내면서 자신의 이야기를 만들고 점점 구체적인 형태를 갖추기 시작합니다. 플레이어들이 앞서 굴린 표에서 자유 선택을 쓰지 않았다면, 이번 표에서 쓸지도 모르겠지요.

만약 플레이어가 치료사가 되고 싶다면, 두 가지 결과밖에 선택할 길이 없습니다. 분명 당장 눈에 들어오겠지요.

그다음 표는 앞서 굴린 표와 같은 목적을 가지지만, 클래스 능력 중에서 또 다른 전문 분야에 집중합니다. 이번 표는 같은 플레이북을 선택하더라도 확실히 다른 모습의 캐릭터를 만들도록 도움을 주기 때문에 정말로, 정말로 중요합니다. 이 표 덕분에 여러 플레이어가 같은 플레이북을 선택하더라도 다양한 캐릭터가 나올 수도 있습니다.

캐릭터는 이번 표에서 능력치 두 개에 각각 1점, 또는 능력치 하나에 2점을 얻으며, 클래스 능력도 얻습니다. 전사는 무기 숙련이나 특기를, 도적은 추가 기능 하나를, 마법사는 캔트립과 주술, 의식을 하나씩 얻습니다. 이번 표에서 나오는 답변과 능력치, 클래스 능력은 해당 클래스의 강점에 맞추어 조정되어야 합니다. 일반적으로 마법사는 자신이 얻는 캔트립과 의식을 판정할 때 사용하는 능력치를 얻어야 하며, 도적은 자신이 얻는 기능과 연관된 능력치를 얻어야 합니다.

이번 표에서 플레이어는 마을 지도에 또 다른 장소 한 군데를 추가해야 합니다. 일부 캐릭터 플레이북은 의도적으로 마을 안팎에 중요한 장소를 언급하기 때문에 항상 염두에 두세요. 하지만 반드시 결과에서 나온 장소만 추가할 필요는 없습니다. 플레이어는 얼마든지 표에서 언급하지 않은 새 장소를 만들 수도 있습니다.

사육사 조수는 다중 클래스 캐릭터이므로, 이번 표에서 추가 기능과 캔트립 하나를 얻습니다.

1d6	비록 여러분은 선천적인 재능은 없지만, 마법을 조금이나마 배울 수 있었습니다. 무엇을 배웠나요?
1	여러분과 다른 사람들이 좀 더 수월하게 일할 수 있도록 만드는 법을 배웠습니다. +2 지혜, 기능: 운동, 캔트립 축복
2	장난치고 싶을 때 다른 친구들을 골탕 먹이는 법을 배웠습니다. +2 기능, 기능: 은신, 캔트립 소리 만들기
3	가장 힘든 시기에도 정원을 가꾸는 법을 배웠습니다. +2 지혜, 기능: 약초 지식, 캔트립 드루이드의 손길
4	아마도 보지 말아야 할 것을 보는 방법을 배웠습니다. +2 지능, 기능: 금단의 지식, 캔트립 영혼 시야
5	횃불 없이도 길을 밝히는 법을 배웠습니다. +2 지능, 기능: 생존, 캔트립 마법사의 빛
6	여러분을 불쾌하게 만든 이들을 저주하는 법을 배웠습니다. +2 지혜, 기능: 사교, 캔트립 저주

모든 사육사 조수가 입문 항목에서 짐승 소통 캔트립을 이미 얻은 것을 명심하세요. 그러므로 이번 표는 캐릭터를 좀 더 다양한 모습으로 만들고 추가 능력을 줄 기회입니다. 또한 사육사 조수는 다른 도적들처럼 기능을 더 얻습니다. 분명 마녀한테 폭넓게 배웠을 것입니다.

같은 기능, 비슷한 기능

울타리 너머, 또 다른 모험으로 p.18에서 설명한 것처럼, 만약 캐릭터가 같은 기능을 반복해서 얻는다면, 해당 기능을 좀 더 익숙하게 사용할 수 있습니다. 즉, 한 캐릭터 플레이북에서 같은 기능이 두 번 이상 나와도 아무 문제가 없다는 의미입니다.

하지만, 여러 테이블에 걸쳐 비슷한 기능을 지나치게 많이 중복하여 배치하는 방식은 지양하세요. 예를 들어 고대 역사와 민간전승, 금단의 지식은 각각 조금씩 다르지만, 정보를 기억해 내는 용도라는 점에서 같게 사용됩니다. 보통, 같은 캐릭터가 비슷한 기능들을 여러 가지 얻으면 별 재미가 없습니다. 판정을 할 때는 결국 그중 하나만을 굴릴 테니까요. 그러므로 될 수 있는 대로 비슷한 기능 대신 같은 기능을 여러 번 얻을 수 있게 플레이북을 만드세요.

청소년 시절 항목의 세 번째 표는 캐릭터와 오른쪽 플레이어의 PC가 함께 겪은 모험담을 설명합니다. 이 표는 친구 사이의 유대를 다질 뿐만 아니라, 캐릭터의 관심사가 표와 이야기 속에 나타난다는 점에서 중요합니다. 풋내기 도적은 도둑질하는 중 붙잡히며, 독학 마법사는 혼돈의 영을 끌어들입니다. 귀족의 말괄량이 딸은 정체를 숨기고 무예 시합에 참여합니다. 이 모든 사건은 캐릭터가 모험의 길로 나아가도록 박차를 가하며, 캐릭터에게 훗날 위대한 영웅이 될 자질이 있음을 넌지시 드러냅니다.

캐릭터는 이 표에서 능력치 2점과 (능력치 두 개에 각각 1점씩, 또는 능력치 하나에 2점) 클래스 능력 한 가지를 얻습니다. 전사는 무기 숙련이나 특기를 이 표에서 얻고, 로그는 추가 기능을, 마법사는 새 주문을 얻습니다. 또한 이 표에 등장한 다른 PC 역시 능력치 1점을 얻습니다. 캐릭터가 겪은 사건은 자신뿐만 아니라 친구들의 삶에도 영향을 미치기 때문입니다.

사육사 조수는 당연히 무언가 중요한 사건에 휘말리게 됩니다. 그리고 혼자만 겪으라는 법은 없지요.

1d6	어느 날, 여러분은 친구와 함께 숲을 거닐던 중, 무언가 이상한 것을 목격합니다. 오른편 플레이어는 그 자리에 함께 있었습니다.
1	여러분의 진정한 사랑이 다른 사람과 남몰래 만나고 있었습니다. 여러분은 부정을 저지른 두 사람 앞에 나섰습니다. 오른편 친구는 사건이 끝난 후 여러분을 다독여주었고, +1 매력을 얻습니다. +2 매력, 기능: 위협
2	심부름을 하던 저녁, 어느 뿔 달린 기수가 나무 사이로 말을 몰고 질주해 왔습니다. 여러분은 벌벌 떨면서 숨었습니다. 오른편 친구는 여러분처럼 벌벌 떨었고, +1 민첩성을 얻습니다. +2 민첩성, 기능: 은신
3	요정 군주와 가신들의 행렬을 목격했습니다. 그 행렬은 여러분이 지금까지 본 가장 아름다운 광경이었습니다. 지금도 여러분의 귓가에는 요정들의 노랫소리가 맴돌고 있습니다. 오른편 친구는 함께 그 행렬을 보고 눈물을 흘렸고, +1 매력을 얻습니다. +2 매력, 기능: 노래
4	다른 마을에서 온 사악한 사교집단의 집회를 마주쳤습니다. 사교도 한 명이 여러분을 붙잡았지만, 여러분은 간신히 도망쳤습니다. 오른편 친구는 사교도를 뒤에서 때려서 기절시켰고, +1 근력을 얻습니다. +2 근력, 기능: 운동
5	방앗간 주인이 어느 이상한 도둑과 은밀히 만나고 있었습니다. 여러분은 도둑의 뒤를 밟았고, 그가 어느 상인의 지갑을 훔치는 모습을 목격했습니다. 오른편 친구는 여러분과 함께 들키지 않고 도둑의 뒤를 밟아 마을로 들어갔고, +1 민첩성을 얻습니다. +2 민첩성, 기능: 소매치기
6	여정에 나선 기사와 만났습니다. 기사는 빵을 떼어 여러분에게 주면서, 머나먼 곳의 이야기를 들려주었습니다. 오른편 친구는 여러분이 당황하고 있을 때 자신이 아는 이야기 일부를 기사에게 들려주었습니다, +1 매력을 얻습니다. +2 매력, 기능: 민간전승

청소년 시절 항목의 마지막 표에서 캐릭터는 능력치 2점을 더 얻으며, 자신을 돋보이게 하는 무언가 내력이 있는 물품을 얻습니다. 이 물품은 이후 있을 문제를 예고하고, 무언가 파헤쳐야 할 뒷이야기가 있음을 암시하는 용도입니다. 실험적인 시도를 두려워하지 마세요. 이 표에서 얻는 기이한 물품은 마법 의식일 수도 있고, 마을의 농장일 수도 있으며, 어쩌면 동료일 수도 있습니다. 박식한 교사는 역사적인 유물을 얻으며, 엘프 레인저는 가족의 선물을, 하플링 순찰대원은 마법의 조랑말을 얻습니다. 마지막으로, 캐릭터는 마을 지도에 NPC 한 명을 추가해야 합니다.

당연히 사육사 조수가 어떤 동물 친구를 얻는지도 묻겠습니다.

1d6	마녀의 동물 중 하나는 이제 여러분과 늘 함께 하는 친구입니다 (이 동물 친구는 동료로 간주합니다). 여러분의 절친한 새 친구는 어떤 기이한 동물인가요?
1	호기심 많은 까마귀. +2 지능, 호기심 많은 까마귀
2	항상 약간의 음식을 찾아내는 작은 생쥐. +2 민첩성, 작은 생쥐
3	은빛 수사슴. +2 근력, 은빛 수사슴
4	언제나 길을 잘 찾는, 매우 시끄러운 올빼미. +2 지혜, 시끄러운 부엉이
5	말하는 돼지. +2 매력, 말하는 돼지
6	매일 방문하는 어미 곰. +2 건강, 어미 곰

규칙

플레이어들은 규칙 항목을 참조해서 각 클래스에 기반한 주요 수치를 캐릭터 시트에 채워야 합니다. 클래스가 같을 경우 수치 역시 같으므로, 기존 플레이북의 규칙 항목을 그대로 따오면 됩니다. 다만 "캐릭터 시트를 채우세요" 항목의 세 번째 시작 장비 부분은 특별히 주의를 기울이세요. 이 부분은 캐릭터가 처음 가지고 시작하는 장비와 돈을 설명합니다. 각 캐릭터는 모험을 막 떠나기에 충분한 장비를 가지고 시작합니다. 즉, 전사는 자신이 선호하는 무기와 어느 정도의 방어구를 가지며, 마법사는 의식하나를 치르기에 충분한 의식 재료를 가집니다. 또한 캐릭터는 물자를 사는데 쓸 약간의 돈도 가져야 합니다. 마을 출신은 은화 4d6냥을 가지며, 부유한 귀족 친구들은 은화 2d6+12냥과 좀 더 좋은 장비를 가집니다. 수련 성전 기사나 엘프 레인저 같은 일부 캐릭터는 돈을 아예 가지지 않은 채로 시작합니다.

저희는 사육사 조수가 일행에서 자기 역할을 하는데 반드시 필요한 장비와 필요한 것을 살 만한 약간의 돈만 가지고 시작하기를 원합니다. 그래서 사육사 조수는 다음 물품을 가지고 시작합니다: 단검, 농부의 옷, 동물 친구를 돌보는 데 필요한 모든 것, 은화 4d6냥.

연장자 캐릭터

연장자 캐릭터의 플레이북을 만들려면 몇 가지 특별한 사항을 고려해야 합니다. 연장자 캐릭터는 다른 캐릭터보다 좀 더 경험이 많기 때문에 2레벨로 시작하며, 제자로 삼은 다른 PC의 능력치에 영향을 줍니다. 그 대신, 연장자 캐릭터는 다른 캐릭터들보다 총 능력치가 낮습니다.

연장자 플레이북의 클래스 능력을 정할 때는 2레벨부터 시작한다는 점을 염두에 두세요. 특히 마법사는 더 신경 써야 합니다. 연장자 마법사는 캐릭터를 만든 다음 1레벨 의식 하나와 2레벨 의식 하나를 각각 얻습니다. 이 의식들은 클래스 능력을 처음 얻을 때 기본 캔트립에 더해 추가로 얻는 주문입니다. 해당 캐릭터 유형에 어울리는 주문으로 선택하세요. 득히 2레벨 의식은 이 캐릭터에게 특히 핵심적인 주문입니다.

은둔 마법사를 예로 들겠습니다. 마을 변두리에 있는 마법사의 기이한 집은 캐릭터를 나타내는 핵심적인 요소이므로, 저희는 은둔 마법사 플레이북을 사용하는 모든 캐릭터가 **마지막 안내**와 **마법사의 집** 의식을 얻도록 만들겠습니다. 이 두 의식 모두 캐릭터의 특징을 나타내기 좋은 주문입니다.

연장자 캐릭터는 다른 캐릭터들보다 능력치를 3점 낮게 가지고 시작합니다. 플레이북의 마지막 네 가지 표 중 세 개를 선택해서 각각 캐릭터가 얻는 능력치를 1점씩 낮추세요.

마지막으로, 연장자 캐릭터의 제자가 얻는 보너스를 고려하세요. 아마도 연장자 캐릭터를 만들 때 가장 중요한 부분일 것입니다. 각 연장자 캐릭터는 제자에게 특정한 방식으로 영향을 주기 때문에, 제자는 능력치 하나를 1점 올리고, 다른 능력치를 1점 낮춥니다. 이 능력치 수정은 항상 스승과 제자가 함께 겪는 사건을 설명하는 표에서 실시합니다. 연장자 아래에서 수련을 쌓은 캐릭터가 무엇을 배울 수 있을지, 그리고 수련의 결과 어떤 점이 부족해질지 생각해 보세요.

다시 한번 은둔 마법사를 봅시다. 은둔 마법사는 박식하고 똑똑합니다. 그의 제자는 분명 역사와 마법, 민간전승을 많이 배웠을 것입니다. 그러므로 **지능**을 +1 올립니다. 하지만, 이 제자는 괴짜 마법사의 오싹한 집에서 스승과 오랜 시간을 보내면서 사교성이 떨어졌을 것입니다. 그러므로 **매력**을 -1 낮춥니다.

능력치 균형잡기

마스터와 플레이어는 능력치 점수를 능력치 한두 가지에 집중해서 해당 클래스에 적당한 캐릭터가 나오도록 플레이북을 만들고 싶은 유혹이 들 수도 있습니다. 이런 캐릭터는 아마도 한두 능력치만 19를 넘으며, 나머지 능력치는 무척 낮을 것입니다. 하지만 이런 방식은 잘못되었습니다.

플레이북의 캐릭터는 처음 시삭알 때 이미 수요 능력치가 조금씩 높다는 사실을 명심하세요. 어린 시절 항목의 표는 여섯 가지 능력치를 어느 정도 골고루 얻도록 만들어야 합니다. 캐릭터의 가장 중요한 능력치는 보통 청소년 시절 항목의 네 가지 표 중 두 가지에서 집중적으로 얻을 수 있으면 충분합니다. 나머지 두 표에서 얻는 능력치 점수는 여섯 가지 능력치 모두에 균형 있게 배정되어야 합니다.

마을

사육사 조수 플레이북

여러분은 어릴 적부터 마을의 늙은 마녀에게 귀여움을 받았습니다. 그래서 이제 여러분은 마녀의 가축을 돌보아 줍니다. 비록 하찮아 보이는 일이지만 마녀는 여러분을 아주 중요한 사람으로 대접하며 무척 총애합니다. 하지만 여러분은 좀 더 흥미진진한 삶을 꿈꾸곤 합니다.

여러분은 동물을 잘 다룹니다. 여러분의 **건강**과 **지혜**는 10으로 시작하며, 나머지 능력치는 8로 시작합니다.

여러분은 어린 시절을 어떻게 보냈나요?

1d12	부모는 마을에서 어떻게 살았나요? 여러분은 무엇을 배웠나요?	습득
1	여러분은 고아입니다. 참 어렵게 살았지요.	+2 지혜, +2 건강, +1 지능
2	마땅한 이유이든 억울한 이유이든, 아버지가 추방자였습니다.	+2 지능, +1 지혜, +1 건강, 기능: 생존술
3	부모가 어부였고, 여러분은 강가에서 지냈습니다.	+2 민첩성, +1 근력, +1 지혜, 기능: 낚시
4	가족이 마을 바깥에서 작은 농장을 꾸렸습니다.	+2 건강, +1 지혜, +1 매력, 기능: 농사
5	아버지는 지역 대장장이였고, 여러분에게 망치와 풀무질을 가르쳤습니다.	+2 근력, +1 민첩성, +1 매력, 기능: 대장장이
6	이전에 아버지가 했던 것처럼 여러분도 양을 몰고 산으로 갔습니다.	+2 건강, +1 민첩성, +1 지혜, +1 근력
7	부모는 이 지역 여관을 운영했습니다. 여러분은 여러 여행자를 만나고 그들의 이야기를 들으면서 자랐습니다.	+2 매력, +1 지능, +1 민첩성, +1 지혜
8	여러분은 마치 운명의 여신처럼 베틀로 실을 자르거나 꼬았습니다.	+2 민첩성, +1 지능, +1 매력, 기능: 방직
9	부모 중 누군가가 옛이야기를 보관하고 전승했습니다. 여러분 머릿속은 부모에게 배운 이야기로 가득 찼습니다.	+2 지능, +1 매력, +1 지혜, 기능: 민간전승
10	아버지는 파수꾼이었습니다. 누구에게나 엄하지만 공정하게 대했습니다.	+2 근력, +1 매력, +1 건강, 기능: 운동
11	여러분은 숲으로 가서 약초와 산딸기를 모으곤 했습니다.	+2 지혜, +1 건강, +1 민첩성, 기능: 약초 지식
12	아버지가 지역 상인이었습니다. 여러분은 가격을 매기고 사람들을 끌어드리는 법을 배웠습니다.	+2 매력, +1 지능, +1 민첩성, 기능: 흥정

1d8	여러분은 어릴 적 어느 점이 남달랐나요?	습득
1	때로 아이들은 싸우곤 하지요. 여러분은 절대 진 적이 없습니다.	+2 근력, +1 지혜
2	여러분이 이기지 못하는 시합은 없었습니다.	+2 민첩성, +1 지능
3	여러분은 이 근방에서 가장 튼튼한 아이였습니다.	+2 건강, +1 매력
4	여러분이 모르는 비밀은 없었습니다.	+2 지능, +1 민첩성
5	여러분은 공감을 잘 해주었기 때문에 사람들이 이런저런 이야기를 털어놓았습니다.	+2 지혜, +1 건강
6	여러분은 누구에게나 사랑받았습니다.	+2 매력, +1 근력
7	여러분은 남의 문제를 잘 해결해주었지만, 자기 사정은 털어놓지 않았습니다.	+1 근력, +1 건강, +1 매력
8	사람들은 저마다 가르칠 것이 있습니다. 여러분은 여러 사람에게 이런저런 것들을 조금씩 배웠습니다.	+1 민첩성, +1 지능, +1 지혜

1d8	여러분은 자라면서 다른 플레이어 캐릭터들과 깊은 우정을 맺었습니다. 다른 마을 사람 중에서는 누구와 친하게 지냈나요?	습득
1	대장장이와 함께 일하는 동안에는 모든 시름을 잊었습니다.	+2 근력, +1 매력
2	어부들은 여러분을 마음에 들어 해서 서로 이야기를 주고받았습니다.	+2 민첩성, +1 지혜
3	여러분은 사냥꾼들과 야영을 하곤 했습니다.	+2 건강, +1 지능
4	마을의 어르신들은 여러분에게 고대의 체스를 가르쳤습니다.	+2 지능, +1 민첩성
5	여러분은 방앗간 집 자식이랑 막 결혼할 예정입니다.	+2 지혜, +1 근력
6	누군가 여러분에게 실연당했습니다. 어쩌면 반대로 여러분이 실연당한 것일지도 모릅니다.	+2 매력, +1 건강
7	늙은 과부가 여러분에게 집안일을 도와달라고 부탁하곤 했습니다.	+1 근력, +1 지능, +1 매력
8	이 마을에 정착해서 살아가는 어느 역전의 용병이 여러분에게 몇 가지 가르침을 주었습니다.	+1 민첩성, +1 건강, +1 지혜

여러분은 왕국에서 가장 특이한 일을 맡았습니다. 여러분은 1레벨 도적-마법사가 되며, 클래스 능력으로 운명의 총애와 숙련된 솜씨, 마법 감지, 주문 사용, 기능: 동물 교감, 캔트립 짐승 소통을 얻습니다. 다음 표는 여러분이 어떤 기능을 더 익히는지 정합니다. 여러분은 무엇을 배웠나요?

1d6	마녀는 여러분이 하기 싫어하는 잡일만 골라서 시킵니다. 어떤 일인가요?	습득
1	마구간 청소.	+3 근력, 기능: 동물 지식
2	마른 가지를 주워서 마녀의 가마솥 불을 계속 지피기.	+3 건강, 기능: 생존
3	약초를 정리하고 분류하기.	+3 지능, 기능: 약초 지식
4	병든 환자를 돌보는 마녀 돕기.	+3 지혜, 기능: 치료
5	동물 먹이 주기. (동물이 정말로, 정말로 많습니다)	+3 지혜, 기능: 동물 지식
6	식사 준비.	+3 민첩성, 기능: 요리

1d6	비록 여러분은 선천적인 재능은 없지만, 마법을 조금이나마 배울 수 있었습니다. 무엇을 배웠나요?	습득
1	여러분과 다른 사람들이 좀 더 수월하게 일할 수 있도록 만드는 법을 배웠습니다.	+2 지혜, 기능: 운동, 캔트립 축복
2	장난치고 싶을 때 다른 친구들을 골탕 먹이는 법을 배웠습니다.	+2 지능, 기능: 은신, 캔트립 소리 만들기
3	가장 힘든 시기에도 정원을 가꾸는 법을 배웠습니다.	+2 지혜, 기능: 약초 지식, 캔트립 드루이드의 손길
4	아마도 보지 말아야 할 것을 보는 방법을 배웠습니다.	+2 지능, 기능: 금단의 지식, 캔트립 영혼 시야
5	햇불 없이도 길을 밝히는 법을 배웠습니다.	+2 지능, 기능: 생존, 캔트립 마법사의 빛
6	여러분을 불쾌하게 만든 이들을 저주하는 법을 배웠습니다.	+2 지혜, 기능: 사교, 캔트립 저주

1d6	어느 날, 여러분은 친구와 함께 숲을 거닐던 중, 무언가 이상한 것을 목격합니다. 오른편 플레이어는 그 자리에 함께 있었습니다.	습득
1	여러분의 진정한 사랑이 다른 사람과 남몰래 만나고 있었습니다. 여러분은 부정을 저지른 두 사람 앞에 나섰습니다. 오른편 친구는 사건이 끝난 후 여러분을 다독여주었고, *+1 매력*을 얻습니다.	+2 매력, 기능: 위협
2	심부름을 하던 저녁, 어느 뿔 달린 기수가 나무 사이로 말을 몰고 질주해 왔습니다. 여러분은 벌벌 떨면서 숨었습니다. 오른편 친구는 여러분처럼 벌벌 떨었고, *+1 민첩성*을 얻습니다.	+2 민첩성, 기능: 은신
3	요정 군주아 가신들이 행렬을 목격했습니다. 그 행렬은 여러분이 지금까지 본 가장 아름다운 광경이었습니다. 지금도 여러분의 귓가에는 요정들의 노랫소리가 맴돌고 있습니다. 오른편 친구는 함께 그 행렬을 보고 눈물을 흘렸고, *+1 매력*을 얻습니다.	+2 매력, 기능: 노래
4	다른 마을에서 온 사악한 사교집단의 집회를 마주쳤습니다. 사교도 한 명이 여러분을 붙잡았지만, 여러분은 간신히 도망쳤습니다. 오른편 친구는 *사교도를 뒤에서 때려서* 기절시켰고, *+1 근력*을 얻습니다.	*+2 근력, 기능: 운동*
5	방앗간 주인이 어느 이상한 도둑과 은밀히 만나고 있었습니다. 여러분은 도둑의 뒤를 밟았고, 그가 어느 상인의 지갑을 훔치는 모습을 목격했습니다. 오른편 친구는 여러분과 함께 들키지 않고 도둑의 뒤를 밟아 마을로 들어갔고, *+1 민첩성*을 얻습니다.	+2 민첩성, 기능: 소매치기
6	여정에 나선 기사와 만났습니다. 기사는 빵을 떼어 여러분에게 주면서, 머나먼 곳의 이야기를 들려주었습니다. 오른편 친구는 여러분이 당황하고 있을 때 자신이 아는 이야기 일부를 기사에게 들려주었고, *+1 매력*을 얻습니다.	+2 매력, 기능: 민간전승

1d6	마녀의 동물 중 하나는 이제 여러분과 늘 함께 하는 친구입니다 (이 동물 친구는 동료로 간주합니다). 여러분의 절친한 새 친구는 어떤 기이한 동물인가요?	습득
1	호기심 많은 까마귀.	**+2 지능,** 호기심 많은 까마귀
2	항상 약간의 음식을 찾아내는 작은 생쥐.	**+2 민첩성,** 작은 생쥐
3	은빛 수사슴.	**+2 근력,** 은빛 수사슴
4	언제나 길을 잘 찾는, 매우 시끄러운 올빼미.	**+2 지혜,** 시끄러운 부엉이
5	말하는 돼지.	**+2 매력,** 말하는 돼지
6	매일 방문하는 어미 곰.	**+2 건강,** 어미 곰

━━ 캐릭터 시트를 채우세요! ━━

1. 캐릭터 이름과 클래스, 레벨을 적으세요.

2. 능력치를 적으세요. 각 능력치 옆에 다음 쪽에 나온 능력치 보너스를 적으세요.

3. 캐릭터의 기능과 클래스 능력, 초기 장비 및 사고 싶은 물건을 적으세요. 사육사 조수는 다음 장비를 가지고 시작합니다: 단검, 농부의 옷, 동물 친구를 돌보는 데 필요한 모든 것, 은화 4d6냥.

4. 가치관을 하나 선택하세요. 캐릭터는 질서, 혼돈, 중립 중 하나입니다. 정하지 못하겠다면 대부분 사람처럼 중립을 선택하세요.

5. 클래스에 따라 기본 공격 보너스를 받습니다. 1레벨 도적-마법사는 +0입니다.

6. 행동 순서는 캐릭터 레벨+민첩성 보너스+1(도적-마법사) 입니다.

7. 캐릭터의 **장갑** 수치는 10+민첩성 수정치+캐릭터가 받는 **장갑** 보너스입니다.

8. 캐릭터의 **행운** 점수는 5점입니다.

9. 캐릭터의 HP는 8+건강 보너스입니다.

10. 다음 쪽에 나온 극복 판정 수치를 적으세요.

11. 캐릭터가 사용할 법한 무기의 수치를 '명중 보너스'와 '피해' 항목에 적으세요. 근접 무기 명중 보너스는 기본 공격 보너스+근력 보너스이며, 원거리 무기 공격 보너스는 기본 공격 보너스+민첩성 보너스입니다. 근력 보너스는 근접 무기의 피해에도 더합니다

참고 사항

판정

능력치 판정: d20을 굴린 다음 주사위 결과를 관련 능력치와 비교하세요. 주사위 결과가 능력치와 같거나 낮다면 성공입니다. 주사위 결과가 능력치보다 높다면 실패입니다.

극복 판정: d20을 굴립니다. 주사위 결과가 극복 판정 수치와 같거나 높다면 성공입니다.

전투 판정: d20을 굴린 다음, 관련 공격 보너스를 더합니다. 상대의 장갑 수치와 비교하세요. 판정 결과가 상대 **장갑** 수치와 같거나 높다면 공격은 명중합니다. 판정 결과가 **장갑** 수치보다 낮다면 빗나갑니다.

클래스 능력

체력 주사위: d8
행동 순서 보너스: +1
갑옷: 사육사 조수는 판금 갑옷보다 가벼운 갑옷을 입을 수 있습니다

운명의 총애: 사육사 조수는 다른 사람들보다 운이 좋습니다. 캐릭터는 다른 클래스처럼 행운 점수를 3점 받는 대신, 5점 받습니다.

숙련된 솜씨: 사육사 조수는 1레벨에서 기능을 두 개 더 익히며 (여러분은 플레이북을 통해 이미 얻었습니다), 이후 홀수 레벨마다 (3, 5, 7, 9레벨) 추가로 기능을 하나씩 더 익힙니다.

주문 사용: 사육사 조수는 캔트립만 사용할 수 있습니다.

마법 감지: 울타리 너머, 또 다른 모험으로 p.12를 참조하세요.

행운 점수

캐릭터는 행운 점수를 다음 방식으로 사용할 수 있습니다.

친구 돕기: 보통, 캐릭터는 관련 기능이 있어야만 친구의 능력치 판정을 도울 수 있습니다. 하지만 행운 점수를 1점 쓴다면, 해당 판정에 활용할 수 있는 적합한 기능이 없더라도 친구를 도와 판정에 +2 보너스를 줄 수 있습니다.

재도전: 캐릭터는 행운 점수를 1점 써서 능력치 판정이나 극복 판정, 명중 판정처럼 플레이 중에 일어나는 실패한 판정을 다시 굴릴 수 있습니다.

죽음 속이기: 죽을 위기에 처한 캐릭터는 행운 점수를 1점 써서 HP를 0으로 안정시키고 추가 피해를 받지 않을 수 있습니다.

능력치	보너스
1	-4
2-3	-3
4-5	-2
6-8	-1
9-12	0
13-15	+1
16-17	+2
18-19	+3

레벨	경험치	기본 공격 보너스	독 극복	입김 무기 극복	신체 변형 극복	주문 극복	마법 물품 극복
1	0	+0	13	16	13	15	14
2	2,500	+1	13	16	13	15	14
3	5,000	+1	13	16	12	15	14
4	10,000	+2	13	16	12	15	14
5	20,000	+3	12	15	11	13	12
6	40,000	+3	12	15	11	13	12
7	80,000	+4	12	15	11	13	12
8	150,000	+5	12	15	11	13	12
9	300,000	+5	11	14	9	11	10
10	450,000	+6	11	14	9	11	10

경건한 예비 성직자 플레이북

어릴 적 여러분은 평범한 마을의 아이였지만, 성년이 되었을 때 무언가 기적을 목격했습니다. 극적인 사건을 겪은 후 여러분은 옛 신들의 부름을 들었고, 이제는 선조들처럼 거리낌 없이 그들을 숭배합니다. 특히 옛 신 중 하나는 여러분에게 특별한 은총을 보여주었고, 여러분은 그의 가르침을 따라 살고 있습니다.

여러분은 어리지만 무척 현명합니다. 여러분의 지혜는 12로 시작하며, 나머지 능력치는 8로 시작합니다.

여러분은 어린 시절을 어떻게 보냈나요?

1d12	부모는 마을에서 어떻게 살았나요? 여러분은 무엇을 배웠나요?	습득
1	여러분은 고아입니다. 참 어렵게 살았지요.	+2 지혜, +2 건강, +1 지능
2	마땅한 이유이든 억울한 이유이든, 아버지가 추방자였습니다.	+2 지능, +1 지혜, +1 건강, 기능: 생존술
3	부모가 어부였고, 여러분은 강가에서 지냈습니다.	+2 민첩성, +1 근력, +1 지혜, 기능: 낚시
4	가족이 마을 바깥에서 작은 농장을 꾸렸습니다.	+2 건강, +1 지혜, +1 매력, 기능: 농사
5	아버지는 지역 대장장이였고, 여러분에게 망치와 풀무질을 가르쳤습니다.	+2 근력, +1 민첩성, +1 매력, 기능: 대장장이
6	이전에 아버지가 했던 것처럼 여러분도 양을 몰고 산으로 갔습니다.	+2 건강, +1 민첩성, +1 지혜, +1 근력
7	부모는 이 지역 여관을 운영했습니다. 여러분은 여러 여행자를 만나고 그들의 이야기를 들으면서 자랐습니다.	+2 매력, +1 지능, +1 민첩성, +1 지혜
8	여러분은 마치 운명의 여신처럼 베틀로 실을 자르거나 꼬았습니다.	+2 민첩성, +1 지능, +1 매력, 기능: 방직
9	부모 중 누군가가 옛이야기를 보관하고 전승했습니다. 여러분 머릿속은 부모에게 배운 이야기로 가득 찼습니다.	2+ 지능, +1 매력, +1 지혜, 기능: 민간전승
10	아버지는 파수꾼이었습니다. 누구에게나 엄하지만 공정하게 대했습니다.	+2 근력, +1 매력, +1 건강, 기능: 운동
11	여러분은 숲으로 가서 약초와 산딸기를 모으곤 했습니다.	+2 지혜, +1 건강, +1 민첩성, 기능: 약초 지식
12	아버지가 지역 상인이었습니다. 여러분은 가격을 매기고 사람들을 끌어드리는 법을 배웠습니다.	+2 매력, +1 지능, +1 민첩성, 기능: 흥정

1d8	여러분은 어릴 적 어느 점이 남달랐나요?	습득
1	때로 아이들은 싸우곤 하지요. 여러분은 절대 진 적이 없습니다.	+2 근력, +1 지혜
2	여러분이 이기지 못하는 시합은 없었습니다.	+2 민첩성, +1 지능
3	여러분은 이 근방에서 가장 튼튼한 아이였습니다.	+2 건강, +1 매력
4	여러분이 모르는 비밀은 없었습니다.	+2 지능, +1 민첩성
5	여러분은 공감을 잘 해주었기 때문에 사람들이 이런저런 이야기를 털어놓았습니다.	+2 지혜, +1 건강
6	여러분은 누구에게나 사랑받았습니다.	+2 매력, +1 근력
7	여러분은 남의 문제를 잘 해결해주었지만, 자기 사정은 털어놓지 않았습니다.	+1 근력, +1 건강, +1 매력
8	사람들은 저마다 가르칠 것이 있습니다. 여러분은 여러 사람에게 이런저런 것들을 조금씩 배웠습니다.	+1 민첩성, +1 지능, +1 지혜

30

1d8	여러분은 자라면서 다른 플레이어 캐릭터들과 깊은 우정을 맺었습니다. 다른 마을 사람 중에서는 누구와 친하게 지냈나요?	습득
1	대장장이와 함께 일하는 동안에는 모든 시름을 잊었습니다.	+2 근력, +1 매력
2	어부들은 여러분을 마음에 들어 해서 서로 이야기를 주고받았습니다.	+2 민첩성, +1 지혜
3	여러분은 사냥꾼들과 야영을 하곤 했습니다.	+2 건강, +1 지능
4	마을의 어르신들은 여러분에게 고대의 체스를 가르쳤습니다.	+2 지능, +1 민첩성
5	여러분은 방앗간 집 자식이랑 막 결혼할 예정입니다.	+2 지혜, +1 근력
6	누군가 여러분에게 실연당했습니다. 어쩌면 반대로 여러분이 실연당한 것일지도 모릅니다.	+2 매력, +1 건강
7	늙은 과부가 여러분에게 집안일을 도와달라고 부탁하곤 했습니다.	+1 근력, +1 지능, +1 매력
8	이 마을에 정착해서 살아가는 어느 역전의 용병이 여러분에게 몇 가지 가르침을 주었습니다.	+1 민첩성, +1 건강, +1 지혜

여러분은 신들의 힘을 느낀 후 삶이 바뀌었습니다. 여러분은 1레벨 마법사가 되며, 클래스 능력으로 마법 감지와 주문 사용, 기능: 종교 지식, 캔트립 축복을 얻습니다. 다음 표는 여러분이 어떤 주문을 더 익히는지 정합니다. 신을 섬기는 삶을 시작하면서 무슨 일을 겪었나요?

1d6	성년이 된 여러분은 신들의 목소리를 듣기 시작했습니다. 처음 계기는 무엇인가요?	습득
1	여러분은 어느 신의 손에 이끌려 숲속 깊은 곳의 버려진 성역을 발견했습니다. 그곳에서 여러분은 옛 신들의 고대 기록을 찾았습니다.	+2 지능, +1 민첩성, 기능: 고대 역사
2	마을에 끔찍한 사건이 닥쳤고, 신들은 마을 사람들이 여러분을 가장 필요로 할 때 어떻게 도와야 하는지 가르쳐 주었습니다.	+2 근력, +1 매력, 기능: 사교
3	알 수 없는 질병이 마을에 퍼졌을 때, 꿈에서 어느 신이 나타나 병을 치료하는 법을 가르쳐 주었습니다.	+2 건강, +1 지능, 기능: 치료
4	성전 기사 한 무리가 남쪽에서 와서 마을 사람들에게 원조를 요청했습니다. 여러분은 옛 신들의 혼과 영을 받아 기사들과 밤새도록 신학 토론을 펼쳤고, 일부를 개종시켰습니다.	+2 매력, +1 근력, 기능: 종교 지식
5	방앗간 주인의 딸이 사고를 당해 심하게 다쳤습니다. 다른 사람들이 모두 가망이 없다고 생각했을 때, 여러분은 어느 신의 목소리를 들어 환자를 치료했습니다.	+2 지혜, +1 건강, 기능: 치료
6	어느 신이 여러분에게 늙은 마녀가 고대의 위대한 지식을 지녔다고 말해주었습니다. 여러분은 마녀를 찾아가 가르침을 받았습니다.	+2 민첩성, +1 지혜, 기능: 약초 지식

1d6	신들은 여러분에게 어떤 임무를 맡겼나요?	습득
1	어둠의 세력이 더럽힌 대지를 정화해야 합니다. 여러분은 다음 은총을 받습니다: 주술 언데드 퇴치, 의식 보호의 원, 캔트립 영혼 시야	+2 지능, 주문 (왼쪽 항목)
2	병들고 다친 사람들을 돌봐야 합니다. 여러분은 다음 은총을 받습니다: 주술 치유의 손길, 의식 치유의 딸기, 캔트립 마법사의 빛	+2 지혜, 주문 (왼쪽 항목)
3	옛 길을 떠돌면서 자연을 보호해야 합니다. 여러분은 다음 은총을 받습니다: 주술 자취 없는 걸음, 의식 힘의 지팡이, 캔트립 드루이드의 손길	+2 지혜, 주문 (왼쪽 항목)
4	사람들의 지도자가 되어야 합니다. 여러분은 다음 은총을 받습니다: 주술 용기의 말, 의식 마법사의 표식, 캔트립 저주	+2 매력, 주문 (왼쪽 항목)
5	동물들과 함께 걸으면서 가르침을 받아야 합니다. 여러분은 다음 은총을 받습니다: 주술 치유의 손길, 의식 패밀리어 엮기, 캔트립 짐승 소통	+2 지혜, 주문 (왼쪽 항목)
6	세상을 여행하면서 신들의 뜻에 따라 일을 해야 합니다. 여러분은 다음 은총을 받습니다: 주술 은폐, 의식 마법사의 갑옷, 캔트립 저주	+2 지능, 주문 (왼쪽 항목)

1d6	여러분이 가장 힘든 순간, 신들이 여러분을 도와주었습니다. 언제였나요? 오른쪽 플레이어가 여러분과 함께 있었습니다.	습득
1	마을의 어떤 아이가 자기보다 작고 약한 상대를 괴롭힐 때, 여러분은 멈추라고 명령했고, 신들은 여러분의 목소리에 힘을 실어 주었습니다. 오른편 친구는 여러분을 도와 괴롭힘당하는 상대를 지켜주었고, +1 지혜를 얻습니다.	+2 지혜, 주술: 명령의 말
2	여러분이 산적들에게 붙잡혔을 때, 신들이 눈부신 빛을 발산하자 산적들이 도망쳤습니다. 오른편 친구는 여러분이 신들에게 기도하는 동안 여러분을 지켜주었고, +1 매력을 얻습니다.	+2 매력, 주술: 눈부신 섬광
3	여러분은 헤매나가 우연히 고내의 왕릉에 들어갔습니다. 고대의 왕들이 일어났을 때 여러분은 신들에게 도움을 청했고, 그 덕분에 들키지 않고 빠져나올 수 있었습니다. 오른편 친구는 여러분이 빠져나가는 길을 찾도록 도왔고, +1 민첩성을 얻습니다.	+2 민첩성, 주술: 망자 피하기
4	지난 가을 축제 때, 다른 마을에서 온 술주정뱅이가 하나 사람들을 괴롭히고 있었습니다. 여러분은 신들의 힘으로 그를 벌벌 떨게 했습니다. 오른편 신구는 여러분이 그 말썽꾼과 맞부딪혔을 때 함께 있었고, +1 매력을 얻습니다.	+2 매력, 주술: 포박의 시선
5	어느날 밤, 장막 너머에서 옛 신들의 힘에 이끌린 어느 존재가 이 세상으로 넘어와 여러분을 죽이려 했으나, 신들이 여러분을 지켜주었습니다. 오른편 친구는 여러분의 집으로 황급히 와서 빛과 우정의 힘으로 결국 그림자를 쫓아냈고, +1 건강을 얻습니다.	+2 건강, 주술: 신비한 방패
6	얽은 피부를 가진 어느 이상하고 작은 남자가 옛 광산에 접근하는 이들을 공격했습니다. 여러분은 그 괴물 앞에 나서서 친구가 쇠막대로 때리는 동안 괴물의 공격을 막았고, 결국 괴물을 격퇴했습니다. 오른편 친구는 여러분과 함께 괴물을 쫓아냈고, +1 지능을 얻습니다.	+2 지능, 주술: 신비한 방패

1d6	옛 신 중 누가 여러분을 특히 총애하나요?	습득
1	비밀과 영감, 숨겨둔 물건의 신.	+2 지능, 두꺼운 망토
2	새 시작과 불, 정화의 신.	+2 건강, 성스러운 향과 청동화로
3	치료와 고통, 빛의 여신.	+2 지혜, 치료용 약초
4	질서와 전쟁, 정복의 여신.	+2 매력, 날이 넓은 검
5	맹세와 자부심, 난로의 여신.	+2 근력, 은수저
6	농업과 죽음, 저승의 신.	+2 지능, 철 동전 한 주머니

캐릭터 시트를 채우세요!

1. 캐릭터 이름과 클래스, 레벨을 적으세요.

2. 능력치를 적으세요. 각 능력치 옆에 다음 쪽에 나온 능력치 보너스를 적으세요.

3. 캐릭터의 기능과 클래스 능력, 초기 장비 및 사고 싶은 물건을 적으세요. 경건한 예비 성직자는 다음 장비를 가지고 시작합니다: 단검, 소박한 옷, 고대의 성표, 튼튼한 보행용 지팡이, 은화 4d6냥.

4. 가치관을 하나 선택하세요. 캐릭터는 질서, 혼돈, 중립 중 하나입니다. 정하지 못하겠다면 대부분 사람처럼 중립을 선택하세요.

5. 클래스에 따라 기본 공격 보너스를 받습니다. 1레벨 마법사는 +0입니다.

6. 행동 순서는 캐릭터 레벨+민첩성 보너스+0(마법사) 입니다.

7. 캐릭터의 장갑 수치는 10+민첩성 수정치+캐릭터가 받는 장갑 보너스입니다.

8. 캐릭터의 행운 점수는 3점입니다.

9. 캐릭터의 HP는 6+건강 보너스입니다.

10. 다음 쪽에 나온 극복 판정 수치를 적으세요.

11. 캐릭터가 사용할 법한 무기의 수치를 '명중 보너스'와 '피해' 항목에 적으세요. 근접 무기 명중 보너스는 기본 공격 보너스+근력 보너스이며, 원거리 무기 공격 보너스는 기본 공격 보너스+민첩성 보너스입니다. 근력 보너스는 근접 무기의 피해에도 더합니다.

참고 사항

판정

능력치 판정: d20을 굴린 다음 주사위 결과를 관련 능력치와 비교하세요. 주사위 결과가 능력치와 같거나 낮다면 성공입니다. 주사위 결과가 능력치보다 높다면 실패입니다.

극복 판정: d20을 굴립니다. 주사위 결과가 극복 판정 수치와 같거나 높다면 성공입니다.

전투 판정: d20을 굴린 다음, 관련 공격 보너스를 더합니다. 상대의 **장갑** 수치와 비교하세요. 판정 결과가 상대 **장갑** 수치와 같거나 높다면 공격은 명중합니다. 판정 결과가 **장갑** 수치보다 낮다면 빗나갑니다.

클래스 능력

체력 주사위: d6
행동 순서 보너스: +0
갑옷: 경건한 예비 성직자는 갑옷을 입을 수 없습니다.

주문 사용: 경건한 예비 성직자는 캔트립, 주술, 의식이라는 서로 다른 세 가지 방식으로 마법의 힘을 사용할 수 있습니다. 경건한 예비 성직자는 캔트립 두 개, 주술 두 개, 의식 한 개를 가지고 시작합니다. 캐릭터가 처음 가지고 시작하는 주문은 플레이북을 참조하세요.

마법 감지: 경건한 예비 성직자는 선천적으로 마법을 민감하게 느끼기 때문에, 특정한 사람이나 장소, 또는 물건에 마법의 기운이 깃들여 있는지 알아낼 수 있습니다. 마법을 감지하려면 몇 분 정도 집중해야 하므로, 단순히 보는 것만으로는 대상이 마법적인 기운을 띄고 있는지 알 수 없습니다. 사람들은 캐릭터가 자신들을 강렬하게 지켜보거나 식사 시간이 돼도 음식에 집중하지 않는 모습을 보고 마법을 감지하려 한다는 것을 쉽게 알아차릴 수 있습니다. 마스터는 캐릭터가 유난히 강력한 마법 근처에 있다면 즉시 마법의 기운을 알아차릴 수 있다고 정할 수 있습니다.

행운 점수

캐릭터는 행운 점수를 다음 방식으로 사용할 수 있습니다.

친구 돕기: 보통, 캐릭터는 관련 기능이 있어야만 친구의 능력치 판정을 도울 수 있습니다. 하지만 행운 점수를 1점 쓴다면, 해당 판정에 활용할 수 있는 적합한 기능이 없더라도 친구를 도와 판정에 +2 보너스를 줄 수 있습니다.

재도전: 캐릭터는 행운 점수를 1점 써서 능력치 판정이나 극복 판정, 명중 판정처럼 플레이 중에 일어나는 실패한 판정을 다시 굴릴 수 있습니다.

죽음 속이기: 죽을 위기에 처한 캐릭터는 행운 점수를 1점 써서 HP를 0으로 안정시키고 추가 피해를 받지 않을 수 있습니다.

능력치	보너스
1	-4
2-3	-3
4-5	-2
6-8	-1
9-12	0
13-15	+1
16-17	+2
18-19	+3

레벨	경험치	기본 공격 보너스	독 극복	숨결 무기 극복	신체 변형 극복	주문 극복	마법 물품 극복
1	0	+0	14	15	13	12	11
2	2,500	+1	14	15	13	12	11
3	5,000	+1	14	15	13	12	11
4	10,000	+2	14	15	13	12	11
5	20,000	+2	14	15	13	12	11
6	40,000	+3	13	13	11	10	9
7	80,000	+3	13	13	11	10	9
8	150,000	+4	13	13	11	10	9
9	300,000	+4	13	13	11	10	9
10	450,000	+5	13	13	11	10	9

요정 업둥이 플레이북

여러분은 마을 근처 고대의 선돌 아래에서 포대기에 싸인 채로 발견되었습니다. 가슴 위에는 요정의 표식이 놓여 있었다고 합니다. 어느 친절한 마을 사람이 여러분을 발견해서 자식처럼 키웠습니다. 여러분은 타고난 마법의 재능이 있으며, 비록 기이한 외모 때문에 일부 사람들에게는 여전히 의심의 눈초리를 받지만 몇몇 마을 아이들과 굳건한 우정을 다질 수 있었습니다.

여러분은 재빠르고 호기심이 많습니다. 여러분의 **민첩성**과 **지능**은 10에서 시작하며, 나머지 능력치는 8에서 시작합니다.

여러분은 어린 시절을 어떻게 보냈나요?

1d12	부모는 마을에서 어떻게 살았나요? 여러분은 무엇을 배웠나요?	습득
1	어느 기이한 은둔자가 마을 외곽에서 여러분을 키웠습니다.	+2 지혜, +2 건강, +1 지능
2	마땅한 이유이든 억울한 이유이든, 아버지가 추방자였습니다.	+2 지능, +1 지혜, +1 건강, 기능: 생존술
3	부모가 어부였고, 여러분은 강가에서 지냈습니다.	+2 민첩성, +1 근력, +1 지혜, 기능: 낚시
4	가족이 마을 바깥에서 작은 농장을 꾸렸습니다.	+2 건강, +1 지혜, +1 매력, 기능: 농사
5	아버지는 지역 대장장이였고, 여러분에게 망치와 풀무질을 가르쳤습니다.	+2 근력, +1 민첩성, +1 매력, 기능: 대장장이
6	이전에 아버지가 했던 것처럼 여러분도 양을 몰고 산으로 갔습니다.	+2 건강, +1 민첩성, +1 지혜, +1 근력
7	부모는 이 지역 여관을 운영했습니다. 여러분은 여러 여행자를 만나고 그들의 이야기를 들으면서 자랐습니다.	+2 매력, +1 지능, +1 민첩성, +1 지혜
8	여러분은 마치 운명의 여신처럼 베틀로 실을 자르거나 꼬았습니다.	+2 민첩성, +1 지능, +1 매력, 기능: 방직
9	부모 중 누군가가 옛이야기를 보관하고 전승했습니다. 여러분 머릿속은 부모에게 배운 이야기로 가득 찼습니다.	+2 지혜, +1 매력, +1 지혜, 기능: 민간전승
10	아버지는 파수꾼이었습니다. 누구에게나 엄하지만 공정하게 대했습니다.	+2 근력, +1 매력, +1 건강, 기능: 운동
11	여러분은 숲으로 가서 약초와 산딸기를 모으곤 했습니다.	+2 지혜, +1 건강, +1 민첩성, 기능: 약초 지식
12	아버지가 지역 상인이었습니다. 여러분은 가격을 매기고 사람들을 끌어드리는 법을 배웠습니다.	+2 매력, +1 지능, +1 민첩성, 기능: 흥정

1d8	여러분은 어릴 적 어느 점이 남달랐나요?	습득
1	때로 아이들은 싸우곤 하지요. 여러분은 절대 진 적이 없습니다.	+2 근력, +1 지혜
2	여러분이 이기지 못하는 시합은 없었습니다.	+2 민첩성, +1 지능
3	여러분은 이 근방에서 가장 튼튼한 아이였습니다.	+2 건강, +1 매력
4	여러분이 모르는 비밀은 없었습니다.	+2 지능, +1 민첩성
5	여러분은 공감을 잘 해주었기 때문에 사람들이 이런저런 이야기를 털어놓았습니다.	+2 지혜, +1 건강
6	여러분은 누구에게나 사랑받았습니다.	+2 매력, +1 근력
7	여러분은 남의 문제를 잘 해결해주었지만, 자기 사정은 털어놓지 않았습니다.	+1 근력, +1 건강, +1 매력
8	사람들은 저마다 가르칠 것이 있습니다. 여러분은 여러 사람에게 이런저런 것들을 조금씩 배웠습니다.	+1 민첩성, +1 지능, +1 지혜

1d8	여러분은 자라면서 다른 플레이어 캐릭터들과 깊은 우정을 맺었습니다. 다른 마을 사람 중에서는 누구와 친하게 지냈나요?	습득
1	대장장이와 함께 일하는 동안에는 모든 시름을 잊었습니다.	+2 근력, +1 매력
2	어부들은 여러분을 마음에 들어 해서 서로 이야기를 주고받았습니다.	+2 민첩성, +1 지혜
3	여러분은 사냥꾼들과 야영을 하곤 했습니다.	+2 건강, +1 지능
4	마을의 어르신들은 여러분에게 고대의 체스를 가르쳤습니다.	+2 지능, +1 민첩성
5	여러분은 방앗간 집 자식이랑 막 결혼할 예정입니다.	+2 지혜, +1 근력
6	누군가 여러분에게 실연당했습니다. 어쩌면 반대로 여러분이 실연당한 것일지도 모릅니다.	+2 매력, +1 건강
7	늙은 과부가 여러분에게 집안일을 도와달라고 부탁하곤 했습니다.	+1 근력, +1 지능, +1 매력
8	이 마을에 정착해서 살아가는 어느 역전의 용병이 여러분에게 몇 가지 가르침을 주었습니다.	+1 민첩성, +1 건강, +1 지혜

여러분은 성장하여 자신의 요정 혈통을 좀 더 자각하게 되었습니다. 여러분은 1레벨 전사-마법사가 되며, 클래스 능력으로 특기와 마법 감지, 주문 사용, 기능: 요정 지식을 얻습니다. 다음 표는 여러분의 추가 주문과 자세한 클래스 능력을 정합니다. 여러분은 무엇을 배웠나요?

1d6	여러분이 가지고 있는 요정의 흔적은?	습득
1	특이하게 뾰족하거나 기이한 색깔을 띤 두 귀.	+3 지혜, 기능: 경계
2	흔치 않은 빛깔의 강렬한 두 눈.	+3 매력, 기능: 금단의 비밀
3	울퉁불퉁한 피부에 엄청난 힘을 지닌 두 손.	+3 근력, 기능: 위협
4	큰 키와 이 세상 사람 같지 않은 풍모.	+3 민첩성, 기능: 지휘
5	어릴 적부터 쪼글쪼글하면서 교활한 외모	+3 지능, 기능: 고대 역사
6	움직임 하나하나에서 배어나는 야생의 분위기	+3 건강, 기능: 생존술

1d6	여러분은 어떤 종류의 요정 마법을 가졌나요?	습득
1	숲은 여러분의 선조들에게 존경을 표하는 의미로 여러분의 흔적을 덮어줍니다.	+2 지혜, 주술: 자취 없는 걸음
2	여러분은 화려함과 아름다움으로 사람들을 홀립니다.	+2 민첩성, 주술: 고급 환상
3	여러분은 지하 요정 왕국에 사는 어둠 요정들의 혈통을 물려받았습니다.	+2 지능, 주술: 어둠 만들기
4	사람들은 여러분 앞에서 벌벌 떱니다.	+2 매력, 주술: 두려운 존재감
5	여러분은 마을 전설 속의 가사 요정처럼 부서진 물건들을 원래대로 고칠 수 있습니다.	+2 민첩성, 주술: 땜장이의 축복
6	여러분은 눈에 보이지 않는 것도 뚜렷이 볼 수 있습니다.	+2 지혜, 주술: 본성 감지

1d6	여러분은 성년이 되었을 때, 요정 혈통 때문에 뜻밖의 문제를 겪게 됩니다. 무슨 사건이었나요? 오른쪽 플레이어는 그 자리에 함께 있었습니다.	습득
1	마을 근처 숲을 거닐고 있을 때, 어느 장난꾼 요정이 여러분을 마음에 들어 해서 여러분이 어디로 가든 따라다니기로 했습니다. 오른편 친구는 여러분을 도와 그 장난꾼 요정을 감쪽같이 속였고, +1 매력을 얻습니다.	+2 매력, 특기: 저항력, 주술: 거짓 친구,
2	남쪽에서 온 어느 여행자가 여러분을 마귀 들린 가련한 사람이라고 생각하고 구마를 시도했습니다. 오른편 친구는 여러분이 도망치도록 도왔고, +1 민첩성을 얻습니다.	+2 민첩성, 특기: 방어형 전투, 주술: 잠의 장막
3	요정왕이 곰소 비밀의 숲에 궁성을 개최하고 사자를 보내 여러분을 초대했습니다. 오른편 친구는 요정들에 관한 지식을 얻기 위해 같이 갔고, +1 지능을 얻습니다.	+2 지능, 특기: 속도, 주술: 명령의 말
4	사익하지만 정정당당한 기사가 숲에서 마을로 말을 타고 와서 여러분에게 결투를 신청했습니다. 오른편 친구는 여러분 측의 충실한 입회인 역할을 했고, +1 근력을 얻습니다.	+2 근력, 특기: 강한 일격, 주술: 진실한 일격
5	슬루아가 서쪽에서 마을로 날아왔고, 여러분은 그에 맞서 친구들과 사랑하는 사람들을 지켰습니다. 오른편 친구는 여러분 곁에서 슬루아의 맹렬한 공격을 막았고, +1 건강을 얻습니다.	+2 건강, 특기: 저항력, 주술: 신비한 방패
6	지난겨울 한 아기가 실종되었을 때, 의심을 한 사람들이 분명 여러분이 그 아이를 요정 가족들에게 데려갔을 것이라고 수군댔습니다. 오른편 친구는 모든 마을 사람들에게 여러분은 항상 올바르고 친절했다고 일깨웠고, +1 지혜를 얻습니다.	+2 지혜, 특기: 속도, 주술: 격려

1d6	양부모가 여러분을 발견했을 때, 어떤 징표가 가슴 위에 놓여 있었나요?	습득
1	은으로 만든, 정교한 모양의 잎.	+2 지혜, 야생의 상징
2	잔가지와 인간의 머리카락으로 만든 끔찍한 인형.	+2 지능, 저주받은 인형
3	겨울 늑대의 가죽.	+2 근력, 두꺼운 모피
4	아름답게 무늬를 새긴 상아 잔.	+2 민첩성, 요정의 포도주 잔
5	세 가닥의 금빛 머리카락.	+2 매력, 가장 귀중한 선물
6	돌로 만든 장비.	+2 건강, 돌 조각

캐릭터 시트를 채우세요!

1. 캐릭터 이름과 클래스, 레벨을 적으세요.

2. 능력치를 적으세요. 각 능력치 옆에 다음 쪽에 나온 능력치 보너스를 적으세요.

3. 캐릭터의 기능과 클래스 능력, 초기 장비 및 사고 싶은 물건을 적으세요. 요정 업둥이는 다음 장비를 가지고 시작합니다: 단검, 농부의 옷, 선택한 무기, 가죽 갑옷 (+2 장갑), 애정 어린 입양 가족, 여러분이 선택한 기이한 특징 (예: 상앗빛 머리, 작은 뿔, 꼬리, 불편할 정도로 감미로운 목소리, 강한 꽃향기), 은화 4d6냥

4. 가치관을 하나 선택하세요. 캐릭터는 질서, 혼돈, 중립 중 하나입니다. 정하지 못하겠다면 대부분 사람처럼 중립을 선택하세요.

5. 클래스에 따라 기본 공격 보너스를 받습니다. 1레벨 전사-마법사는 +1입니다.

6. 행동 순서는 캐릭터 레벨+민첩성 보너스+1(전사-마법사)입니다.

7. 캐릭터의 장갑 수치는 10+민첩성 수정치+캐릭터가 받는 장갑 보너스입니다.

8. 캐릭터의 행운 점수는 3점입니다.

9. 캐릭터의 HP는 8+건강 보너스입니다.

10. 다음 쪽에 나온 극복 판정 수치를 적으세요.

11. 캐릭터가 사용할 법한 무기의 수치를 '명중 보너스'와 '피해' 항목에 적으세요. 근접 무기 명중 보너스는 기본 공격 보너스+근력 보너스이며, 원거리 무기 공격 보너스는 기본 공격 보너스+민첩성 보너스입니다. 근력 보너스는 근접 무기의 피해에도 더합니다. 무기 숙련으로 받는 보너스를 잊지 마세요!

판정

능력치 판정: d20을 굴린 다음 주사위 결과를 관련 능력치와 비교하세요. 주사위 결과가 능력치와 같거나 낮다면 성공입니다. 주사위 결과가 능력치보다 높다면 실패입니다.

극복 판정: d20을 굴립니다. 주사위 결과가 극복 판정 수치와 같거나 높다면 성공입니다.

전투 판정: d20을 굴린 다음, 관련 공격 보너스를 더합니다. 상대의 장갑 수치와 비교하세요. 판정 결과가 상대 장갑 수치와 같거나 높다면 공격은 명중합니다. 판정 결과가 장갑 수치보다 낮다면 빗나갑니다.

행운 점수

캐릭터는 행운 점수를 다음 방식으로 사용할 수 있습니다.

친구 돕기: 보통, 캐릭터는 관련 기능이 있어야만 친구의 능력치 판정을 도울 수 있습니다. 하지만 행운 점수를 1점 쓴다면, 해당 판정에 활용할 수 있는 적합한 기능이 없더라도 친구를 도와 판정에 +2 보너스를 줄 수 있습니다.

재도전: 캐릭터는 행운 점수를 일어나는 실패한 판정을 다시 굴릴 수 있습니다.

죽음 속이기: 죽을 위기에 처한 캐릭터는 행운 점수를 1점 써서 HP를 0으로 안정시키고 추가 피해를 받지 않을 수 있습니다.

클래스 능력

체력 주사위: d8
행동 순서 보너스: +1
갑옷: 요정 업둥이는 가죽 갑옷을 입을 수 있습니다.

특기: 요정 업둥이는 경험을 쌓으면서 몇 가지 재주를 얻어 좀 더 강해질 수 있습니다. 캐릭터가 받는 첫 번째 특기는 플레이북에 있습니다. 이후 얻을 다음 특기는 **울타리 너머, 또 다른 모험으로** p.10을 참조하세요.

주문 사용: 요정 업둥이는 주술만 사용할 수 있습니다.

마법 감지: 울타리 너머, 또 다른 모험으로 p.12를 참조하세요.

능력치	보너스
1	-4
2-3	-3
4-5	-2
6-8	-1
9-12	0
13-15	+1
16-17	+2
18-19	+3

레벨	경험치	기본 공격 보너스	독 극복	숨결 무기 극복	신체 변형 극복	주문 극복	마법 물품 극복
1	0	+1	14	17	15	17	16
2	2,500	+2	14	17	15	17	16
3	5,000	+3	13	16	14	14	15
4	10,000	+4	13	16	14	14	15
5	20,000	+5	11	14	12	14	13
6	40,000	+6	11	14	12	12	13
7	80,000	+7	10	13	11	11	12
8	150,000	+8	10	13	11	11	12
9	300,000	+9	8	11	9	9	10
10	450,000	+10	8	11	9	9	10

전설의 후계자 플레이북

여러분의 아버지는 자신이 얼마나 대단한 영웅이었는지 늘 이야기하곤 했습니다. 다른 마을 사람들은 코웃음을 치면서 저런 거짓말쟁이 아래에서 자라는 여러분이 참 불쌍하다고 혀를 차곤 했지요. 하지면 여러분은 아버지가 정직한 사람이며, 진실을 말하고 있다는 사실을 알고 있습니다. 이제 여러분은 아버지의 검을 물려받았습니다. 강력한 힘의 무기이지요. 아버지를 자랑스럽게 하기 위해 여러분의 이름을 떨칠 때가 온 것입니다.

여러분은 튼튼하며 패기 넘칩니다. 여러분이 근력과 민첩성은 10에서 시작하며, 나머지 능력치는 8에서 시작합니다.

여러분은 어린 시절을 어떻게 보냈나요?

1d12	부모는 마을에서 어떻게 살았나요? 여러분은 무엇을 배웠나요?	습득
1	여러분은 고아입니다. 참 어렵게 살았지요.	+2 지혜, +2 건강, +1 지능
2	마땅한 이유이든 억울한 이유이든, 아버지가 추방자였습니다.	+2 지능, +1 지혜, +1 건강, 기능: 생존술
3	부모가 어부였고, 여러분은 강가에서 지냈습니다.	+2 민첩성, +1 근력, +1 지혜, 기능: 낚시
4	가족이 마을 바깥에서 작은 농장을 꾸렸습니다.	+2 건강, +1 지혜, +1 매력, 기능: 농사
5	아버지는 지역 대장장이였고, 여러분에게 망치와 풀무질을 가르쳤습니다.	+2 근력, +1 민첩성, +1 매력, 기능: 대장장이
6	이전에 아버지가 했던 것처럼 여러분도 양을 몰고 산으로 갔습니다.	+2 건강, +1 민첩성, +1 지혜, +1 근력
7	부모는 이 지역 여관을 운영했습니다. 여러분은 여러 여행자를 만나고 그들의 이야기를 들으면서 자랐습니다.	+2 매력, +1 지능, +1 민첩성, +1 지혜
8	여러분은 마치 운명의 여신처럼 베틀로 실을 자르거나 꼬았습니다.	+2 민첩성, +1 지능, +1 매력, 기능: 방직
9	부모 중 누군가가 옛이야기를 보관하고 전승했습니다. 여러분 머릿속은 부모에게 배운 이야기로 가득 찼습니다.	+2 지능, +1 매력, +1 지혜, 기능: 민간전승
10	아버지는 파수꾼이었습니다. 누구에게나 엄하지만 공정하게 대했습니다.	+2 근력, +1 매력, +1 건강, 기능: 운동
11	여러분은 숲으로 가서 약초와 산딸기를 모으곤 했습니다.	+2 지혜, +1 건강, +1 민첩성, 기능: 약초 지식
12	아버지가 지역 상인이었습니다. 여러분은 가격을 매기고 사람들을 끌어드리는 법을 배웠습니다.	+2 매력, +1 지능, +1 민첩성, 기능: 흥정

1d8	여러분은 어릴 적 어느 점이 남달랐나요?	습득
1	때로 아이들은 싸우곤 하지요. 여러분은 절대 진 적이 없습니다.	+2 근력, +1 지혜
2	여러분이 이기지 못하는 시합은 없었습니다.	+2 민첩성, +1 지능
3	여러분은 이 근방에서 가장 튼튼한 아이였습니다.	+2 건강, +1 매력
4	여러분이 모르는 비밀은 없었습니다.	+2 지능, +1 민첩성
5	여러분은 공감을 잘 해주었기 때문에 사람들이 이런저런 이야기를 털어놓았습니다.	+2 지혜, +1 건강
6	여러분은 누구에게나 사랑받았습니다.	+2 매력, +1 근력
7	여러분은 남의 문제를 잘 해결해주었지만, 자기 사정은 털어놓지 않았습니다.	+1 근력, +1 건강, +1 매력
8	사람들은 저마다 가르칠 것이 있습니다. 여러분은 여러 사람에게 이런저런 것들을 조금씩 배웠습니다.	+1 민첩성, +1 지능, +1 지혜

1d8	여러분은 자라면서 다른 플레이어 캐릭터들과 깊은 우정을 맺었습니다. 다른 마을 사람 중에서는 누구와 친하게 지냈나요?	습득
1	대장장이와 함께 일하는 동안에는 모든 시름을 잊었습니다.	+2 근력, +1 매력
2	어부들은 여러분을 마음에 들어 해서 서로 이야기를 주고받았습니다.	+2 민첩성, +1 지혜
3	여러분은 사냥꾼들과 야영을 하곤 했습니다.	+2 건강, +1 지능
4	마을의 어르신들은 여러분에게 고대의 체스를 가르쳤습니다.	+2 지능, +1 민첩성
5	여러분은 방앗간 집 자식이랑 막 결혼할 예정입니다.	+2 지혜, +1 근력
6	누군가 여러분에게 실연당했습니다. 어쩌면 반대로 여러분이 실연당한 것일지도 모릅니다.	+2 매력, +1 건강
7	늙은 과부가 여러분에게 집안일을 도와달라고 부탁하곤 했습니다.	+1 근력, +1 지능, +1 매력
8	이 마을에 정착해서 살아가는 어느 역전의 용병이 여러분에게 몇 가지 가르침을 주었습니다.	+1 민첩성, +1 건강, +1 지혜

성년이 된 여러분은 스스로 전설을 만들어 가려 합니다. 여러분은 1레벨 전사-도적이 되며, 클래스 능력으로 무기 숙련과 운명의 총애, 기능: 이야기꾼을 얻습니다. 다음 표는 여러분의 클래스 능력을 더욱 명확하게 정합니다. 여러분은 무엇을 배웠나요?

1d6	아버지가 이야기해 준 과거 이야기는?	습득
1	아버지는 폐위된 왕의 곁을 지킨 위대한 기사였습니다.	+3 매력, 기능: 예의범절
2	아버지는 이 땅을 파괴하기 위해 망자의 군대를 소환하려 한 무서운 사령술사를 막았습니다.	+3 건강, 기능: 금단의 비밀
3	아버지는 남쪽의 화산에서 살던 무시무시한 용을 베었습니다.	+3 근력, 기능: 생존술
4	북쪽의 왕이 야만인 부족을 하나로 모았을 때, 아버지는 다른 지역에 있는 여러 마을의 힘을 모아 야만인들과 맞서 싸웠습니다.	+3 매력, 기능: 지휘
5	아버지는 요정의 나라로 떠나 각종 기이한 위협을 피하거나 무찌른 다음 돌아왔습니다.	+3 민첩성, 기능: 은신
6	아버지는 머나먼 땅으로 배를 타고 가서 이제는 먼지더미가 되어버릴 정도로 까마득하게 오래된 왕들의 무덤을 털었습니다.	+3 민첩성, 기능: 덫

1d6	아버지는 어떻게 싸우는 법을 가르쳤나요?	습득
1	여러분에게 쓰러진 나무 위에서 균형을 잡으면서 자신의 공격을 막게 했습니다. 무기 숙련 능력으로 장검을 선택합니다.	+2 민첩성, 무기 숙련 (왼쪽 항목)
2	여러분과 밤늦게까지 대련을 했습니다. 무기 숙련 능력으로 장검을 선택합니다.	+2 건강, 무기 숙련 (왼쪽 항목)
3	적을 몰래 공격하는 법을 가르치는 편이 훨씬 쓸모 있다고 생각했습니다. 무기 숙련 능력으로 소검을 선택합니다.	+2 민첩성, 무기 숙련 (왼쪽 항목)
4	처음부터 강력한 공격을 날리는 것이 전투를 끝내기 가장 좋은 방법이라고 가르쳤습니다. 무기 숙련 능력으로 대형검을 선택합니다.	+2 근력, 무기 숙련 (왼쪽 항목)
5	진짜 군인이라면 아주 가까운 거리에서 싸울 줄 알아야 한다고 가르쳤습니다. 무기 숙련 능력으로 소검을 선택합니다.	+2 근력, 무기 숙련 (왼쪽 항목)
6	영웅답게 홀로 영광과 명예를 위해 싸우는 옛 전투 방식을 가르쳤습니다. 무기 숙련 능력으로 대형검을 선택합니다.	+2 건강, 무기 숙련 (왼쪽 항목)

1d6	마침내, 이름을 떨치러 나갈 때가 왔습니다. 무슨 계기였나요? 오른편 플레이어는 그 자리에 함께 있었습니다.	습득
1	여러분은 여관에서 어느 떠버리들의 조롱을 참지 못한 나머지, 이제 가문의 이름을 증명하기로 마음먹었습니다. 오른편 친구는 여러분을 도와 그 사람들과 맞섰고, *+1 건강*을 얻습니다.	+2 건강
2	아버지와 과거 인연이 있는 정체불명의 이방인이 어느 날 밤 마을에 왔습니다. 오른편 친구는 여러분과 함께 그 사람을 만났고, *+1 지혜*를 얻습니다.	+2 지혜
3	다른 마을의 수련된 전사가 마을에 와 아버지에게 결투를 신청했습니다. 여러분은 대신 결투를 치렀고, 이겼습니다! 오른편 친구는 상대편 악당의 친구들이 끼어들지 못하도록 여러분을 지켰고, *+1 근력*을 얻습니다.	+2 근력
4	여러분은 지난 봄 축제의 시합에서 아버지가 가르쳐 준 몇 가지 재주를 사용해 기량을 뽐냈습니다. 오른편 친구는 아버지가 여러분을 가르쳐 줄 때 같이 있었던 덕분에 많은 것을 배웠고, *+1 민첩성*을 얻습니다.	+2 민첩성
5	아버지가 모험하던 시절 아버지에게 원한을 품은 사람, 혹은 괴물이 복수하러 왔고, 여러분은 상대를 격퇴했습니다. 오른편 친구는 여러분을 도와 함께 싸웠고, *+1 근력*을 얻습니다.	+2 근력
6	어느 날 밤 한 방랑 시인이 여관에 묵었고, 여러분은 밤새 동안 시인이 해 주는 이야기를 들었습니다. 맹세하건데, 시인은 아버지의 활약을 이야기했습니다! 오른편 친구도 여러분과 함께 이야기를 들었고, *+1 지능*을 얻습니다.	+2 지능

1d6	지난가을, 여러분은 가까운 마을의 시장에 들렀다가 아버지의 이야기를 떠올리게 하는 물품을 발견했습니다. 무엇인가요?	습득
1	아버지의 이름이 새겨져 있는 부러진 검.	+2 근력, 재련할 칼
2	아버지가 한 때 탐사한 땅의 지도.	+2 지혜, 미심쩍은 지도
3	아버지의 옛 동료가 적은 일기.	+2 지능, 작은 책
4	아버지의 업적이 그려진 태피스트리 조각.	+2 매력, 닳아빠진 천 조각.
5	아버지의 옛 적이 가졌던 방패.	+2 건강, 마법이 걸린 방패
6	비밀의 보물 더미로 인도할 열쇠	+2 민첩성, 황동 열쇠

캐릭터 시트를 채우세요!

1. 캐릭터 이름과 클래스, 레벨을 적으세요.

2. 능력치를 적으세요. 각 능력치 옆에 다음 쪽에 나온 능력치 보너스를 적으세요.

3. 캐릭터의 기능과 클래스 능력, 초기 장비 및 사고 싶은 물건을 적으세요. 전설의 후계자는 다음 장비를 가지고 시작합니다: 단검, 농부의 옷, 아버지의 검, 가죽 갑옷 (+2 장갑), 순수한 백금으로 된 동전 한 닢, 은화 4d6냥

4. 가치관을 하나 선택하세요. 캐릭터는 질서, 혼돈, 중립 중 하나입니다. 정하지 못하겠다면 대부분 사람처럼 중립을 선택하세요.

5. 클래스에 따라 기본 공격 보너스를 받습니다. 1레벨 전사-도적은 +1입니다.

6. 행동 순서는 캐릭터 레벨+민첩성 보너스+1(전사-도적) 입니다.

7. 캐릭터의 장갑 수치는 10+민첩성 수정치+캐릭터가 받는 장갑 보너스입니다.

8. 캐릭터의 행운 점수는 5점입니다.

9. 캐릭터의 HP는 10+건강 보너스입니다.

10. 다음 쪽에 나온 극복 판정 수치를 적으세요.

11. 캐릭터가 사용할 법한 무기의 수치를 '명중 보너스' 와 '피해' 항목에 적으세요. 근접 무기 명중 보너스는 기본 공격 보너스+근력 보너스이며, 원거리 무기 공격 보너스는 기본 공격 보너스+민첩성 보너스입니다. 근력 보너스는 근접 무기의 피해에도 더합니다. 무기 숙련으로 받는 보너스를 잊지 마세요!

40

참고 사항

판정

능력치 판정: d20을 굴린 다음 주사위 결과를 관련 능력치와 비교하세요. 주사위 결과가 능력치와 같거나 낮다면 성공입니다. 주사위 결과가 능력치보다 높다면 실패입니다.

극복 판정: d20을 굴립니다. 주사위 결과가 극복 판정 수치와 같거나 높다면 성공입니다.

전투 판정: d20을 굴린 다음, 관련 공격 보너스를 더합니다. 상대의 **장갑** 수치와 비교하세요. 판정 결과가 상대 **장갑** 수치와 같거나 높다면 공격은 명중합니다. 판정 결과가 **장갑** 수치보다 낮다면 빗나갑니다.

클래스 능력

체력 주사위: d10
행동 순서 보너스: +1
갑옷: 전설의 후계자는 아무 갑옷이나 입을 수 있습니다.

운명의 총애: 전설의 후계자는 다른 사람들보다 운이 좋습니다. 캐릭터는 다른 클래스처럼 행운 점수를 3점 받는 대신, 5점 받습니다.

무기 숙련: 전설의 후계자는 특별하게 잘 다루는 선호 무기가 있습니다. 캐릭터가 잘 다루는 무기는 플레이북에 있습니다. 캐릭터는 선택한 무기를 들고 싸울 때 명중에 +1 보너스, 피해에 +2 보너스를 받습니다.

행운 점수

캐릭터는 행운 점수를 다음 방식으로 사용할 수 있습니다.

친구 돕기: 보통, 캐릭터는 관련 기능이 있어야만 친구의 능력치 판정을 도울 수 있습니다. 하지만 행운 점수를 1점 쓴다면, 해당 판정에 활용할 수 있는 적합한 기능이 없더라도 친구를 도와 판정에 +2 보너스를 줄 수 있습니다.

재도전: 캐릭터는 행운 점수를 1점 써서 능력치 판정이나 극복 판정, 명중 판정처럼 플레이 중에 일어나는 실패한 판정을 다시 굴릴 수 있습니다.

죽음 속이기: 죽을 위기에 처한 캐릭터는 행운 점수를 1점 써서 HP를 0으로 안정시키고 추가 피해를 받지 않을 수 있습니다.

능력치	보너스
1	-4
2-3	-3
4-5	-2
6-8	-1
9-12	0
13-15	+1
16-17	+2
18-19	+3

레벨	경험치	기본 공격 보너스	독 극복	숨결 무기 극복	신체 변형 극복	주문 극복	마법 물품 극복
1	0	+1	14	17	15	17	16
2	2,000	+2	14	17	15	17	16
3	4,000	+3	13	16	14	14	15
4	8,000	+4	13	16	14	14	15
5	16,000	+5	11	14	12	12	13
6	32,000	+6	11	14	12	12	13
7	64,000	+7	10	13	11	11	12
8	120,000	+8	10	13	11	11	12
9	240,000	+9	8	11	9	9	10
10	360,000	+10	8	11	9	9	10

몰락한 가문의 마지막 자손 플레이북

한때 역대 왕들을 배출한 여러분의 고귀한 가문은 오래전 몰락했습니다. 그 후, 여러분의 가문은 평범한 마을 사람들처럼 살면서 혈통의 비밀을 간직했습니다. 하지만 여러분은 범상치 않은 징조 아래에서 태어났고, 가문의 많은 사람은 이제 여러분이 타고난 권리를 되찾을 때가 왔다고 생각하고 있습니다. 가문을 다시 일으키려면 담대한 마음과 좋은 친구들, 그리고 행운이 필요할 것입니다.

여러분은 기품과 위엄을 타고 태어났습니다. 여러분이 **건강**과 **매력**은 10에서 시작하며, 나머지 능력치는 8에서 시작합니다.

여러분은 어린 시절을 어떻게 보냈나요?

1d12	부모는 마을에서 어떻게 살았나요? 여러분은 무엇을 배웠나요?	습득
1	여러분은 고아입니다. 숙부와 숙모들은 여러분에게 부모가 누구인지 잊지 말라고 신신당부했습니다.	+2 지혜, +2 건강, +1 지능
2	마땅한 이유이든 억울한 이유이든, 아버지가 추방자였습니다.	+2 지능, +1 지혜, +1 건강, 기능: 생존술
3	부모가 어부였고, 여러분은 강가에서 지냈습니다.	+2 민첩성, +1 근력, +1 지혜, 기능: 낚시
4	가족이 마을 바깥에서 작은 농장을 꾸렸습니다.	+2 건강, +1 지혜, +1 매력, 기능: 농사
5	아버지는 지역 대장장이였고, 여러분에게 망치와 풀무질을 가르쳤습니다.	+2 근력, +1 민첩성, +1 매력, 기능: 대장장이
6	이전에 아버지가 했던 것처럼 여러분도 양을 몰고 산으로 갔습니다.	+2 건강, +1 민첩성, +1 지혜, +1 근력
7	부모는 이 지역 여관을 운영했습니다. 여러분은 여러 여행자를 만나고 그들의 이야기를 들으면서 자랐습니다.	+2 매력, +1 지능, +1 민첩성, +1 지혜
8	여러분은 마치 운명의 여신처럼 베틀로 실을 자르거나 꼬았습니다.	+2 민첩성, +1 지능, +1 매력, 기능: 방직
9	부모 중 누군가가 옛이야기를 보관하고 전승했습니다. 여러분 머릿속은 부모에게 배운 이야기로 가득 찼습니다.	+2 지혜, +1 매력, +1 지혜, 기능: 민간전승
10	아버지는 파수꾼이었습니다. 누구에게나 엄하지만 공정하게 대했습니다.	+2 근력, +1 매력, +1 건강, 기능: 운동
11	여러분은 숲으로 가서 약초와 산딸기를 모으곤 했습니다.	+2 지혜, +1 건강, +1 민첩성, 기능: 약초 지식
12	아버지가 지역 상인이었습니다. 여러분은 가격을 매기고 사람들을 끌어드리는 법을 배웠습니다.	+2 매력, +1 지능, +1 민첩성, 기능: 흥정

1d8	여러분은 어릴 적 어느 점이 남달랐나요?	습득
1	때로 아이들은 싸우곤 하지요. 여러분은 절대 진 적이 없습니다.	+2 근력, +1 지혜
2	여러분이 이기지 못하는 시합은 없었습니다.	+2 민첩성, +1 지능
3	여러분은 이 근방에서 가장 튼튼한 아이였습니다.	+2 건강, +1 매력
4	여러분이 모르는 비밀은 없었습니다.	+2 지능, +1 민첩성
5	여러분은 공감을 잘 해주었기 때문에 사람들이 이런저런 이야기를 털어놓았습니다.	+2 지혜, +1 건강
6	여러분은 누구에게나 사랑받았습니다.	+2 매력, +1 근력
7	여러분은 남의 문제를 잘 해결해주었지만, 자기 사정은 털어놓지 않았습니다.	+1 근력, +1 건강, +1 매력
8	사람들은 저마다 가르칠 것이 있습니다. 여러분은 여러 사람에게 이런저런 것들을 조금씩 배웠습니다.	+1 민첩성, +1 지능, +1 지혜

1d8	여러분은 자라면서 다른 플레이어 캐릭터들과 깊은 우정을 맺었습니다. 다른 마을 사람 중에서는 누구와 친하게 지냈나요?	습득
1	대장장이와 함께 일하는 동안에는 모든 시름을 잊었습니다.	+2 근력, +1 매력
2	어부들은 여러분을 마음에 들어 해서 서로 이야기를 주고받았습니다.	+2 민첩성, +1 지혜
3	여러분은 사냥꾼들과 야영을 하곤 했습니다.	+2 건강, +1 지능
4	마을의 어르신들은 여러분에게 고대의 체스를 가르쳤습니다.	+2 지능, +1 민첩성
5	여러분은 방앗간 집 자식이랑 막 결혼할 예정입니다.	+2 지혜, +1 근력
6	누군가 여러분에게 실연당했습니다. 어쩌면 반대로 여러분이 실연당한 것일지도 모릅니다.	+2 매력, +1 건강
7	늙은 과부가 여러분에게 집안일을 도와달라고 부탁하곤 했습니다.	+1 근력, +1 지능, +1 매력
8	이 마을에 정착해서 살아가는 어느 역전의 용병이 여러분에게 몇 가지 가르침을 주었습니다.	+1 민첩성, +1 건강, +1 지혜

성년이 된 여러분은 이제 여러분의 타고난 권리를 되찾으려 합니다. 여러분은 1레벨 전사-도적이 되며, 클래스 능력으로 특기와 운명의 총애, 기능: 지휘를 얻습니다. 다음 표는 여러분의 클래스 능력을 더욱 명확하게 정합니다. 오랜 은둔의 시간은 끝났습니다. 이제 무엇을 하겠습니까?

1d6	여러분은 어떻게 자신의 혈통을 발견했나요?	습득
1	작명 의식의 날, 마녀가 몰래 말해주었습니다.	+2 건강, +1 지능, 기능: 금단의 비밀
2	아주 어릴 적부터 가족들이 말해주었습니다.	+2 매력, +1 근력, 기능: 지휘
3	검을 휘두르기 충분한 나이가 되자, 여러분이 왜 싸워야 하는지 가족들이 알려주었습니다.	+2 근력, +1 지혜, 기능: 운동
4	오래된 상자에서 숨겨져 왔던 고대 문장학 책을 발견한 후, 여러분은 직접 단서를 짜맞추었습니다.	+2 지능, +1 건강, 기능: 고대 역사
5	축제에서 자신도 몰랐던 쌍둥이를 만났을 때, 여러분의 가족은 왜 둘이 태어났을 때부터 따로 떨어져서 지내야 하는지 이유를 설명했습니다.	+2 매력, +1 민첩성, 기능: 경계
6	지난 가을 축제에서 늙은 점쟁이를 만났을 때, 점쟁이는 여러분이 전혀 예상하지 못한 이야기를 들려주었습니다.	+2 민첩성, +1 매력, 기능: 금단의 비밀

1d6	여러분 가족은 과거의 잘못을 어떻게 바로잡으라고 가르쳤나요?	습득
1	굳건히 버텨서 거세게 공격하라고 말했습니다.	+2 근력, 특기: 강한 일격
2	사악한 이들로부터 약자들을 지키는 방패가 되라고 가르쳤습니다.	+2 민첩성, 특기: 방어형 전투
3	당당하게 서서 진실을 말하라고 가르쳤습니다.	+2 건강, 특기: 저항력
4	주저하지 말고 앞장서서 불의한 이들을 공격하라고 가르쳤습니다.	+2 민첩성, 특기: 속도
5	공공의 이익을 위해 힘을 쓰라고 말했습니다.	+2 근력, 특기: 방어형 전투
6	인내심을 갖고 천천히 권리를 되찾으라고 말했습니다.	+2 건강, 특기: 저항력

1d6	여러분은 이제 타고난 권리를 되찾아야 할 시간이라고 자각하게 되었습니다. 무슨 계기인가요? 오른편 플레이어는 그 자리에 함께 있었습니다.	습득
1	겨울에 평민들이 굶주리는 동안, 이 지역의 군소 귀족이 마을에 부당한 추가 세금을 부과했습니다. 오른편 친구는 여러분이 사냥에 나서 모자란 몫을 간신히 채우도록 도왔고, +1 건강을 얻습니다.	+2 건강
2	어느 결백한 사람이 살인 누명을 쓰고 고발당했습니다. 여러분은 그가 무죄임을 알고 있었습니다. 오른편 친구는 그가 결백을 증명하고 사형 집행을 막도록 여러분을 도왔고, +1 지능을 얻습니다.	+2 지능
3	여러분의 땅에는 왕이 없기 때문에, 작년 여름 쳐들어온 대규모 병력에 맞서 싸우지 못했습니다. 여러분은 다시는 이런 일이 일어나지 않도록 하겠다고 맹세했습니다. 오른편 친구는 여러분이 마을 사람들을 숲속으로 피신시키도록 도왔고, +1 매력을 얻습니다.	+2 매력
4	어느 사악하고 강력한 요술사가 마을에 와서 알 수 없는 목적으로 왕이 혈통을 찾아 헤맸습니다. 오른편 친구는 여러분이 요술사에게 잡혀가지 않도록 도와주었고, 이제 숨어 지내는 시간은 끝났다고 여러분을 설득해서 +1 근력을 얻습니다.	+2 근력
5	선조가 쓰러뜨린 무시무시한 괴물이 부활한다는 징조와 조짐이 나타났습니다. 오른편 친구는 숙명의 대결을 위해 기량을 갈고닦을 때가 되었다고 여러분을 설득해서 +1 건강을 얻습니다.	+2 건강
6	지난가을 마을 광장에서 빈둥대는 동안, 여러분은 돌에 꽂혀 있던 전설의 검을 쉽게 뽑았습니다. 오른편 친구는 그 검을 다시 꽂아 놓으라고 말하고는, 때가 될 때까지 누구에게도 이 일을 말하지 말라고 여러분을 설득해서 +1 지혜를 얻습니다.	+2 지혜

1d6	여러분이 내내 지니고 있는 선조의 징표는 무엇인가요?	습득
1	가문의 좌우명이 쓰여 있는 부서진 방패.	+2 건강, 대형 방패
2	가문이 한때 지배하던 모든 땅에 관한 기록.	+2 지능, 커다란 책
3	잊힌 룬이 새겨진 작은 황금 육분의.	+2 지혜, 육분의
4	여러분 가문의 검.	+2 근력, 아름다운 검
5	여러분 가문의 마지막 땅.	+2 매력, 작은 농장
6	위대한 명마의 피를 이은 마지막 말.	+2 민첩성, 튼튼한 말

--- **캐릭터 시트를 채우세요!** ---

1. 캐릭터 이름과 클래스, 레벨을 적으세요.

2. 능력치를 적으세요. 각 능력치 옆에 다음 쪽에 나온 능력치 보너스를 적으세요.

3. 캐릭터의 기능과 클래스 능력, 초기 장비 및 사고 싶은 물건을 적으세요. 몰락한 가문의 마지막 자손은 다음 장비를 가지고 시작합니다: 단검, 농부의 옷, 헤졌지만 위엄이 넘치는 망토, 선택한 무기, 가죽 갑옷 (+2 장갑), 가문의 사라진 문양이 새겨진 인장반지, 은화 4d6냥

4. 가치관을 하나 선택하세요. 캐릭터는 질서, 혼돈, 중립 중 하나입니다. 정하지 못하겠다면 대부분 사람처럼 중립을 선택하세요.

5. 클래스에 따라 기본 공격 보너스를 받습니다. 1레벨 전사-도적은 +1입니다.

6. 행동 순서는 캐릭터 레벨+민첩성 보너스+1(전사-도적) 입니다.

7. 캐릭터의 장갑 수치는 10+민첩성 수정치+캐릭터가 받는 장갑 보너스입니다.

8. 캐릭터의 행운 점수는 5점입니다.

9. 캐릭터의 HP는 10+건강 보너스입니다.

10. 다음 쪽에 나온 극복 판정 수치를 적으세요.

11. 캐릭터가 사용할 법한 무기의 수치를 '명중 보너스' 와 '피해' 항목에 적으세요. 근접 무기 명중 보너스는 기본 공격 보너스+근력 보너스이며, 원거리 무기 공격 보너스는 기본 공격 보너스+민첩성 보너스입니다. 근력 보너스는 근접 무기의 피해에도 더합니다. 무기 숙련으로 받는 보너스를 잊지 마세요!

44

참고 사항

판정

능력치 판정: d20을 굴린 다음 주사위 결과를 관련 능력치와 비교하세요. 주사위 결과가 능력치와 같거나 낮다면 성공입니다. 주사위 결과가 능력치보다 높다면 실패입니다.

극복 판정: d20을 굴립니다. 주사위 결과가 극복 판정 수치와 같거나 높다면 성공입니다.

전투 판정: d20을 굴린 다음, 관련 공격 보너스를 더합니다. 상대의 **장갑** 수치와 비교하세요. 판정 결과가 상대 **장갑** 수치와 같거나 높다면 공격은 명중합니다. 판정 결과가 **장갑** 수치보다 낮다면 빗나갑니다.

클래스 능력

체력 주사위: d10
행동 순서 보너스: +1
갑옷: 몰락한 가문의 마지막 자손은 아무 갑옷이나 입을 수 있습니다.

운명의 총애: 몰락한 가문의 마지막 자손은 다른 사람들보다 운이 좋습니다. 캐릭터는 다른 클래스처럼 행운 점수를 3점 받는 대신, 5점 받습니다.

특기: 몰락한 가문의 마지막 자손은 경험을 쌓으면서 몇 가지 재주를 얻어 좀 더 강해질 수 있습니다. 캐릭터가 받는 첫 번째 특기는 플레이북에 있습니다. 이후 얻을 다음 특기는 **울타리 너머, 또 다른 모험으로** p.10을 참조하세요.

행운 점수

캐릭터는 행운 점수를 다음 방식으로 사용할 수 있습니다.

친구 돕기: 보통, 캐릭터는 관련 기능이 있어야만 친구의 능력치 판정을 도울 수 있습니다. 하지만 행운 점수를 1점 쓴다면, 해당 판정에 활용할 수 있는 적합한 기능이 없더라도 친구를 도와 판정에 +2 보너스를 줄 수 있습니다.

재도전: 캐릭터는 행운 점수를 1점 써서 능력치 판정이나 극복 판정, 명중 판정처럼 플레이 중에 일어나는 실패한 판정을 다시 굴릴 수 있습니다.

죽음 속이기: 죽을 위기에 처한 캐릭터는 행운 점수를 1점 써서 HP를 0으로 안정시키고 추가 피해를 받지 않을 수 있습니다.

능력치	보너스
1	-4
2-3	-3
4-5	-2
6-8	-1
9-12	0
13-15	+1
16-17	+2
18-19	+3

레벨	경험치	기본 공격 보너스	독 극복	숨결 무기 극복	신체 변형 극복	주문 극복	마법 물품 극복
1	0	+1	14	17	15	17	16
2	2,000	+2	14	17	15	17	16
3	4,000	+3	13	16	14	14	15
4	8,000	+4	13	16	14	14	15
5	16,000	+5	11	14	12	12	13
6	32,000	+6	11	14	12	12	13
7	64,000	+7	10	13	11	11	12
8	120,000	+8	10	13	11	11	12
9	240,000	+9	8	11	9	9	10
10	360,000	+10	8	11	9	9	10

지역 공연가 플레이북

여러분은 자라면서 옛이야기와 노래, 그리고 사람들 사이에 내려오는 구전 역사에 빠져들었습니다. 어린 시절, 여관 난롯가에서 방랑시인이 들려주던 이야기는 마을에서 보내는 힘든 일상보다도 더욱더 진짜처럼 느껴졌습니다. 이제 여러분은 성년이 되었고, 머릿속에는 옛 이야기가 가득 차 있습니다. 이웃들은 여러분의 솜씨를 우러러보기 시작했습니다.

여러분은 누구보다도 눈에 띄며 매력적입니다. 여러분의 매력은 12에서 시작하며, 나머지 능력치는 8에서 시작합니다.

여러분은 어린 시절을 어떻게 보냈나요?

1d12	부모는 마을에서 어떻게 살았나요? 여러분은 무엇을 배웠나요?	습득
1	여러분은 고아입니다. 참 어렵게 살았지요.	+2 지혜, +2 건강, +1 지능
2	마땅한 이유이든 억울한 이유이든, 아버지가 추방자였습니다.	+2 지능, +1 지혜, +1 건강, 기능: 생존술
3	부모가 어부였고, 여러분은 강가에서 지냈습니다.	+2 민첩성, +1 근력, +1 지혜, 기능: 낚시
4	가족이 마을 바깥에서 작은 농장을 꾸렸습니다.	+2 건강, +1 지혜, +1 매력, 기능: 농사
5	아버지는 지역 대장장이였고, 여러분에게 망치와 풀무질을 가르쳤습니다.	+2 근력, +1 민첩성, +1 매력, 기능: 대장장이
6	이전에 아버지가 했던 것처럼 여러분도 양을 몰고 산으로 갔습니다.	+2 건강, +1 민첩성, +1 지혜, +1 근력
7	부모는 이 지역 여관을 운영했습니다. 여러분은 여러 여행자를 만나고 그들의 이야기를 들으면서 자랐습니다.	+2 매력, +1 지능, +1 민첩성, +1 지혜
8	여러분은 마치 운명의 여신처럼 베틀로 실을 자르거나 꼬았습니다.	+2 민첩성, +1 지능, +1 매력, 기능: 방직
9	부모 중 누군가가 옛이야기를 보관하고 전승했습니다. 여러분 머릿속은 부모에게 배운 이야기로 가득 찼습니다.	+2 지혜, +1 매력, +1 지혜, 기능: 민간전승
10	아버지는 파수꾼이었습니다. 누구에게나 엄하지만 공정하게 대했습니다.	+2 근력, +1 매력, +1 건강, 기능: 운동
11	여러분은 숲으로 가서 약초와 산딸기를 모으곤 했습니다.	+2 지혜, +1 건강, +1 민첩성, 기능: 약초 지식
12	아버지가 지역 상인이었습니다. 여러분은 가격을 매기고 사람들을 끌어드리는 법을 배웠습니다.	+2 매력, +1 지능, +1 민첩성, 기능: 흥정

1d8	여러분은 어릴 적 어느 점이 남달랐나요?	습득
1	때로 아이들은 싸우곤 하지요. 여러분은 절대 진 적이 없습니다.	+2 근력, +1 지혜
2	여러분이 이기지 못하는 시합은 없었습니다.	+2 민첩성, +1 지능
3	여러분은 이 근방에서 가장 튼튼한 아이였습니다.	+2 건강, +1 매력
4	여러분이 모르는 비밀은 없었습니다.	+2 지능, +1 민첩성
5	여러분은 공감을 잘 해주었기 때문에 사람들이 이런저런 이야기를 털어놓았습니다.	+2 지혜, +1 건강
6	여러분은 누구에게나 사랑받았습니다.	+2 매력, +1 근력
7	여러분은 남의 문제를 잘 해결해주었지만, 자기 사정은 털어놓지 않았습니다.	+1 근력, +1 건강, +1 매력
8	사람들은 저마다 가르칠 것이 있습니다. 여러분은 여러 사람에게 이런저런 것들을 조금씩 배웠습니다.	+1 민첩성, +1 지능, +1 지혜

1d8	여러분은 자라면서 다른 플레이어 캐릭터들과 깊은 우정을 맺었습니다. 다른 마을 사람 중에서는 누구와 친하게 지냈나요?	습득
1	대장장이와 함께 일하는 동안에는 모든 시름을 잊었습니다.	+2 근력, +1 매력
2	어부들은 여러분을 마음에 들어 해서 서로 이야기를 주고받았습니다.	+2 민첩성, +1 지혜
3	여러분은 사냥꾼들과 야영을 하곤 했습니다.	+2 건강, +1 지능
4	마을의 어르신들은 여러분에게 고대의 체스를 가르쳤습니다.	+2 지능, +1 민첩성
5	여러분은 방앗간 집 자식이랑 막 결혼할 예정입니다.	+2 지혜, +1 근력
6	누군가 여러분에게 실연당했습니다. 어쩌면 반대로 여러분이 실연당한 것일지도 모릅니다.	+2 매력, +1 건강
7	늙은 과부가 여러분에게 집안일을 도와달라고 부탁하곤 했습니다.	+1 근력, +1 지능, +1 매력
8	이 마을에 정착해서 살아가는 어느 역전의 용병이 여러분에게 몇 가지 가르침을 주었습니다.	+1 민첩성, +1 건강, +1 지혜

여러분은 예술을 익히기 시작했습니다. 여러분은 1레벨 도적이 되며, 클래스 능력으로 운명의 총애와 숙련된 솜씨, 선택한 공연 기능 하나를 (노래나 이야기꾼, 악기 연주 등) 얻습니다. 다음 표는 여러분이 어떤 기능을 더 익히는지 정합니다. 여러분은 예술의 길을 걸어가면서 무슨 일을 겪었나요?

1d6	여러분은 어떤 이야기에 가장 관심을 쏟았나요?	습득
1	여러분은 베 짜는 할머니가 들려준 요정과 기사, 숙녀의 이야기를 들으면서 머릿속을 모험 이야기로 가득 채웠습니다.	+2 매력, +1 지능, 기능: 민간전승
2	여러분은 여관에서 서로 허풍스러운 이야기를 주고받으면서 즐거운 밤을 보냈습니다.	+2 매력, +1 건강, 기능: 속임수
3	여러분은 마을 마녀를 따라 숲을 돌아다니면서, 마녀가 끊임없이 재잘대는 이야기를 들었습니다.	+2 지혜, +1 민첩성, 기능: 약초 지식
4	여러분은 마을의 가장 늙은 어르신과 집 밖에서 함께 앉아 진짜 이야기를 들었습니다	+2 지능, +1 매력, 기능: 고대 역사
5	어느 큰 도시 출신이라고 하는 멋진 사람이 잠시 마을에 머물러서 남쪽으로 떠나기 전 여러분에게 각종 자질구레한 것을 가르쳐 주었습니다.	+2 민첩성, +1 지혜, 기능: 소매치기
6	어느 늙은 어부가 여행길에 여러분을 자주 데려가면서 야생이 간직한 여러 가지 비밀을 알려주었습니다.	+2 건강, +1 근력, 기능: 생존술

1d6	여러분이 가장 박수를 많이 받은 공연은?	습득
1	순수함의 상실을 슬퍼하는, 애처롭고 마음을 사로잡는 노래.	+2 지혜, 공연 기능 하나
2	손재주와 현혹.	+2 민첩성, 기능: 손재주
3	오래전 위대한 영웅을 주제로 한 깜짝 놀랄 만큼의 공연.	+2 근력, 기능: 위협
4	여러분 땅의 역사 이야기.	+2 지능, 기능: 고대 역사
5	이웃과 가까운 마을에서 온 여행자들에게 들려준, 그들의 조상 이야기.	+2 지능, 기능: 민간전승
6	널리 사랑받는 유명한 연애담.	+2 매력, 기능: 유혹

1d6	어느날 밤 여관에서 여러분은 무슨 일을 겪었나요? 오른편 플레이어는 그 자리에 함께 있었습니다.	습득
1	남쪽에서 온 어느 술 취한 용병이 문제를 일으켰습니다. 여러분은 그를 심하게 꾸짖은 다음 여관에서 쫓아내서 친구들의 환호를 받았습니다. 오른편 친구는 그에게 한 방 먹였고, +1 근력을 얻습니다.	+2 근력, 기능: 운동
2	사냥꾼 하나가 숲속에서 기이하고 끔찍한 짐승을 가져왔습니다. 반쯤 죽은 상태로 몸을 웅크리고 있던 짐승은 갑자기 깨어나 여관 주인을 공격하기 시작했지만, 여러분이 둘 사이에 끼어들어 여관주인을 구했습니다. 오른편 친구는 짐승을 숲속으로 쫓아냈고, +1 건강을 얻습니다.	+2 건강, 기능: 운동
3	북쪽의 정복자가 보낸 두 첩자가 방을 빌려 투숙했습니다. 여러분은 그들의 계획을 엿듣고 이웃에게 주의를 보냈습니다. 오른편 친구는 집마다 돌아다니면서 여러분의 말을 퍼뜨렸고, +1 민첩성을 얻습니다.	+2 민첩성, 기능: 은신
4	어느 요성 왕자가 (대부분 사람은 "자칭 왕자"라고 놀렸습니다) 말을 마구간에 맡겨 두고 그날 저녁 여러분과 수수께끼 대결을 벌였습니다. 오른편 친구는 몰래 여러분에게 힌트를 주었고, +1 지능을 얻습니다.	+2 지능, 기능: 민간전승
5	이 지역의 군주가 어느 날 저녁 부하들과 함께 마을을 방문했고, 혼비백산한 사람들은 얼른 여러분을 불렀습니다. 여러분은 군주의 관심을 끌었고, 그가 이 마을을 좀 더 호의적으로 보도록 했습니다. 오른편 친구도 마을을 대표해서 발언했고, +1 지혜를 얻습니다.	+2 지혜, 기능: 아첨
6	남쪽에서 온 어느 유명한 방랑시인이 밤새 난로가에 앉아 여러분과 친구들에게 많은 노래와 이야기를 가르쳐주었습니다. 오른편 친구도 옆에서 한두 가지 배웠고, +1 매력을 얻습니다.	+2 매력, 공연 기능 하나

1d6	여러분이 받은 가장 멋진 사례는 무엇인가요?	습득
1	특이하게 만든 아름다운 악기.	+2 민첩성, 특이한 악기
2	여관 주인의 무한한 사랑.	+2 지혜, 공짜 방과 식사
3	머나먼 장소에서 쓴 이야기책.	+2 지능, 두꺼운 책
4	어느 요정 귀족의 사랑.	+2 건강, 어느 요정의 진실한 이름
5	어느 부유한 사람의 지갑.	+2 민첩성, 은화 6d6냥
6	다른 세계의 존재가 만든 검은 철검	+2 근력, 무시무시한 칼

캐릭터 시트를 채우세요!

1. 캐릭터 이름과 클래스, 레벨을 적으세요.

2. 능력치를 적으세요. 각 능력치 옆에 다음 쪽에 나온 능력치 보너스를 적으세요.

3. 캐릭터의 기능과 클래스 능력, 초기 장비 및 사고 싶은 물건을 적으세요. 지역 공연가는 다음 장비를 가지고 시작합니다: 단검, 간편한 옷, 화려한 망토나 모자, 작은 악기, 은화 4d6냥.

4. 가치관을 하나 선택하세요. 캐릭터는 질서, 혼돈, 중립 중 하나입니다. 정하지 못하겠다면 대부분 사람처럼 중립을 선택하세요.

5. 클래스에 따라 기본 공격 보너스를 받습니다. 1레벨 도적은 +0입니다.

6. 행동 순서는 캐릭터 레벨+민첩성 보너스+2(도적) 입니다.

7. 캐릭터의 **장갑** 수치는 10+**민첩성** 수정치+캐릭터가 받는 장갑 보너스입니다.

8. 캐릭터의 **행운** 점수는 5점입니다.

9. 캐릭터의 HP는 8+**건강** 보너스입니다.

10. 다음 쪽에 나온 극복 판정 수치를 적으세요.

11. 캐릭터가 사용할 법한 무기의 수치를 '명중 보너스'와 '피해' 항목에 적으세요. 근접 무기 명중 보너스는 기본 공격 보너스+근력 보너스이며, 원거리 무기 공격 보너스는 기본 공격 보너스+민첩성 보너스입니다. 근력 보너스는 근접 무기의 피해에도 더합니다.

판정

능력치 판정: d20을 굴린 다음 주사위 결과를 관련 능력치와 비교하세요. 주사위 결과가 능력치와 같거나 낮다면 성공입니다. 주사위 결과가 능력치보다 높다면 실패입니다.

극복 판정: d20을 굴립니다. 주사위 결과가 극복 판정 수치와 같거나 높다면 성공입니다.

전투 판정: d20을 굴린 다음, 관련 공격 보너스를 더합니다. 상대의 **장갑** 수치와 비교하세요. 판정 결과가 상대 **장갑** 수치와 같거나 높다면 공격은 명중합니다. 판정 결과가 **장갑** 수치보다 낮다면 빗나갑니다.

클래스 능력

체력 주사위: d8
행동 순서 보너스: +2
갑옷: 지역 공연가는 판금 갑옷보다 가벼운 갑옷을 입을 수 있습니다.

운명의 총애: 지역 공연가는 다른 사람들보다 운이 좋습니다. 캐릭터는 다른 클래스처럼 행운 점수를 3점 받는 대신, 5점 받습니다.

숙련된 솜씨: 지역 공연가는 1레벨에서 기능을 두 개 더 익히며 (여러분은 플레이북을 통해 이미 얻었습니다), 이후 홀수 레벨마다 (3, 5, 7, 9레벨) 추가로 기능을 하나씩 더 익힙니다. 새로운 기능을 익히는 대신 이미 가진 기능의 실력을 올릴 수도 있습니다. 이 경우 해당 기능으로 받는 보너스는 +2 늘어납니다.

행운 점수

캐릭터는 행운 점수를 다음 방식으로 사용할 수 있습니다.

친구 돕기: 보통, 캐릭터는 관련 기능이 있어야만 친구의 능력치 판정을 도울 수 있습니다. 하지만 행운 점수를 1점 쓴다면, 해당 판정에 활용할 수 있는 적합한 기능이 없더라도 친구를 도와 판정에 +2 보너스를 줄 수 있습니다.

재도전: 캐릭터는 행운 점수를 1점 써서 능력치 판정이나 극복 판정, 명중 판정처럼 플레이 중에 일어나는 실패한 판정을 다시 굴릴 수 있습니다.

죽음 속이기: 죽을 위기에 처한 캐릭터는 행운 점수를 1점 써서 HP를 0으로 안정시키고 추가 피해를 받지 않을 수 있습니다.

능력치	보너스
1	-4
2-3	-3
4-5	-2
6-8	-1
9-12	0
13-15	+1
16-17	+2
18-19	+3

레벨	경험치	기본 공격 보너스	독 극복	숨결 무기 극복	신체 변형 극복	주문 극복	마법 물품 극복
1	0	+0	13	16	13	15	14
2	1,500	+1	13	16	13	15	14
3	3,000	+1	13	16	12	15	14
4	6,000	+2	13	16	12	15	14
5	12,000	+3	12	15	11	13	12
6	25,000	+3	12	15	11	13	12
7	50,000	+4	12	15	11	13	12
8	100,000	+5	12	15	11	13	12
9	200,000	+5	11	14	9	11	10
10	300,000	+6	11	14	9	11	10

초임 파수꾼 플레이북

마을은 소수의 파수꾼이 지키고 있으며, 그중에서 여러분은 가장 최근에 들어온 초임입니다. 비록 파수꾼의 수는 두세 명 정도밖에 되지 않지만, 여러분은 언제나 마을 울타리 너머에 도사린 위험을 언제나 감시하고 있습니다. 여러분은 존경받는 파수꾼으로서 분쟁을 해결하고, 사건을 해결하며, 평화를 지키고, 축제 때 벌어지는 시합에서 심판을 봐야 합니다.

여러분은 강하고, 주의 깊고, 참을성이 많습니다. 여러분의 근력과 지혜는 10에서 시작하며, 나머지 능력치는 8에서 시작합니다

여러분은 어린 시절을 어떻게 보냈나요?

1d12	부모는 마을에서 어떻게 살았나요? 여러분은 무엇을 배웠나요?	습득
1	여러분은 고아입니다. 참 어렵게 살았지요.	+2 지혜, +2 건강, +1 지능
2	마땅한 이유이든 억울한 이유이든, 아버지가 추방자였습니다.	+2 지능, +1 지혜, +1 건강, 기능: 생존술
3	부모가 어부였고, 여러분은 강가에서 지냈습니다.	+2 민첩성, +1 근력, +1 지혜, 기능: 낚시
4	가족이 마을 바깥에서 작은 농장을 꾸렸습니다.	+2 건강, +1 지혜, +1 매력, 기능: 농사
5	아버지는 지역 대장장이였고, 여러분에게 망치와 풀무질을 가르쳤습니다.	+2 근력, +1 민첩성, +1 매력, 기능: 대장장이
6	이전에 아버지가 했던 것처럼 여러분도 양을 몰고 산으로 갔습니다.	+2 건강, +1 민첩성, +1 지혜, +1 근력
7	부모는 이 지역 여관을 운영했습니다. 여러분은 여러 여행자를 만나고 그들의 이야기를 들으면서 자랐습니다.	+2 매력, +1 지능, +1 민첩성, +1 지혜
8	여러분은 마치 운명의 여신처럼 베틀로 실을 자르거나 꼬았습니다.	+2 민첩성, +1 지능, +1 매력, 기능: 방직
9	부모 중 누군가가 옛이야기를 보관하고 전승했습니다. 여러분 머릿속은 부모에게 배운 이야기로 가득 찼습니다.	+2 지능, +1 매력, +1 지혜, 기능: 민간전승
10	아버지는 파수꾼이었습니다. 누구에게나 엄하지만 공정하게 대했습니다.	+2 근력, +1 매력, +1 건강, 기능: 운동
11	여러분은 숲으로 가서 약초와 산딸기를 모으곤 했습니다.	+2 지혜, +1 건강, +1 민첩성, 기능: 약초 지식
12	아버지가 지역 상인이었습니다. 여러분은 가격을 매기고 사람들을 끌어드리는 법을 배웠습니다.	+2 매력, +1 지능, +1 민첩성, 기능: 흥정

1d8	여러분은 어릴 적 어느 점이 남달랐나요?	습득
1	때로 아이들은 싸우곤 하지요. 여러분은 절대 진 적이 없습니다.	+2 근력, +1 지혜
2	여러분이 이기지 못하는 시합은 없었습니다.	+2 민첩성, +1 지능
3	여러분은 이 근방에서 가장 튼튼한 아이였습니다.	+2 건강, +1 매력
4	여러분이 모르는 비밀은 없었습니다.	+2 지능, +1 민첩성
5	여러분은 공감을 잘 해주었기 때문에 사람들이 이런저런 이야기를 털어놓았습니다.	+2 지혜, +1 건강
6	여러분은 누구에게나 사랑받았습니다.	+2 매력, +1 근력
7	여러분은 남의 문제를 잘 해결해주었지만, 자기 사정은 털어놓지 않았습니다.	+1 근력, +1 건강, +1 매력
8	사람들은 저마다 가르칠 것이 있습니다. 여러분은 여러 사람에게 이런저런 것들을 조금씩 배웠습니다.	+1 민첩성, +1 지능, +1 지혜

1d8	여러분은 자라면서 다른 플레이어 캐릭터들과 깊은 우정을 맺었습니다. 다른 마을 사람 중에서는 누구와 친하게 지냈나요?	습득
1	대장장이와 함께 일하는 동안에는 모든 시름을 잊었습니다.	+2 근력, +1 매력
2	어부들은 여러분을 마음에 들어 해서 서로 이야기를 주고받았습니다.	+2 민첩성, +1 지혜
3	여러분은 사냥꾼들과 야영을 하곤 했습니다.	+2 건강, +1 지능
4	마을의 어르신들은 여러분에게 고대의 체스를 가르쳤습니다.	+2 지능, +1 민첩성
5	여러분은 방앗간 집 자식이랑 막 결혼할 예정입니다.	+2 지혜, +1 근력
6	누군가 여러분에게 실연당했습니다. 어쩌면 반대로 여러분이 실연당한 것일지도 모릅니다.	+2 매력, +1 건강
7	늙은 과부가 여러분에게 집안일을 도와달라고 부탁하곤 했습니다.	+1 근력, +1 지능, +1 매력
8	이 마을에 정착해서 살아가는 어느 역전의 용병이 여러분에게 몇 가지 가르침을 주었습니다.	+1 민첩성, +1 건강, +1 지혜

여러분은 마을의 파수꾼이 되었습니다. 여러분은 1레벨 전사가 되며, 클래스 능력으로 무기 숙련과 특기, 기능: 경계를 얻습니다. 다음 표는 여러분의 클래스 능력을 더욱 명확하게 정합니다. 여러분은 친구들과 가족들을 지키면서 무슨 일을 겪었나요?

1d6	여러분의 훈련 과정은 어땠나요?	습득
1	궁수들과 함께 훈련을 받으면서 울타리를 지켰습니다. 무기 숙련 능력으로 활을 선택합니다.	+3 민첩성, 무기 숙련 (왼쪽 항목)
2	도로를 순찰하면서 치안을 지키는 연습을 했습니다. 무기 숙련 능력으로 장검을 선택합니다.	+3 지혜, 무기 숙련 (왼쪽 항목)
3	창 밑동을 사용해 거리의 술주정뱅이들을 쫓아내는 법을 배웠습니다. 무기 숙련 능력으로 창을 선택합니다.	+3 근력, 무기 숙련 (왼쪽 항목)
4	방패벽을 쌓는 훈련을 받아 전우들이 제자리를 고수하도록 돕는 법을 배웠습니다. 무기 숙련 능력으로 창을 선택합니다.	+3 건강, 무기 숙련 (왼쪽 항목)
5	다친 동료들을 보호하기 위해 방어적으로 싸우는 법을 익혔습니다. 무기 숙련 능력으로 소검을 선택합니다.	+3 민첩성, 무기 숙련 (왼쪽 항목)
6	가까운 도로의 강도와 도적들을 소탕하는 일을 도왔습니다. 무기 숙련 능력으로 장검을 선택합니다.	+3 근력, 무기 숙련 (왼쪽 항목)

1d6	여러분이 처음으로 구한 사람은 누구인가요?	습득
1	강물이 예기치 않게 불어났을 때 방앗간 주인의 아이를 구했습니다.	+2 건강, 기능: 생존술
2	여관 뒤편에서 불이 났을 때, 요리사를 구하고 불을 끄는 일을 도왔습니다.	+2 지혜, 기능: 경계
3	어부 하나가 상인에게 사기를 당했을 때, 여러분이 그 속임수를 밝혔습니다.	+3 지능, 기능: 조사
4	베 짜는 할머니가 언덕에서 실종되었을 때, 여러분은 마을 사람들을 조직해서 할머니를 찾았습니다.	+2 매력, 기능: 지휘
5	마을 바깥의 도로에서 도적 떼에게 붙잡힌 마을 어르신을 구했습니다.	+2 근력, 기능: 운동
6	대장장이의 조카가 언덕의 고분을 헤매고 있을 때, 여러분은 와이트의 손아귀에서 간신히 그를 끌어냈습니다.	+2 민첩성, 기능: 운동

1d6	마을은 지난번에 어떤 심각한 위험을 겪었나요? 오른편 플레이어는 그 자리에서 여러분을 도왔습니다.	습득
1	잔인한 약탈자들이 마을의 곡물을 강탈하려 했습니다. 오른편 친구는 여러분과 함께 밤새 곡물 저장고를 지켰고, +1 지혜를 얻습니다.	+2 지혜, 특기: 방어형 전투
2	산적 떼가 여관을 점거한 후 이곳을 자신들의 새 본거지라고 선포했습니다. 오른편 친구는 여러분을 도와 마을 사람들을 집합시켜 산적들을 강에 던져버렸고, +1 매력을 얻습니다.	+2 매력, 특기: 저항력
3	고블린들이 우물에서 기어 나오기 시작했을 때, 많은 사람은 이 마을이 끝났다고 생각했습니다. 오른편 친구는 랜턴을 들고 여러분과 함께 우물 밑으로 내려가서 +1 근력을 얻습니다.	+2 근력, 특기: 속도
4	양치기 하나가 살인을 저지르기 시작했을 때, 아무도 범인이 누구인지 밝혀내지 못했습니다. 오른편 친구는 여러분을 도와 범인이 사용한 흉기를 찾아내서 범인의 또 다른 살인을 막았고, +1 지능을 얻습니다.	+2 지능, 특기: 속도
5	전쟁이 마을에 닥쳤을 때, 여러분은 마을 사람들을 조직해서 다리를 방어하는 임무를 맡았습니다. 오른편 친구는 여러분과 함께 징집병들의 맨 앞에 서서 다리를 지켰고, +1 건강을 얻습니다.	+2 건강, 특기: 방어형 전투
6	어느 괴물이 사냥감을 찾아 마을로 들어와서 이웃을 공격하기 시작했습니다. 오른편 친구는 여러분이 괴물을 쓰러뜨리는 동안 괴물을 저지했고, +1 근력을 얻습니다.	+2 근력, 특기: 강한 일격

1d6	누가 여러분과 함께 파수를 보나요?	습득
1	여러분을 훈련한 늙은 파수꾼.	+2 지혜, 동료
2	사건을 해결하는 데 도움을 주는 손가락 긴 어린아이.	+2 지능, 동료
3	한 마을 어르신의 둘째 아들.	+2 매력, 동료
4	다른 나라에서 온 상처투성이 참전 용사.	+2 건강, 동료
5	먼 도시에서 온, 손을 씻은 좀도둑.	+2 민첩성, 동료
6	지난겨울 마을에 정착한 북쪽의 야만인	+2 근력, 동료

캐릭터 시트를 채우세요!

1. 캐릭터 이름과 클래스, 레벨을 적으세요.

2. 능력치를 적으세요. 각 능력치 옆에 다음 쪽에 나온 능력치 보너스를 적으세요.

3. 캐릭터의 기능과 클래스 능력, 초기 장비 및 사고 싶은 물건을 적으세요. 초임 파수꾼은 다음 장비를 가지고 시작합니다: 단검, 선택한 무기, 방패 (**장갑** +1), 가죽 갑옷 (**장갑** +2), 동료 파수꾼 (동료로 간주합니다), 큰 소리가 나는 뿔피리, 울타리 근처에 있는 초소 안 자리 한 구석, 은화 4d6냥.

4. 가치관을 하나 선택하세요. 캐릭터는 질서, 혼돈, 중립 중 하나입니다. 정하지 못하겠다면 대부분 사람처럼 중립을 선택하세요.

5. 클래스에 따라 기본 공격 보너스를 받습니다. 1레벨 전사는 +1입니다.

6. 행동 순서는 캐릭터 레벨+민첩성 보너스+1(전사) 입니다.

7. 캐릭터의 **장갑** 수치는 10+민첩성 수정치+캐릭터가 받는 **장갑** 보너스입니다.

8. 캐릭터의 **행운** 점수는 3점입니다.

9. 캐릭터의 HP는 10+건강 보너스입니다.

10. 다음 쪽에 나온 극복 판정 수치를 적으세요.

11. 캐릭터가 사용할 법한 무기의 수치를 '명중 보너스' 와 '피해' 항목에 적으세요. 근접 무기 명중 보너스는 기본 공격 보너스+근력 보너스이며, 원거리 무기 공격 보너스는 기본 공격 보너스+민첩성 보너스입니다. 근력 보너스는 근접 무기의 피해에도 더합니다. 무기 숙련으로 받는 보너스를 잊지 마세요!

참고 사항

판정

능력치 판정: d20을 굴린 다음 주사위 결과를 관련 능력치와 비교하세요. 주사위 결과가 능력치와 같거나 낮다면 성공입니다. 주사위 결과가 능력치보다 높다면 실패입니다.

극복 판정: d20을 굴립니다. 주사위 결과가 극복 판정 수치와 같거나 높다면 성공입니다.

전투 판정: d20을 굴린 다음, 관련 공격 보너스를 더합니다. 상대의 **장갑** 수치와 비교하세요. 판정 결과가 상대 **장갑** 수치와 같거나 높다면 공격은 명중합니다. 판정 결과가 **장갑** 수치보다 낮다면 빗나갑니다.

클래스 능력

체력 주사위: d10
행동 순서 보너스: +1
갑옷: 초임 파수꾼은 아무 갑옷이나 입을 수 있습니다.

무기 숙련: 초임 파수꾼은 특별하게 잘 다루는 선호 무기가 있습니다. 캐릭터가 잘 다루는 무기는 플레이북에 있습니다. 캐릭터는 선택한 무기를 들고 싸울 때 명중에 +1 보너스, 피해에 +2 보너스를 받습니다.

특기: 초임 파수꾼은 경험을 쌓으면서 몇 가지 재주를 얻어 좀 더 강해질 수 있습니다. 캐릭터가 받는 첫 번째 특기는 플레이북에 있습니다. 이후 얻을 다음 특기는 **울타리 너머, 또 다른 모험으로** p.10을 참조하세요.

행운 점수

캐릭터는 행운 점수를 다음 방식으로 사용할 수 있습니다.

친구 돕기: 보통, 캐릭터는 관련 기능이 있어야만 친구의 능력치 판정을 도울 수 있습니다. 하지만 행운 점수를 1점 쓴다면, 해당 판정에 활용할 수 있는 적합한 기능이 없더라도 친구를 도와 판정에 +2 보너스를 줄 수 있습니다.

재도전: 캐릭터는 행운 점수를 1점 써서 능력치 판정이나 극복 판정, 명중 판정처럼 플레이 중에 일어나는 실패한 판정을 다시 굴릴 수 있습니다.

죽음 속이기: 죽을 위기에 처한 캐릭터는 행운 점수를 1점 써서 HP를 0으로 안정시키고 추가 피해를 받지 않을 수 있습니다.

능력치	보너스
1	-4
2-3	-3
4-5	-2
6-8	-1
9-12	0
13-15	+1
16-17	+2
18-19	+3

레벨	경험치	기본 공격 보너스	독 극복	숨결 무기 극복	신체 변형 극복	주문 극복	마법 물품 극복
1	0	+1	14	17	15	17	16
2	2,000	+2	14	17	15	17	16
3	4,000	+3	13	16	14	14	15
4	8,000	+4	13	16	14	14	15
5	16,000	+5	11	14	12	12	13
6	32,000	+6	11	14	12	12	13
7	64,000	+7	10	13	11	11	12
8	120,000	+8	10	13	11	11	12
9	240,000	+9	8	11	9	9	10
10	360,000	+10	8	11	9	9	10

뉘우친 불량배 플레이북

여러분은 약한 자들과 따돌림받는 자들을 괴롭히면서 자랐습니다. 하지만 최근 무언가 변했습니다. 여러분은 과거 자신이 저지른 잘못을 돌아보았고, 이웃과 굳건하게 우정을 다졌습니다.

여러분은 힘세고 튼튼한 아이였지만, 사람들의 호감을 사지는 못했습니다. 여러분의 근력은 12에서 시작하며, 건강은 10, 매력은 6, 나머지 능력치는 8에서 시작합니다.

여러분은 어린 시절을 어떻게 보냈나요?

1d12	부모는 마을에서 어떻게 살았나요? 여러분은 무엇을 배웠나요?	습득
1	여러분은 고아입니다. 참 어렵게 살았지요.	+2 지혜, +2 건강, +1 지능
2	마땅한 이유이든 억울한 이유이든, 아버지가 추방자였습니다.	+2 지능, +1 지혜, +1 건강, 기능: 생존술
3	부모가 어부였고, 여러분은 강가에서 지냈습니다.	+2 민첩성, +1 근력, +1 지혜, 기능: 낚시
4	가족이 마을 바깥에서 작은 농장을 꾸렸습니다.	+2 건강, +1 지혜, +1 매력, 기능: 농사
5	아버지는 지역 대장장이였고, 여러분에게 망치와 풀무질을 가르쳤습니다.	+2 근력, +1 민첩성, +1 매력, 기능: 대장장이
6	이전에 아버지가 했던 것처럼 여러분도 양을 몰고 산으로 갔습니다.	+2 건강, +1 민첩성, +1 지혜, +1 근력
7	부모는 이 지역 여관을 운영했습니다. 여러분은 여러 여행자를 만나고 그들의 이야기를 들으면서 자랐습니다.	+2 매력, +1 지능, +1 민첩성, +1 지혜
8	여러분은 마치 운명의 여신처럼 베틀로 실을 자르거나 꼬았습니다.	+2 민첩성, +1 지능, +1 매력, 기능: 방직
9	부모 중 누군가가 옛이야기를 보관하고 전승했습니다. 여러분 머릿속은 부모에게 배운 이야기로 가득 찼습니다.	+2 지능, +1 매력, +1 지혜, 기능: 민간전승
10	아버지는 파수꾼이었습니다. 누구에게나 엄하지만 공정하게 대했습니다.	+2 근력, +1 매력, +1 건강, 기능: 운동
11	여러분은 숲으로 가서 약초와 산딸기를 모으곤 했습니다.	+2 지혜, +1 건강, +1 민첩성, 기능: 약초 지식
12	아버지가 지역 상인이었습니다. 여러분은 가격을 매기고 사람들을 끌어드리는 법을 배웠습니다.	+2 매력, +1 지능, +1 민첩성, 기능: 흥정

1d8	여러분은 어릴 적 어느 점이 남달랐나요?	습득
1	때로 아이들은 싸우곤 하지요. 여러분은 절대 진 적이 없습니다.	+2 근력, +1 지혜
2	여러분이 이기지 못하는 시합은 없었습니다.	+2 민첩성, +1 지능
3	여러분은 이 근방에서 가장 튼튼한 아이였습니다.	+2 건강, +1 매력
4	여러분이 모르는 비밀은 없었습니다.	+2 지능, +1 민첩성
5	여러분은 공감을 잘 해주었기 때문에 사람들이 이런저런 이야기를 털어놓았습니다.	+2 지혜, +1 건강
6	여러분은 누구에게나 사랑받았습니다.	+2 매력, +1 근력
7	여러분은 남의 문제를 잘 해결해주었지만, 자기 사정은 털어놓지 않았습니다.	+1 근력, +1 건강, +1 매력
8	사람들은 저마다 가르칠 것이 있습니다. 여러분은 여러 사람에게 이런저런 것들을 조금씩 배웠습니다.	+1 민첩성, +1 지능, +1 지혜

1d8	여러분은 자라면서 다른 플레이어 캐릭터들과 깊은 우정을 맺었습니다. 다른 마을 사람 중에서는 누구와 친하게 지냈나요?	습득
1	대장장이와 함께 일하는 동안에는 모든 시름을 잊었습니다.	+2 근력, +1 매력
2	어부들은 여러분을 마음에 들어 해서 서로 이야기를 주고받았습니다.	+2 민첩성, +1 지혜
3	여러분은 사냥꾼들과 야영을 하곤 했습니다.	+2 건강, +1 지능
4	마을의 어르신들은 여러분에게 고대의 체스를 가르쳤습니다.	+2 지능, +1 민첩성
5	여러분은 방앗간 집 자식이랑 막 결혼할 예정입니다.	+2 지혜, +1 근력
6	누군가 여러분에게 실연당했습니다. 어쩌면 반대로 여러분이 실연당한 것일지도 모릅니다.	+2 매력, +1 건강
7	늙은 과부가 여러분에게 집안일을 도와달라고 부탁하곤 했습니다.	+1 근력, +1 지능, +1 매력
8	이 마을에 정착해서 살아가는 어느 역전의 용병이 여러분에게 몇 가지 가르침을 주었습니다.	+1 민첩성, +1 건강, +1 지혜

여러분은 마을의 다른 아이들을 윽박지르고 다녔습니다. 여러분은 1레벨 전사가 되며, 클래스 능력으로 무기 숙련과 특기, 기능: 위협을 얻습니다. 다음 표는 여러분의 클래스 능력을 더욱 명확하게 정합니다. 여러분은 더 강해지고 사나워졌습니다.

1d6	여러분은 어떻게 해서 불량배가 됐나요?	습득
1	자식은 부모를 닮는 법입니다.	+2 건강, +1 지혜, 기능: 은신
2	설득보다는 을러대는 편이 쉽습니다.	+2 지혜, +1 매력, 기능: 위협
3	어렸을 때, 다른 아이들 앞에서 매우 부끄러운 일을 겪었습니다.	+2 건강, +1 지능, 기능: 속임수
4	여러분은 못생겼지만, 가장 덩치가 컸습니다.	+2 근력, +1 건강, 기능: 위협
5	다른 아이들이 낭만적인 밀회를 즐기는 동안, 여러분은 오직 복수심을 불태웠습니다.	+2 근력, +1 민첩성, 기능: 지휘
6	어릴 적 여러분은 괴롭힘당하는 쪽에서 괴롭히는 쪽이 되었습니다.	+2 민첩, +1 근력, 기능: 운동

1d6	여러분은 어떤 식으로 사람들을 괴롭혔나요?	습득
1	사정없이 조롱했습니다.	+2 매력, 특기: 저항력
2	주먹만 있으면 충분했습니다.	+2 근력, 특기: 강한 일격
3	밤마다 계략을 꾸몄습니다.	+2 지능, 특기: 방어형 전투
4	다른 사람들이 모두 실패할 수밖에 없게 만들었습니다.	+2 지혜, 특기: 속도
5	몸을 숨기고 참을성 있게 기다리다가 습격했습니다.	+2 건강, 특기: 방어형 전투
6	다른 아이들이 이제 안전하다고 생각할 때, 등 뒤에서 나타나 세게 때리고는 낄낄 웃었습니다.	+2 민첩성, 특기: 속도

1d6	여러분은 성장한 후, 어떻게 해서 과거의 잘못을 뉘우치게 되었나요? 오른쪽 플레이어는 여러분이 달라지게 도왔습니다.	습득
1	방패 벽 훈련을 받고 있을 때, 훈련 상대를 정말로 다치게 했습니다. 오른편 친구는 여러분과 함께 훈련을 받고 있었고, 여러분이 무슨 잘못을 저질렀는지 지적해서 +1 근력을 얻습니다. 무기 숙련 능력으로 창을 선택합니다.	+2 근력, 무기 숙련 (왼쪽 항목)
2	깊은 숲속에서 상처를 입었을 때, 다른 또래들은 여러분이 지금까지 저지른 짓에도 불구하고 여러분을 구했습니다. 오른편 친구는 그중에서도 가장 먼저 여러분 곁으로 왔고, +1 매력을 얻습니다. 무기 숙련 능력으로 전투 도끼를 선택합니다.	+2 매력, 무기 숙련 (왼쪽 항목)
3	마을에 상터가 열렸을 때, 여러분은 차력사에게 사정없이 조롱을 당했습니다. 정말로 끔찍한 기분이었습니다. 오른편 친구는 여러분을 진정시킨 다음, 지금까지 여러분이 저지른 잘못을 용서하겠다고 해서 +2 건강을 얻습니다. 무기 숙련 능력으로 곤봉을 선택합니다.	+2 건강, 무기 숙련 (인쪽 항목)
4	봄 축제 때 활쏘기 시합이 끝난 다음, 드디어 사랑하는 이를 만났습니다. 오른편 친구는 시합에서 진 나음 여러분에게 그 사람을 소개해 주었고, +1 민첩성을 얻습니다. 무기 숙련 능력으로 활을 선택합니다.	+2 민첩성, 무기 숙련 (왼쪽 항목)
5	가족을 잃고 홀로 남았을 때, 다른 사람들이 모여 여러분을 도와주었습니다. 오른편 친구는 여러분의 의붓 형제자매가 되었고, +1 지혜를 얻습니다. 무기 숙련 능력으로 지팡이를 선택합니다.	+2 지혜, 무기 숙련 (왼쪽 항목)
6	어느 날, 육신 없는 영이 여러분을 사정없이 후려치면서 여러분이 얼마나 잘못된 삶을 살았는지 일깨워주었습니다. 오른편 친구는 이 광경을 목격했고, 홀로 이 사실을 믿어서 +1 지능을 얻습니다. 여러분은 무기 숙련 대신 영혼 시야 캔트립을 얻습니다.	+2 지능, 특별

1d6	마을 사람 중 누가 여러분을 가장 먼저 용서했나요?	습득
1	늙은 마녀. 여러분은 마녀의 이야기를 듣고 올바른 질문을 하면서 유대감을 쌓았습니다.	+2 지능, 치유 물약 한 병
2	여러분이 항상 머리를 잡아당기곤 하던 아가씨. 여러분은 아가씨의 결혼생활을 지켜주고, 속죄했습니다.	+2 매력, 아가씨의 머리카락 한 타래
3	대장장이. 여러분은 한 계절 동안 대장장이 밑에서 일하면서 옛날에 속임수를 부려서 끼친 피해를 벌충했습니다.	+2 근력, 훌륭한 무기
4	여관 주인. 여러분은 북쪽에서 온 난폭한 여행자 무리를 여관에서 쫓아낸 다음 여관의 든든한 고객이 되었습니다.	+2 건강, 공짜 방과 식사
5	마을 경비대원. 여러분은 일주일에 한 번씩 같이 망을 봅니다.	+2 건강, 뿔피리
6	베 짜는 할머니. 여러분은 날뛰는 멧돼지에게 죽을 뻔한 할머니의 손자를 구했습니다.	+2 지혜, 매우 튼튼한 옷 (장갑 +2)

캐릭터 시트를 채우세요!

1. 캐릭터 이름과 클래스, 레벨을 적으세요.

2. 능력치를 적으세요. 각 능력치 옆에 다음 쪽에 나온 능력치 보너스를 적으세요.

3. 캐릭터의 기능과 클래스 능력, 초기 장비 및 사고 싶은 물건을 적으세요. 뉘우친 불량배는 다음 장비를 가지고 시작합니다: 단검, 농부의 옷, 선호하는 무기, 밧줄과 단단한 블랙잭, 벌꿀 술이 담긴 플라스크, 은화 4d6냥

4. 가치관을 하나 선택하세요. 캐릭터는 질서, 혼돈, 중립 중 하나입니다. 정하지 못하겠다면 대부분 사람처럼 중립을 선택하세요.

5. 클래스에 따라 기본 공격 보너스를 받습니다. 1레벨 전사는 +1입니다.

6. 행동 순서는 캐릭터 레벨+민첩성 보너스+1(전사) 입니다.

7. 캐릭터의 장갑 수치는 10+민첩성 수정치+캐릭터가 받는 장갑 보너스입니다.

8. 캐릭터의 행운 점수는 3점입니다.

9. 캐릭터의 HP는 10+건강 보너스입니다.

10. 다음 쪽에 나온 극복 판정 수치를 적으세요.

11. 캐릭터가 사용할 법한 무기의 수치를 '명중 보너스'와 '피해' 항목에 적으세요. 근접 무기 명중 보너스는 기본 공격 보너스+근력 보너스이며, 원거리 무기 공격 보너스는 기본 공격 보너스+민첩성 보너스입니다. 근력 보너스는 근접 무기의 피해에도 더합니다. 무기 숙련으로 받는 보너스를 잊지 마세요!

참고 사항

판정

능력치 판정: d20을 굴린 다음 주사위 결과를 관련 능력치와 비교하세요. 주사위 결과가 능력치와 같거나 낮다면 성공입니다. 주사위 결과가 능력치보다 높다면 실패입니다.

극복 판정: d20을 굴립니다. 주사위 결과가 극복 판정 수치와 같거나 높다면 성공입니다.

전투 판정: d20을 굴린 다음, 관련 공격 보너스를 더합니다. 상대의 **장갑** 수치와 비교하세요. 판정 결과가 상대 **장갑** 수치와 같거나 높다면 공격은 명중합니다. 판정 결과가 **장갑** 수치보다 낮다면 빗나갑니다.

클래스 능력

체력 주사위: d10
행동 순서 보너스: +1
갑옷: 뉘우친 불량배는 아무 갑옷이나 입을 수 있습니다.

무기 숙련: 뉘우친 불량배는 특별하게 잘 다루는 선호 무기가 있습니다. 캐릭터가 잘 다루는 무기는 플레이북에 있습니다. 캐릭터는 선택한 무기를 들고 싸울 때 명중에 +1 보너스, 피해에 +2 보너스를 받습니다.

특기: 뉘우친 불량배는 경험을 쌓으면서 몇 가지 재주를 얻어 좀 더 강해질 수 있습니다. 캐릭터가 받는 첫 번째 특기는 플레이북에 있습니다. 이후 얻을 다음 특기는 **울타리 너머, 또 다른 모험으로** p.10을 참조하세요.

행운 점수

캐릭터는 행운 점수를 다음 방식으로 사용할 수 있습니다.

친구 돕기: 보통, 캐릭터는 관련 기능이 있어야만 친구의 능력치 판정을 도울 수 있습니다. 하지만 행운 점수를 1점 쓴다면, 해당 판정에 활용할 수 있는 적합한 기능이 없더라도 친구를 도와 판정에 +2 보너스를 줄 수 있습니다.

재도전: 캐릭터는 행운 점수를 1점 써서 능력치 판정이나 극복 판정, 명중 판정처럼 플레이 중에 일어나는 실패한 판정을 다시 굴릴 수 있습니다.

죽음 속이기: 죽을 위기에 처한 캐릭터는 행운 점수를 1점 써서 HP를 0으로 안정시키고 추가 피해를 받지 않을 수 있습니다.

능력치	보너스
1	-4
2-3	-3
4-5	-2
6-8	-1
9-12	0
13-15	+1
16-17	+2
18-19	+3

레벨	경험치	기본 공격 보너스	독 극복	숨결 무기 극복	신체 변형 극복	주문 극복	마법 물품 극복
1	0	+1	14	17	15	17	16
2	2,000	+2	14	17	15	17	16
3	4,000	+3	13	16	14	14	15
4	8,000	+4	13	16	14	14	15
5	16,000	+5	11	14	12	12	13
6	32,000	+6	11	14	12	12	13
7	64,000	+7	10	13	11	11	12
8	120,000	+8	10	13	11	11	12
9	240,000	+9	8	11	9	9	10
10	360,000	+10	8	11	9	9	10

귀족

수습 궁정 요술사 플레이북

여러분은 다른 귀족 아이들과는 달리 전쟁도, 통치도 배울 생각이 없었습니다. 그 대신 덕망 있는 궁정 요술사 아래에서 마법의 길을 걸었지요. 여러분은 어려운 마법 공부도 거뜬히 잘 소화했고, 이제 스승의 자리를 이어받을 준비가 되었습니다.

여러분은 똑똑하고 재치가 넘칩니다. 여러분의 **지능**은 12에서 시작하며, 나머지 능력치는 8에서 시작합니다.

여러분은 어린 시절을 어떻게 보냈나요?

1d12	여러분의 가문은 이렇게 이름을 떨쳤나요?	습득
1	저열한 배반. 여러분의 가문은 존중받기는 하나 신뢰받지는 못합니다.	+2 지혜, +1 지능, +1 매력, 기능: 모략
2	무력. 여러분의 가문만큼 전쟁에서 승리를 거둔 이들은 아무도 없습니다.	+2 근력, +1 민첩성, +1 지혜, 기능: 지휘
3	부. 여러분 가문의 금고는 이 나라에서 돈이 가장 두둑이 넘칩니다.	+1 지능, +1 건강, +1 매력, +1 지혜, 기능: 재정
4	지식. 여러분 가문은 각종 전승과 비밀을 다룹니다.	+2 지능, +1 건강, +1 지혜, 기능: 금단의 비밀
5	곡물이나 가축을 잘 기릅니다.	+2 건강, +2 지능, 기능: 동물 교감
6	미모. 여러분 가문의 신사 숙녀는 가장 멋지고 아름답습니다.	+2 매력, +1 민첩성, +1 건강, +1 근력
7	명예와 의무. 모든 사람이 여러분의 가문을 신뢰합니다.	+2 지혜, +1 건강, +1 근력, +1 매력
8	외적에 맞서 나라를 지켰습니다.	+2 근력, +2 건강, +1 지혜
9	왕위를 찬탈하려는 사악한 이에 맞서 싸웠습니다.	+2 건강, +1 근력, +1 지능, +1 지혜
10	가장 우수한 기사를 배출합니다.	+2 민첩성, +1 근력, +1 매력, 기능: 기마술
11	아름다운 정원을 가꾸고 각종 약초를 섞은 훌륭한 약물을 만들어냅니다.	+2 지능, +1 지혜, +1 건강, 기능: 약초 지식
12	이 나라에서 가장 오래된 가문으로, 자신들과 무관한 일에는 끼어들지 않습니다.	+1 근력, +1 민첩성, +1 지능, +1 지혜, +1 매력

1d8	여러분은 어릴 적 어느 점이 남달랐나요?	습득
1	때로 아이들은 싸우곤 하지요. 여러분은 절대 진 적이 없습니다.	+2 근력, +1 지혜
2	여러분이 이기지 못하는 시합은 없었습니다.	+2 민첩성, +1 지능
3	여러분은 이 근방에서 가장 튼튼한 아이였습니다.	+2 건강, +1 매력
4	여러분이 모르는 비밀은 없었습니다.	+2 지능, +1 민첩성
5	여러분은 공감을 잘 해주었기 때문에 사람들이 이런저런 이야기를 털어놓았습니다.	+2 지혜, +1 건강
6	여러분은 누구에게나 사랑받았습니다.	+2 매력, +1 근력
7	여러분은 남의 문제를 잘 해결해주었지만, 자기 사정은 털어놓지 않았습니다.	+1 근력, +1 건강, +1 매력
8	사람들은 저마다 가르칠 것이 있습니다. 여러분은 여러 사람에게 이런저런 것들을 조금씩 배웠습니다.	+1 민첩성, +1 지능, +1 지혜

1d8	여러분은 자라면서 다른 플레이어 캐릭터들과 깊은 우정을 맺었습니다. 영지 근처의 다른 사람 중에서는 누구와 친하게 지냈나요?	습득
1	대장장이와 함께 일하는 동안에는 모든 시름을 잊었습니다.	+2 근력, +1 매력
2	어부들은 여러분을 마음에 들어 해서 서로 이야기를 주고받았습니다.	+2 민첩성, +1 지혜
3	가문의 규율이 너무 답답한 나머지, 밤중에 몰래 빠져나와 어느 농부의 자식과 함께 숲을 돌아다녔습니다.	+2 건강, +1 지능
4	가문의 집사는 여러분에게 전술과 전략을 활용하는 놀이를 가르쳐 주었습니다.	+2 지능, +1 민첩성
5	요리사와 함께 시간을 보내면서 이 성에 관한 여러 가지 것을 배웠습니다.	+2 지혜, +1 근력
6	신분이 낮은 누군가와 몰래 사귀었습니다.	+2 매력, +1 건강
7	비록 귀족의 피를 타고났지만, 하인들과 함께 일을 하곤 했습니다.	+1 근력, +1 지능, +1 매력
8	노련한 경비대장이 여러분을 무척 마음에 들어 합니다.	+1 민첩성, +1 건강, +1 지혜

궁정 요술사가 여러분을 제자로 받아들였습니다. 여러분은 1레벨 마법사가 되며, 클래스 능력으로 마법 감지와 주문 사용, 기능: 속임수, 캔트립 환상 짜기를 얻습니다. 다음 표는 여러분이 어떤 주문을 더 익히는지 정합니다.
여러분은 마법을 배우면서 어떤 일을 겪었나요?

1d6	늙은 요술사는 어떻게 여러분 아버지를 보필했나요?	습득
1	걸어 다니는 지식의 보고였습니다.	+3 지능, 기능: 고대 역사
2	훌륭한 가문에는 첩자가 필요한 법입니다.	+3 민첩성, 기능: 은신
3	무척 뛰어난 공연가였습니다.	+3 매력, 공연 기능 하나 선택
4	매우 아름다운 장신구를 만들었습니다.	+3 민첩성, 공예 기능 하나 선택
5	언제나 유용한 조언을 주었습니다.	+3 지혜, 기능: 영지 관리
6	영지를 방문한 모든 귀족 가문의 마음을 사로잡았습니다.	+3 매력, 기능: 예의범절

1d6	늙은 요술사는 궁정에서 보여주는 묘기 외에 진짜 어떤 힘을 지녔나요?	습득
1	어둠의 마법에 숙달했습니다. 여러분은 다음 마법을 배웁니다: 주술 추방, 의식 요술사의 말, 캔트립 영혼 시야.	+2 건강, 주문 (왼쪽 항목)
2	이 일대에서 가장 뛰어난 환상술사였습니다. 여러분은 다음 마법을 배웁니다: 주술 고급 환상, 주술 안개 모으기, 캔트립 소리 만들기	+2 매력, 주문 (왼쪽 항목)
3	마법을 사용해 감시의 눈길을 피했습니다. 여러분은 다음 마법을 배웁니다: 주술 침묵, 의식 마녀의 파수꾼, 캔트립 저주.	+2 민첩성, 주문 (왼쪽 항목)
4	다친 이들을 고치고 병사들을 도왔습니다. 여러분은 다음 마법을 배웁니다: 주술 치유의 손길, 의식 마법사의 갑옷, 캔트립 축복.	+2 지혜, 주문 (왼쪽 항목)
5	짐승들을 부르고 조종할 줄 알았습니다. 여러분은 다음 마법을 배웁니다: 주술 무리 소환, 의식 패밀리어 엮기, 캔트립 짐승 소통.	+2 지혜, 주문 (왼쪽 항목)
6	머나먼 남쪽에서 전해진 마법의 기예를 배웠습니다. 여러분은 다음 마법을 배웁니다: 주술 고급 환상, 의식 패밀리어 엮기, 캔트립 마법사의 빛.	+2 지능, 주문 (왼쪽 항목)

1d6	요술사는 작년 어느 기이한 사건에 휘말려 사라졌습니다. 여러분과 친구만이 무슨 일이 벌어졌는지 압니다. 무슨 일이 벌어졌나요? 오른편 플레이어는 그 자리에 함께 있었습니다.	습득
1	요술사는 자신의 방에서 진정한 혼돈의 악마에게 잡아먹혔습니다. 오른편 친구는 그 생각만 하면 지금도 몸서리를 치며, +1 건강을 얻습니다.	+2 건강, 주술: 신비한 방패
2	요술사의 연구실에서 망자가 걸어 나왔고, 그로로 요술사의 모습은 다시 볼 수 없었습니다. 오른편 친구는 다른 사람들이 그 광경을 발견하기 전에 여러분의 연구를 도와서 망자를 쫓아냈고, +1 지능을 얻습니다.	+2 지능, 주술: 언데드 퇴치
3	요술사가 위험한 임무를 받고 성을 떠나는 날 밤, 여러분은 몰래 요술사에게 갔습니다. 요술사는 여러분과 친구에게 비밀을 지킬 것을 신신당부했습니다. 오른편 친구는 여러분과 함께 맹세를 나누었고, +1 민첩성을 얻습니다.	+2 민첩성, 주술: 두려운 존재감
4	요술사는 최근 벌어진 소규모 접전에서 여러분과 친구를 데리고 이웃 군주를 돕다가 전사했습니다. 오른편 친구는 여러분이 원수를 갚도록 도왔고, +1 근력을 얻습니다.	+2 근력, 주술: **마법 화살**
5	여러분은 요술사가 어두운 비밀의 의식을 치르는 광경을 목격했고, 그를 막으려 했습니다. 요술사는 한 줄기 빛과 함께 사라졌습니다. 오른편 친구는 소환이 완료되기 전에 마법의 원을 부수었고, +1 지혜를 얻습니다.	+2 지혜, 주술: 눈부신 섬광
6	말을 타고 나서던 중, 여러분은 어느 분노한 요정 괴물들에게 습격을 받았습니다. 요술사는 괴물들을 쫓아 숲속으로 들어갔고, 그 후 소식이 끊겼습니다. 오른편 친구는 요정이 쏜 다트에 상처를 입었지만 계속 싸웠고, +1 건강을 얻습니다.	+2 건강, 주술: 마법 화살

1d6	여러분은 요술사의 버려진 연구실에서 무엇을 발견했나요?	습득
1	알 수 없는 언어로 쓰인 책들.	+2 지능, 지금은 아무 쓸모가 없는 몇몇 서적
2	요술사가 모은 마법 재료들.	+2 **민첩성**, 한가지 의식에 사용하는 재료
3	녹색 액체가 담긴 유리병.	+2 건강, 치유 물약 (1d10 HP)
4	여러분 지팡이에 매단 요술사의 부적.	+2 **지혜**, 털조각과 실타래
5	요술사가 다른 사람들 앞에서는 입지 않은 두꺼운 로브.	+2 매력, 마법의 로브
6	혼자 남은 요술사의 패밀리어.	+2 매력, 매우 불행해 하는 동물

캐릭터 시트를 채우세요!

1. 캐릭터 이름과 클래스, 레벨을 적으세요.

2. 능력치를 적으세요. 각 능력치 옆에 다음 쪽에 나온 능력치 보너스를 적으세요.

3. 캐릭터의 기능과 클래스 능력, 초기 장비 및 사고 싶은 물건을 적으세요. 수습 궁정 요술사는 다음 장비를 가지고 시작합니다: 단검, 수를 놓은 로브, 섬광분말, 매우 훌륭한 지팡이, 은화 2d6+12냥.

4. 가치관을 하나 선택하세요. 캐릭터는 질서, 혼돈, 중립 중 하나입니다. 정하지 못하겠다면 대부분 사람처럼 중립을 선택하세요.

5. 클래스에 따라 기본 공격 보너스를 받습니다. 1레벨 마법사는 +0입니다.

6. 행동 순서는 캐릭터 레벨+민첩성 보너스+0(마법사) 입니다.

7. 캐릭터의 장갑 수치는 10+민첩성 수정치+캐릭터가 받는 장갑 보너스입니다.

8. 캐릭터의 행운 점수는 3점입니다.

9. 캐릭터의 HP는 6+건강 보너스입니다.

10. 다음 쪽에 나온 극복 판정 수치를 적으세요.

11. 캐릭터가 사용할 법한 무기의 수치를 '명중 보너스'와 '피해' 항목에 적으세요. 근접 무기 명중 보너스는 기본 공격 보너스+근력 보너스이며, 원거리 무기 공격 보너스는 기본 공격 보너스+민첩성 보너스입니다. 근력 보너스는 근접 무기의 피해에도 더합니다.

참고 사항

판정

능력치 판정: d20을 굴린 다음 주사위 결과를 관련 능력치와 비교하세요. 주사위 결과가 능력치와 같거나 낮다면 성공입니다. 주사위 결과가 능력치보다 높다면 실패입니다.

극복 판정: d20을 굴립니다. 주사위 결과가 극복 판정 수치와 같거나 높다면 성공입니다.

전투 판정: d20을 굴린 다음, 관련 공격 보너스를 더합니다. 상대의 장갑 수치와 비교하세요. 판정 결과가 상대 장갑 수치와 같거나 높다면 공격은 명중합니다. 판정 결과가 장갑 수치보다 낮다면 빗나갑니다.

클래스 능력

체력 주사위: d6
행동 순서 보너스: +0
갑옷: 수습 궁정 요술사는 갑옷을 입을 수 없습니다.

주문 사용: 수습 궁정 요술사는 캔트립, 주술, 의식이라는 서로 다른 세 가지 방식으로 마법의 힘을 사용할 수 있습니다. 캐릭터가 처음 가지고 시작하는 주문은 플레이북을 참조하세요.

마법 감지: 수습 궁정 요술사는 선천적으로 마법을 민감하게 느끼기 때문에, 특정한 사람이나 장소, 또는 물건에 마법의 기운이 깃들여 있는지 알아낼 수 있습니다. 마법을 감지하려면 몇 분 정도 집중해야 하므로, 단순히 보는 것만으로는 대상이 마법적인 기운을 띄고 있는지 알 수 없습니다. 사람들은 캐릭터가 자신들을 강렬하게 지켜보거나 식사 시간이 돼도 음식에 집중하지 않는 모습을 보고 마법을 감지하려 한다는 것을 쉽게 알아차릴 수 있습니다. 마스터는 캐릭터가 유난히 강력한 마법 근처에 있다면 즉시 마법의 기운을 알아차릴 수 있다고 정할 수 있습니다.

행운 점수

캐릭터는 행운 점수를 다음 방식으로 사용할 수 있습니다.

친구 돕기: 보통, 캐릭터는 관련 기능이 있어야만 친구의 능력치 판정을 도울 수 있습니다. 하지만 행운 점수를 1점 쓴다면, 해당 판정에 활용할 수 있는 적합한 기능이 없더라도 친구를 도와 판정에 +2 보너스를 줄 수 있습니다.

재도전: 캐릭터는 행운 점수를 1점 써서 능력치 판정이나 극복 판정, 명중 판정처럼 플레이 중에 일어나는 실패한 판정을 다시 굴릴 수 있습니다.

죽음 속이기: 죽을 위기에 처한 캐릭터는 행운 점수를 1점 써서 HP를 0으로 안정시키고 추가 피해를 받지 않을 수 있습니다.

능력치	보너스
1	-4
2-3	-3
4-5	-2
6-8	-1
9-12	0
13-15	+1
16-17	+2
18-19	+3

레벨	경험치	기본 공격 보너스	독 극복	숨결 무기 극복	신체 변형 극복	주문 극복	마법 물품 극복
1	0	+0	14	15	13	12	11
2	2,500	+1	14	15	13	12	11
3	5,000	+1	14	15	13	12	11
4	10,000	+2	14	15	13	12	11
5	20,000	+2	14	15	13	12	11
6	40,000	+3	13	13	11	10	9
7	80,000	+3	13	13	11	10	9
8	150,000	+4	13	13	11	10	9
9	300,000	+4	13	13	11	10	9
10	450,000	+5	13	13	11	10	9

홀대받는 자식 플레이북

가문의 수많은 아이 사이에서 여러분은 낄 틈이 없었습니다. 다른 형제자매들이 지배자와 장군이 되기 위한 수업을 받거나 다른 중요한 일을 하는 동안, 여러분은 대부분 시간을 부모의 관심 밖에서 보냈습니다. 여러분은 홀로 지내는 시간 동안 조용히 앉아서 관찰하는 법을 터득했고, 누구보다도 성의 안팎을 속속들이 파악했습니다.

여러분은 잽싸고 매력적입니다. 여러분의 **민첩성**과 매력은 10에서 시작하며, 나머지 능력치는 8에서 시작합니다.

여러분은 어린 시절을 어떻게 보냈나요?

1d12	여러분의 가문은 어떻게 이름을 떨쳤나요?	습득
1	저열한 배반. 여러분의 가문은 존중받기는 하나 신뢰받지는 못합니다.	+2 지혜, +1 지능, +1 매력, 기능: 모략
2	무력. 여러분의 가문만큼 전쟁에서 승리를 거둔 이들은 아무도 없습니다.	+2 근력, +1 민첩성, +1 지혜, 기능: 지휘
3	부. 여러분 가문의 금고는 이 나라에서 돈이 가장 두둑이 넘칩니다.	+1 지능, +1 건강, +1 매력, +1 지혜, 기능: 재정
4	지식. 여러분 가문은 각종 전승과 비밀을 다룹니다.	+2 지능, +1 건강, +1 지혜, 기능: 금단의 비밀
5	곡물이나 가축을 잘 기릅니다.	+2 건강, +2 지능, 기능: 동물 교감
6	미모. 여러분 가문의 신사 숙녀는 가장 멋지고 아름답습니다.	+2 매력, +1 민첩성, +1 건강, +1 근력
7	명예와 의무. 모든 사람이 여러분의 가문을 신뢰합니다.	+2 지혜, +1 건강, +1 근력, +1 매력
8	외적에 맞서 나라를 지켰습니다.	+2 근력, +2 건강, +1 지혜
9	왕위를 찬탈하려는 사악한 이에 맞서 싸웠습니다.	+2 건강, +1 근력, +1 지능, +1 지혜
10	가장 우수한 기사를 배출합니다.	+2 민첩성, +1 근력, +1 매력, 기능: 기마술
11	아름다운 정원을 가꾸고 각종 약초를 섞은 훌륭한 약물을 만들어냅니다.	+2 지능, +1 지혜, +1 건강, 기능: 약초 지식
12	이 나라에서 가장 오래된 가문으로, 자신들과 무관한 일에는 끼어들지 않습니다.	+1 근력, +1 민첩성, +1 지능, +1 지혜, +1 매력

1d8	여러분은 어릴 적 어느 점이 남달랐나요?	습득
1	때로 아이들은 싸우곤 하지요. 여러분은 절대 진 적이 없습니다.	+2 근력, +1 지혜
2	여러분이 이기지 못하는 시합은 없었습니다.	+2 민첩성, +1 지능
3	여러분은 이 근방에서 가장 튼튼한 아이였습니다.	+2 건강, +1 매력
4	여러분이 모르는 비밀은 없었습니다.	+2 지능, +1 민첩성
5	여러분은 공감을 잘 해주었기 때문에 사람들이 이런저런 이야기를 털어놓았습니다.	+2 지혜, +1 건강
6	여러분은 누구에게나 사랑받았습니다.	+2 매력, +1 근력
7	여러분은 남의 문제를 잘 해결해주었지만, 자기 사정은 털어놓지 않았습니다.	+1 근력, +1 건강, +1 매력
8	사람들은 저마다 가르칠 것이 있습니다. 여러분은 여러 사람에게 이런저런 것들을 조금씩 배웠습니다.	+1 민첩성, +1 지능, +1 지혜

1d8	여러분은 자라면서 다른 플레이어 캐릭터들과 깊은 우정을 맺었습니다. 영지 근처의 다른 사람 중에서는 누구와 친하게 지냈나요?	습득
1	대장장이와 함께 일하는 동안에는 모든 시름을 잊었습니다.	+2 근력, +1 매력
2	어부들은 여러분을 마음에 들어 해서 서로 이야기를 주고받았습니다.	+2 민첩성, +1 지혜
3	가문의 규율이 너무 답답한 나머지, 밤중에 몰래 빠져나와 어느 농부의 자식과 함께 숲을 돌아다녔습니다.	+2 건강, +1 지능
4	가문의 집사는 여러분에게 전술과 전략을 활용하는 놀이를 가르쳐 주었습니다.	+2 지능, +1 민첩성
5	요리사와 함께 시간을 보내면서 이 성에 관한 여러 가지 것을 배웠습니다.	+2 지혜, +1 근력
6	신분이 낮은 누군가와 몰래 사귀었습니다.	+2 매력, +1 건강
7	비록 귀족의 피를 타고났지만, 하인들과 함께 일을 하곤 했습니다.	+1 근력, +1 지능, +1 매력
8	노련한 경비대장이 여러분을 무척 마음에 들어 합니다.	+1 민첩성, +1 건강, +1 지혜

여러분은 필요한 것을 스스로 배웠습니다. 여러분은 1레벨 도적이 되며, 클래스 능력으로 운명의 총애와 숙련된 솜씨, 기능: 은신을 얻습니다. 다음 표는 여러분이 어떤 기능을 더 익히는지 정합니다. 여러분은 무엇을 직접 터득했나요?

1d6	아무도 여러분만큼 아버지의 성채를 제대로 알지 못합니다. 성안에서 여러분이 가장 좋아하는 비밀의 장소는 어디인가요?	습득
1	가장 높은 탑의 꼭대기. 여러분은 여기 숨어서 점심을 먹곤 했습니다.	+2 근력, 기능: 운동
2	마구간. 여러분은 말을 돌보는 마구간 소년과 시간을 보냈습니다.	+2 매력, 기능: 기마술
3	기록실. 여러분은 방구석에서 촛불을 켜 놓고 밤늦게까지 책을 읽었습니다.	+2 지능, 기능: 조명
4	약제사의 방. 여러분은 약제사 옆에 조용히 앉아 그가 하는 일을 지켜봤습니다.	+2 지능, 기능: 약초 지식
5	부엌 위의 서까래. 여러분은 요리사들이 바쁘게 일을 하는 모습을 지켜보았습니다.	+2 지혜, 기능: 요리
6	여러분은 성안이 아니라, 바깥에 있는 농부들의 마을에 있기를 좋아했습니다.	+2 매력, 기능: 민간전승

1d6	여러분은 틈이 날 때마다 혼자서 책 읽기를 즐겼습니다. 도서관에서 여러분이 가장 좋아하는 책은 무엇인가요?	습득
1	이 지역 일대의 땅을 나타낸 지도책.	+3 건강, 기능: 지도 제작
2	한때 인간들의 땅을 짓밟은 고대 괴물들을 열거한 목록.	+3 지능, 기능: 신화 괴물 지식
3	옛 제국의 경기장에서 검투사들을 치료하던 고대 의사들이 남긴 의료 기록.	+3 지혜, 기능: 치료
4	기계와 태엽 장치, 덫을 그린 도면과 기록.	+3 민첩성, 기능: 덫
5	대대로 이 땅에서 사는 모든 사람의 역사를 기록한 문서.	+3 지능, 기능: 고대 역사
6	귀족과 이들의 관습을 기록한 문서.	+3 매력, 기능: 예의범절

1d6	얼마 전, 성에서 무척 기이한 사건이 발생했습니다. 하지만 관심을 기울인 사람은 오직 여러분과 친구 하나뿐이었습니다. 무슨 일을 겪었나요? 오른편 플레이어는 그 자리에 함께 있었습니다.	습득
1	외국의 기사가 성에 들렀는데, 여러분은 그가 몰래 어둠의 신을 숭배하는 모습을 보았습니다. 오른편 친구는 모든 것을 같이 본 다음 여러분이 진실을 말했다고 여러분의 아버지를 설득했으며, +1 민첩성을 얻습니다.	+2 민첩성, 기능: 은신
2	선조의 유령이 앞으로 닥칠 어두운 날을 경고했습니다. 오른편 친구는 여러분이 유령의 말을 해독하도록 도왔고, +1 지능을 얻습니다.	+2 지능, 기능: 고대 역사
3	나른 가문의 귀족이 얼마 동안 여러분 가문의 영지에서 머물렀고, 여러분은 그와 사랑에 빠졌습니다. 상대는 여러분과 친구에게 이 사실을 맹세코 비밀로 해달라고 당부했습니다. 오른편 친구는 여러분이 아직 그 비밀을 지키도록 돕고 있으며, +1 매력을 얻습니다.	+2 매력, 기능: 매혹
4	경비병 일부가 보물창고에서 보물 일부를 훔치고 밤중에 도망치겠다는 음모를 꾸몄습니다. 여러분이 범인들을 설득하는 동안 오른편 친구는 맹렬히 달려가서 다른 충성스러운 경비병들에게 이 사실을 알렸고, +1 민첩성을 얻습니다.	+2 민첩성, 기능: 운동
5	성안 깊숙한 곳에서, 여러분은 여기 모인 요정들과 우연히 마주쳤습니다. 오른편 친구는 요정 여왕에게 특별히 감명을 주었고, +1 매력을 얻습니다.	+2 매력, 기능: 요정 지식
6	아버지를 섬기는 고관이 고대의 악의 존재와 계약을 맺고 지금도 밝혀내지 못한 어떠한 목적을 위해 음모를 꾸몄습니다. 여러분은 간신히 그의 극악무도한 짓을 폭로했습니다. 오른편 친구는 아슬아슬하게 사악한 자가 만든 소환의 원을 파괴했으며, +1 건강을 얻습니다.	+2 건강, 기능: 경계

1d6	여러분을 무척 사랑하는 할머니가 여러분에게 값진 선물을 주었습니다. 그 소중한 선물은 무엇인가요?	습득
1	할머니가 말하길, 한 세기 이상 가문에서 보관했다는 기이한 단검.	+2 근력, 어두운 철로 만든 단검
2	남쪽에서 벌어진 거대한 전쟁에 참전한 증조부가 남긴 일지.	+2 지능, 작은 가죽일지
3	할머니가 항상 차고 다닌 무거운 은팔찌.	+2 지혜, 룬이 새겨진 팔찌
4	항상 장화 속에 넣고 다니라고 할머니가 당부하신 향긋한 약초가 든 자루.	+2 민첩성, 행운의 부적
5	가을이 되면 성벽 위에서 할머니가 불던 작은 피리.	+2 매력, 오래된 악기
6	까마귀의 언어	+2 건강, 매우 기묘한 재능

캐릭터 시트를 채우세요!

1. 캐릭터 이름과 클래스, 레벨을 적으세요.

2. 능력치를 적으세요. 각 능력치 옆에 다음 쪽에 나온 능력치 보너스를 적으세요.

3. 캐릭터의 기능과 클래스 능력, 초기 장비 및 사고 싶은 물건을 적으세요. 홀대받는 자식은 다음 장비를 가지고 시작합니다: 단검, 소검, 가죽 갑옷 (+2 장갑), 손으로 매우 정확하게 그린 영지 전체 지도, 어두운 망토, 은화 2d6+12냥.

4. 가치관을 하나 선택하세요. 캐릭터는 질서, 혼돈, 중립 중 하나입니다. 정하지 못하겠다면 대부분 사람처럼 중립을 선택하세요.

5. 클래스에 따라 기본 공격 보너스를 받습니다. 1레벨 도적은 +0입니다.

6. 행동 순서는 캐릭터 레벨+민첩성 보너스+2(도적) 입니다.

7. 캐릭터의 장갑 수치는 10+민첩성 수정치+캐릭터가 받는 장갑 보너스입니다.

8. 캐릭터의 행운 점수는 5점입니다.

9. 캐릭터의 HP는 8+건강 보너스입니다.

10. 다음 쪽에 나온 극복 판정 수치를 적으세요.

11. 캐릭터가 사용할 법한 무기의 수치를 '명중 보너스'와 '피해' 항목에 적으세요. 근접 무기 명중 보너스는 기본 공격 보너스+근력 보너스이며, 원거리 무기 공격 보너스는 기본 공격 보너스+민첩성 보너스입니다. 근력 보너스는 근접 무기의 피해에도 더합니다.

참고 사항

판정

능력치 판정: d20을 굴린 다음 주사위 결과를 관련 능력치와 비교하세요. 주사위 결과가 능력치와 같거나 낮다면 성공입니다. 주사위 결과가 능력치보다 높다면 실패입니다.

극복 판정: d20을 굴립니다. 주사위 결과가 극복 판정 수치와 같거나 높다면 성공입니다.

전투 판정: d20을 굴린 다음, 관련 공격 보너스를 더합니다. 상대의 **장갑** 수치와 비교하세요. 판정 결과가 상대 **장갑** 수치와 같거나 높다면 공격은 명중합니다. 판정 결과가 **장갑** 수치보다 낮다면 빗나갑니다.

클래스 능력

체력 주사위: d8
행동 순서 보너스: +2
갑옷: 홀대받는 자식은 판금 갑옷보다 가벼운 갑옷을 입을 수 있습니다.

운명의 총애: 홀대받는 자식은 다른 사람들보다 운이 좋습니다. 캐릭터는 다른 클래스처럼 행운 점수를 3점 받는 대신, 5점 받습니다.

숙련된 솜씨: 홀대받는 자식은 1레벨에서 기능을 두 개 더 익히며 (여러분은 플레이북을 통해 이미 얻었습니다), 이후 홀수 레벨마다 (3, 5, 7, 9레벨) 추가로 기능을 하나씩 더 익힙니다. 새로운 기능을 익히는 대신 이미 가진 기능의 실력을 올릴 수도 있습니다. 이 경우 해당 기능으로 받는 보너스는 +2 늘어납니다.

행운 점수

캐릭터는 행운 점수를 다음 방식으로 사용할 수 있습니다.

친구 돕기: 보통, 캐릭터는 관련 기능이 있어야만 친구의 능력치 판정을 도울 수 있습니다. 하지만 행운 점수를 1점 쓴다면, 해당 판정에 활용할 수 있는 적합한 기능이 없더라도 친구를 도와 판정에 +2 보너스를 줄 수 있습니다.

재도전: 캐릭터는 행운 점수를 1점 써서 능력치 판정이나 극복 판정, 명중 판정처럼 플레이 중에 일어나는 실패한 판정을 다시 굴릴 수 있습니다.

죽음 속이기: 죽을 위기에 처한 캐릭터는 행운 점수를 1점 써서 HP를 0으로 안정시키고 추가 피해를 받지 않을 수 있습니다.

능력치	능력치
1	-4
2-3	-3
4-5	-2
6-8	-1
9-12	0
13-15	+1
16-17	+2
18-19	+3

레벨	경험치	기본 공격 보너스	독 극복	숨결 무기 극복	신체 변형 극복	주문 극복	마법 물품 극복
1	0	+0	13	16	12	15	14
2	1,500	+1	13	16	12	15	14
3	3,000	+1	13	16	13	15	14
4	6,000	+2	13	16	13	15	14
5	12,000	+3	12	15	11	13	12
6	25,000	+3	12	15	11	13	12
7	50,000	+4	12	15	11	13	12
8	100,000	+5	12	15	11	13	12
9	200,000	+5	11	14	9	11	10
10	300,000	+6	11	14	9	11	10

미래의 장군 플레이북

여러분은 가문의 맏이로서 통치하고, 전쟁에서 사람들을 이끌며, 백성들을 고취하는 방법을 배우는 의무를 짊어졌습니다. 비록 여러분은 아직 한 번 밖에 능력을 시험받지 않았지만 무척 잘 해냈고, 이제 아버지를 이어 그 자리를 차지할 준비가 되었습니다.

여러분은 강하고 위엄이 넘칩니다. 여러분의 근력과 매력은 10에서 시작하며, 나머지 능력치는 8에서 시작합니다.

여러분은 어린 시절을 어떻게 보냈나요?

1d12	여러분의 가문은 어떻게 이름을 떨쳤나요?	습득
1	저열한 배반. 여러분의 가문은 존중받기는 하나 신뢰받지는 못합니다.	+2 지혜, +1 지능, +1 매력, 기능: 모략
2	무력. 여러분의 가문만큼 전쟁에서 승리를 거둔 이들은 아무도 없습니다.	+2 근력, +1 민첩성, +1 지혜, 기능: 지휘
3	부. 여러분 가문의 금고는 이 나라에서 돈이 가장 두둑이 넘칩니다.	+1 지능, +1 건강, +1 매력, +1 지혜, 기능: 재정
4	지식. 여러분 가문은 각종 전승과 비밀을 다룹니다.	+2 지능, +1 건강, +1 지혜, 기능: 금단의 비밀
5	곡물이나 가축을 잘 기릅니다.	+2 건강, +2 지능, 기능: 동물 교감
6	미모. 여러분 가문의 신사 숙녀는 가장 멋지고 아름답습니다.	+2 매력, +1 민첩성, +1 건강, +1 근력
7	명예와 의무. 모든 사람이 여러분의 가문을 신뢰합니다.	+2 지혜, +1 건강, +1 근력, +1 매력
8	외적에 맞서 나라를 지켰습니다.	+2 근력, +2 건강, +1 지혜
9	왕위를 찬탈하려는 사악한 이에 맞서 싸웠습니다.	+2 건강, +1 근력, +1 지능, +1 지혜
10	가장 우수한 기사를 배출합니다.	+2 민첩성, +1 근력, +1 매력, 기능: 기마술
11	아름다운 정원을 가꾸고 각종 약초를 섞은 훌륭한 약물을 만들어냅니다.	+2 지능, +1 지혜, +1 건강, 기능: 약초 지식
12	이 나라에서 가장 오래된 가문으로, 자신들과 무관한 일에는 끼어들지 않습니다.	+1 근력, +1 민첩성, +1 지능, +1 지혜, +1 매력

1d8	여러분은 어릴 적 어느 점이 남달랐나요?	습득
1	때로 아이들은 싸우곤 하지요. 여러분은 절대 진 적이 없습니다.	+2 근력, +1 지혜
2	여러분이 이기지 못하는 시합은 없었습니다.	+2 민첩성, +1 지능
3	여러분은 이 근방에서 가장 튼튼한 아이였습니다.	+2 건강, +1 매력
4	여러분이 모르는 비밀은 없었습니다.	+2 지능, +1 민첩성
5	여러분은 공감을 잘 해주었기 때문에 사람들이 이런저런 이야기를 털어놓았습니다.	+2 지혜, +1 건강
6	여러분은 누구에게나 사랑받았습니다.	+2 매력, +1 근력
7	여러분은 남의 문제를 잘 해결해주었지만, 자기 사정은 털어놓지 않았습니다.	+1 근력, +1 건강, +1 매력
8	사람들은 저마다 가르칠 것이 있습니다. 여러분은 여러 사람에게 이런저런 것들을 조금씩 배웠습니다.	+1 민첩성, +1 지능, +1 지혜

1d8	여러분은 자라면서 다른 플레이어 캐릭터들과 깊은 우정을 맺었습니다. 영지 근처의 다른 사람 중에서는 누구와 친하게 지냈나요?	습득
1	대장장이와 함께 일하는 동안에는 모든 시름을 잊었습니다.	+2 근력, +1 매력
2	어부들은 여러분을 마음에 들어 해서 서로 이야기를 주고받았습니다.	+2 민첩성, +1 지혜
3	가문의 규율이 너무 답답한 나머지, 밤중에 몰래 빠져나와 어느 농부의 자식과 함께 숲을 돌아다녔습니다.	+2 건강, +1 지능
4	가문의 집사는 여러분에게 전술과 전략을 활용하는 놀이를 가르쳐 주었습니다.	+2 지능, +1 민첩성
5	요리사와 함께 시간을 보내면서 이 성에 관한 여러 가지 것을 배웠습니다.	+2 지혜, +1 근력
6	신분이 낮은 누군가와 몰래 사귀었습니다.	+2 매력, +1 건강
7	비록 귀족의 피를 타고났지만, 하인들과 함께 일을 하곤 했습니다.	+1 근력, +1 지능, +1 매력
8	노련한 경비대장이 여러분을 무척 마음에 들어 합니다.	+1 민첩성, +1 건강, +1 지혜

여러분은 사람을 다스릴 훈련을 받았습니다. 여러분은 1레벨 전사-도적이 되며, 클래스 능력으로 운명의 총애와 숙련된 솜씨, 특기, 기능: 지휘를 얻습니다. 다음 표는 여러분의 추가 기능과 클래스 능력을 더욱 명확하게 정합니다. 여러분이 배운 통치란 무엇인가요?

1d6	어렸을 적 여러분은 여러 스승에게 가르침을 받았습니다. 여러분은 누구를 가장 좋아했나요?	습득
1	부하들에게 존경을 얻는 법을 가르쳐 준 경비대장.	+2 매력, 기능: 지휘
2	글과 지식을 가르쳐 준 아버지의 늙은 필경사.	+2 지능, 기능: 고대 역사
3	검을 쓰는 법을 가르쳐 준 무기의 달인.	+2 근력, 기능: 위협
4	여러 가지 옛이야기와 노래를 가르쳐 준 젊은 음유시인.	+2 매력, 음악 기능 하나 선택.
5	오랫동안 여러분과 함께 여기저기 말을 타고 다닌 사냥꾼 우두머리.	+2 건강, 기능: 사냥
6	자기 솜씨의 비법을 가르쳐 준 아버지의 집사.	+2 지혜, 기능: 영지 관리

1d6	여러분은 의무를 무겁게 받아들입니다. 가문의 이름을 어떻게 빛낼 계획인가요?	습득
1	언제나 앞장서서 싸울 것입니다.	+3 민첩성, 특기: 속도
2	사람들이 여러분을 필요로 할 때, 어떠한 대가를 치러서라도 그들을 보호할 것입니다.	+3 매력, 특기: 저항력
3	강력한 힘으로 적을 쓰러뜨릴 것입니다.	+3 근력, 특기: 강한 일격
4	여러분이 터득한 재치를 사용해 적보다 한 수 앞서 나가면서 승리할 것입니다.	+3 지능, 특기: 속도
5	적들이 여러분의 땅을 노리지 못하도록 막을 것입니다.	+3 건강, 특기: 방어형 전투
6	통치란 싸움만 잘한다고 되는 것이 아닙니다. 여러분은 전시뿐만 아니라 평화로울 때에도 사람들을 이끌 것입니다.	+3 지혜, 특기: 방어형 전투

1d6	지난겨울, 야만족 무리가 이 땅을 약탈하러 쳐들어왔습니다. 여러분은 그들을 무찔러서 영지를 지켰습니다. 여러분은 처음으로 겪은 진정한 시험을 어떻게 치렀나요? 오른편 플레이어는 그 자리에 함께 있었습니다.	습득
1	야만족이 국경을 건너올 때, 여러분은 정예병력을 이끌고 은밀하게 이동하여 적들을 습격했습니다. 오른편 친구는 여러분에게 적들에게 갈 수 있는 가장 좋은 길을 안내했고, +1 민첩성을 얻습니다.	+2 민첩성, 기능: 은신
2	여러분은 용맹하게 싸웠지만, 결국 야만족이 이겼습니다. 많은 사람이 죽었고, 창고는 샅샅이 털렸습니다. 여러분은 무척 쓴 교훈을 배웠습니다. 오른편 친구는 전장에서 다쳤지만 떨쳐 일어났고, +1 지혜를 얻습니다.	+2 지혜, 기능: 생존술
3	여러분은 정면으로 적과 맞서서 승리를 거두었고, 백성들의 찬사를 받았습니다. 오른편 친구는 적 기병 돌격에 맞서 선열을 지키도록 도왔고, +1 근력을 얻습니다.	+2 근력, 기능: 지휘
4	여러분은 남쪽에 훨씬 풍족한 땅이 있다고 야만족을 속여서 피 한 방울 흘리지 않고 적들을 영토에서 떠나게 했습니다. 오른편 친구는 여러분과 함께 거짓말을 꾸몄고, +1 매력을 얻습니다.	+2 매력, 기능: 속임수
5	여러분은 성벽 뒤에서 사람들을 지휘해 적의 공격을 물리쳤습니다. 오른편 친구는 여러분에게 야전은 어리석은 생각이며, 전술적인 후퇴를 해야 한다고 조언해서 +1 지혜를 얻습니다.	+2 지혜, 기능: 사교
6	싸움에서 이기는 길은 여러 가지가 있습니다. 여러분은 야만족의 대장과 협상을 해서 이 땅을 떠나도록 설득했습니다. 오른편 친구는 여러분과 함께 휴전 깃발을 들고 나가서 야만족들에게 감명을 주었고, +1 매력을 얻습니다.	+2 매력, 기능: 교섭

1d6	야만족이 물러난 자리에서 여러분은 무엇을 발견했나요?	습득
1	정체를 알 수 없는 동물의 알록달록한 가죽.	+2 건강, 기이한 가죽 조각
2	반짝반짝 빛나는 은제 팔 보호대.	+2 건강, 은제 팔 보호대
3	이국의 룬을 실로 수놓은 작은 북.	+2 지혜, 마법의 북
4	기이한 액체를 담은 유리병이 든 작은 상자.	+2 지능, 감히 마셔보지 못한 액체가 든 병 네 개.
5	짐승의 이빨을 깎아서 만든 망토 고정용 브로치.	+2 근력, 브로치
6	북쪽의 몇몇 장소를 간략하게 표시한 가죽 지도.	+2 민첩성, 수상쩍은 지도

캐릭터 시트를 채우세요!

1. 캐릭터 이름과 클래스, 레벨을 적으세요.

2. 능력치를 적으세요. 각 능력치 옆에 다음 쪽에 나온 능력치 보너스를 적으세요.

3. 캐릭터의 기능과 클래스 능력, 초기 장비 및 사고 싶은 물건을 적으세요. 미래의 장군은 다음 장비를 가지고 시작합니다: 단검, 선택한 무기, 사슬 갑옷 (+4 장갑), 갑옷 위에 착용하는 가문의 옷, 매우 우렁찬 소리가 나는 뿔피리, 은화 2d6+12냥.

4. 가치관을 하나 선택하세요. 캐릭터는 질서, 혼돈, 중립 중 하나입니다. 정하지 못하겠다면 대부분 사람처럼 중립을 선택하세요.

5. 클래스에 따라 기본 공격 보너스를 받습니다. 1레벨 전사-도적은 +1입니다.

6. 행동 순서는 캐릭터 레벨+민첩성 보너스+1(전사-도적)입니다.

7. 캐릭터의 장갑 수치는 10+민첩성 수정치+캐릭터가 받는 장갑 보너스입니다.

8. 캐릭터의 행운 점수는 4점입니다.

9. 캐릭터의 HP는 8+건강 보너스입니다.

10. 다음 쪽에 나온 극복 판정 수치를 적으세요.

11. 캐릭터가 사용할 법한 무기의 수치를 '명중 보너스'와 '피해' 항목에 적으세요. 근접 무기 명중 보너스는 기본 공격 보너스+근력 보너스이며, 원거리 무기 공격 보너스는 기본 공격 보너스+민첩성 보너스입니다. 근력 보너스는 근접 무기의 피해에도 더합니다. 무기 숙련으로 받는 보너스를 잊지 마세요!

참고 사항

판정

능력치 판정: d20을 굴린 다음 주사위 결과를 관련 능력치와 비교하세요. 주사위 결과가 능력치와 같거나 낮다면 성공입니다. 주사위 결과가 능력치보다 높다면 실패입니다.

극복 판정: d20을 굴립니다. 주사위 결과가 극복 판정 수치와 같거나 높다면 성공입니다.

전투 판정: d20을 굴린 다음, 관련 공격 보너스를 더합니다. 상대의 장갑 수치와 비교하세요. 판정 결과가 상대 장갑 수치와 같거나 높다면 공격은 명중입니다. 판정 결과가 장갑 수치보다 낮다면 빗나갑니다.

클래스 능력

체력 주사위: d8
행동 순서 보너스: +1
갑옷: 미래의 장군은 아무 갑옷이나 입을 수 있습니다.

운명의 총애: 미래의 장군은 다른 사람들보다 운이 좋습니다. 캐릭터는 다른 클래스처럼 행운 점수를 3점 받는 대신, 4점 받습니다.

숙련된 솜씨: 미래의 장군은 1레벨에서 기능을 하나 더 익히며 (여러분은 플레이북을 통해 이미 얻었습니다), 이후 홀수 레벨마다 (3, 5, 7, 9레벨) 추가로 기능을 하나씩 더 익힙니다. 새로운 기능을 익히는 대신 이미 가진 기능의 실력을 올릴 수도 있습니다. 이 경우 해당 기능으로 받는 보너스는 +2 늘어납니다.

특기: 미래의 장군은 경험을 쌓으면서 몇 가지 재주를 얻어 좀 더 강해질 수 있습니다. 캐릭터가 받는 첫 번째 특기는 플레이북에 있습니다. 이후 얻을 다음 특기는 **울타리 너머, 또 다른 모험으로** p.10을 참조하세요.

행운 점수

캐릭터는 행운 점수를 다음 방식으로 사용할 수 있습니다.

친구 돕기: 보통, 캐릭터는 관련 기능이 있어야만 친구의 능력치 판정을 도울 수 있습니다. 하지만 행운 점수를 1점 쓴다면, 해당 판정에 활용할 수 있는 적합한 기능이 없더라도 친구를 도와 판정에 +2 보너스를 줄 수 있습니다.

재도전: 캐릭터는 행운 점수를 1점 써서 능력치 판정이나 극복 판정, 명중 판정처럼 플레이 중에 일어나는 실패한 판정을 다시 굴릴 수 있습니다.

죽음 속이기: 죽을 위기에 처한 캐릭터는 행운 점수를 1점 써서 HP를 0으로 안정시키고 추가 피해를 받지 않을 수 있습니다.

능력치	보너스
1	-4
2-3	-3
4-5	-2
6-8	-1
9-12	0
13-15	+1
16-17	+2
18-19	+3

레벨	경험치	기본 공격 보너스	독 극복	숨겨진 무기 극복	신체 변형 극복	주문 극복	마법 물품 극복
1	0	+1	14	17	15	17	16
2	2,000	+2	14	17	15	17	16
3	4,000	+3	13	16	14	14	15
4	8,000	+4	13	16	14	14	15
5	16,000	+5	11	14	12	12	13
6	32,000	+6	11	14	12	12	13
7	64,000	+7	10	13	11	11	12
8	120,000	+8	10	13	11	11	12
9	240,000	+9	8	11	9	9	10
10	360,000	+10	8	11	9	9	10

재능 많은 취미꾼 플레이북

여러분은 가문의 맏이도 아니고, 수많은 형제자매 중 가장 뛰어난 전사도 아니며, 그렇다고 열심히 마법의 길을 탐구하지도 않습니다. 하지만 여러분은 폭넓은 능력과 날카로운 머리, 매력적인 미소를 갖추었습니다. 심지어 감히 다루면 안 되는 영역도 어느 정도 손을 댔지요. 여러분은 여러 분야를 조금씩 섭렵한 팔방미인이며, 현재 처지에 따분함을 느낍니다.

여러분은 똑똑하고 매력적입니다. 여러분의 **지능**과 **매력**은 10에서 시작하며, 나머지 능력치는 8에서 시작합니다.

여러분은 어린 시절을 어떻게 보냈나요?

1d12	여러분의 가문은 어떻게 이름을 떨쳤나요?	습득
1	저열한 배반. 여러분의 가문은 존중받기는 하나 신뢰받지는 못합니다.	+2 지혜, +1 지능, +1 매력, 기능: 모략
2	무력. 여러분의 가문만큼 전쟁에서 승리를 거둔 이들은 아무도 없습니다.	+2 근력, +1 민첩성, +1 지혜, 기능: 지휘
3	부. 여러분 가문의 금고는 이 나라에서 돈이 가장 두둑이 넘칩니다.	+1 지능, +1 건강, +1 매력, +1 지혜, 기능: 재정
4	지식. 여러분 가문은 각종 전승과 비밀을 다룹니다.	+2 지능, +1 건강, +1 지혜, 기능: 금단의 비밀
5	곡물이나 가축을 잘 기릅니다.	+2 건강, +2 지능, 기능: 동물 교감
6	미모. 여러분 가문의 신사 숙녀는 가장 멋지고 아름답습니다.	+2 매력, +1 민첩성, +1 건강, +1 근력
7	명예와 의무. 모든 사람이 여러분의 가문을 신뢰합니다.	+2 지혜, +1 건강, +1 근력, +1 매력
8	외적에 맞서 나라를 지켰습니다.	+2 근력, +2 건강, +1 지혜
9	왕위를 찬탈하려는 사악한 이에 맞서 싸웠습니다.	+2 건강, +1 근력, +1 지능, +1 지혜
10	가장 우수한 기사를 배출합니다.	+2 민첩성, +1 근력, +1 매력, 기능: 기마술
11	아름다운 정원을 가꾸고 각종 약초를 섞은 훌륭한 약물을 만들어냅니다.	+2 지능, +1 지혜, +1 건강, 기능: 약초 지식
12	이 나라에서 가장 오래된 가문으로, 자신들과 무관한 일에는 끼어들지 않습니다.	+1 근력, +1 민첩성, +1 지능, +1 지혜, +1 매력

1d8	여러분은 어릴 적 어느 점이 남달랐나요?	습득
1	때로 아이들은 싸우곤 하지요. 여러분은 절대 진 적이 없습니다.	+2 근력, +1 지혜
2	여러분이 이기지 못하는 시합은 없었습니다.	+2 민첩성, +1 지능
3	여러분은 이 근방에서 가장 튼튼한 아이였습니다.	+2 건강, +1 매력
4	여러분이 모르는 비밀은 없었습니다.	+2 지능, +1 민첩성
5	여러분은 공감을 잘 해주었기 때문에 사람들이 이런저런 이야기를 털어놓았습니다.	+2 지혜, +1 건강
6	여러분은 누구에게나 사랑받았습니다.	+2 매력, +1 근력
7	여러분은 남의 문제를 잘 해결해주었지만, 자기 사정은 털어놓지 않았습니다.	+1 근력, +1 건강, +1 매력
8	사람들은 저마다 가르칠 것이 있습니다. 여러분은 여러 사람에게 이런저런 것들을 조금씩 배웠습니다.	+1 민첩성, +1 지능, +1 지혜

1d8	여러분은 자라면서 다른 플레이어 캐릭터들과 깊은 우정을 맺었습니다. 영지 근처의 다른 사람 중에서는 누구와 친하게 지냈나요?	습득
1	대장장이와 함께 일하는 동안에는 모든 시름을 잊었습니다.	+2 근력, +1 매력
2	어부들은 여러분을 마음에 들어 해서 서로 이야기를 주고받았습니다.	+2 민첩성, +1 지혜
3	가문의 규율이 너무 답답한 나머지, 밤중에 몰래 빠져나와 어느 농부의 자식과 함께 숲을 돌아다녔습니다.	+2 건강, +1 지능
4	가문의 집사는 여러분에게 전술과 전략을 활용하는 놀이를 가르쳐 주었습니다.	+2 지능, +1 민첩성
5	요리사와 함께 시간을 보내면서 이 성에 관한 여러 가지 것을 배웠습니다.	+2 지혜, +1 근력
6	신분이 낮은 누군가와 몰래 사귀었습니다.	+2 매력, +1 건강
7	비록 귀족의 피를 타고났지만, 하인들과 함께 일을 하곤 했습니다.	+1 근력, +1 지능, +1 매력
8	노련한 경비대장이 여러분을 무척 마음에 들어 합니다.	+1 민첩성, +1 건강, +1 지혜

여러분은 다양한 분야를 두루 섭렵했습니다. 여러분은 1레벨 도적-마법사가 되며, 클래스 능력으로 숙련된 솜씨와 주문 사용, 기능: 예의범절, 캔트립 영혼 시야를 얻습니다. 다음 표는 여러분이 어떤 기능과 마법을 더 익히는지 정합니다. 여러분은 지루할 때 무엇을 했나요?

1d6	여러분은 자기 뜻을 어떻게 밀어붙이나요?	습득
1	필요할 때는 거짓말도 해서.	+2 매력, +1 지혜, 기능: 속임수
2	가능한 한 모든 정보를 긁어보아서.	+2 지능, +1 건강, 기능: 은신
3	여러분의 재능으로 사람들을 매료시켜서.	+2 매력, +1 민첩성, 공연 기능 하나
4	귀중한 물품을 제작해서.	+2 민첩성, +1 근력, 공예 기능 하나
5	힘과 위협을 동원해서.	+2 근력, +1 건강, 기능: 위협
6	다른 또래보다 더 많은 것을 알아내서.	+2 지능, +1 지혜, 기능: 금단의 비밀

1d6	여러분이 가장 좋아하는 취미는?	습득
1	귀족들과 사냥 나서기.	+2 지혜, 기능: 사냥
2	말을 타고 영지 전역을 돌아다니기.	+2 건강, 기능: 기마술
3	방문하는 귀족들을 염탐해서 이들이 하는 일을 캐기.	+2 민첩성, 기능: 경계
4	주변에 있는 모든 벽과 폐허를 기어오르기.	+2 근력, 기능: 운동
5	도서관에서 낡은 장서를 보면서 시간 보내기.	+2 지능, 기능: 고대 역사
6	영지 주변에서 사는 농부들의 삶을 체험하기.	+2 매력, 기능: 민간전승

1d6	여러분은 인지할 수 있는 영역 너머의 힘과 접촉한 적이 있습니다. 어떻게 위기를 넘겼나요? 오른편 플레이어는 여러분이 위기를 넘기도록 도와주었습니다.	습득
1	여러분은 이 세계에 그림자를 풀어 놓았지만, 그 뒤를 추적해서 어둠 너머로 다시 봉인했습니다. 여러분은 캔트립 마법사의 빛, 의식 보호의 원을 얻습니다. 오른편 친구는 여러분과 함께 쉬지 않고 그림자를 추적해서 강력한 주문으로 추방하도록 도움을 주었고, +1 지능을 얻습니다.	+2 지능, 기능: 생존술, 캔트립과 의식 (왼쪽 항목)
2	어느 하급 영이 성 주변에서 장난을 쳤지만, 여러분은 그 정령을 굴복시켰습니다. 여러분은 캔트립 저주와 의식 투명 하인을 얻습니다. 오른편 친구는 어떻게 하면 이 투명한 영을 잘 활용할 수 있을지 여러분에게 조언을 주었고, +1 지혜를 얻습니다.	+2 지혜, 기능: 경계, 캔트립과 의식 (왼쪽 항목)
3	여러분은 어느 어둠의 괴물이 약탈자 무리를 이끌고 이 성을 공격한다는 사실을 알아차리고, 직접 맞서 싸웠습니다. 여러분은 캔트립 마법사의 빛과 의식 마법사의 갑옷을 얻습니다. 오른편 친구는 전투에서 적의 부관을 베었고, +1 근력을 얻습니다.	+2 근력, 기능: 운동, 캔트립과 의식 (인쪽 항목)
4	밤중에 자는 동안, 어느 영이 여러분에게 요정들의 재주를 가르쳐주겠다고 속삭였습니다. 여러분은 캔트립 환상 짜기와 의식 마녀의 파수꾼을 얻습니다. 오른편 친구 역시 그 목소리를 듣고 이제 어느 정도 영적 세계에 접하게 되었고, +1 매력을 얻습니다.	+2 매력, 기능: 은신, 캔트립과 의식 (왼쪽 항목)
5	강력한 요술사가 성에 방문했을 때, 여러분은 다른 사람에게는 기괴하게 보일 수 있는 여러 가지 지식을 배웠습니다. 여러분은 캔트립 소리 만들기와 의식 안개 모으기를 얻습니다. 오른편 친구는 여러분과 함께 요술사 곁에 앉아서 여러 가지 옛이야기를 들었고, +1 지능을 얻습니다.	+2 지능, 기능: 금단의 지식, 캔트립과 의식 (왼쪽 항목)
6	못된 꿍꿍이를 품은 어느 귀족이 기이한 장신구를 가지고 이 성에 방문했을 때, 여러분은 친구와 함께 그가 아끼는 장신구를 훔쳤습니다. 여러분은 캔트립 환상 짜기와 의식 마력 조사를 얻습니다. 오른편 친구는 여러분이 마법의 장신구를 훔치도록 도운 다음, 그 귀족을 성에서 쫓아내서 +1 지능을 얻습니다.	+2 지능, 기능: 소매치기, 캔트립과 의식 (왼쪽 항목)

1d6	여러분은 살아오면서 여러 가지 색다른 것을 모았습니다. 일부는 어떻게 얻었는지 기억조차 나지 않지요. 그중에서 여러분이 가장 좋아하는 것은?	습득
1	어느 매력적인 농부의 호의	+2 매력, 사랑의 징표
2	마법의 장신구.	+2 지능, 말하는 작은 새 장신구
3	아버지의 검.	+2 근력, 가문의 검
4	절대 시들지 않는 요정의 꽃.	+2 건강, 평범하게 보이는 꽃
5	혼돈에 맞서는 보호의 상징.	+2 지혜, 은제 브로치
6	아름다운 악기.	+2 매력, 작은 악기

캐릭터 시트를 채우세요!

1. 캐릭터 이름과 클래스, 레벨을 적으세요.

2. 능력치를 적으세요. 각 능력치 옆에 다음 쪽에 나온 능력치 보너스를 적으세요.

3. 캐릭터의 기능과 클래스 능력, 초기 장비 및 사고 싶은 물건을 적으세요. 재능 많은 취미꾼은 다음 장비를 가지고 시작합니다: 단검, 선택한 무기 하나, 가죽 갑옷 (+2 장갑), 물과 음식 약간, 매우 멋진 망토, 잡동사니가 가득한 주머니, 은화 2d6+12냥.

4. 가치관을 하나 선택하세요. 캐릭터는 질서, 혼돈, 중립 중 하나입니다. 정하지 못하겠다면 대부분 사람처럼 중립을 선택하세요.

5. 클래스에 따라 기본 공격 보너스를 받습니다. 1레벨 도적-마법사는 +0입니다.

6. 행동 순서는 캐릭터 레벨+민첩성 보너스+2(도적-마법사)입니다.

7. 캐릭터의 장갑 수치는 10+민첩성 수정치+캐릭터가 받는 장갑 보너스입니다.

8. 캐릭터의 행운 점수는 3점입니다.

9. 캐릭터의 HP는 8+건강 보너스입니다.

10. 다음 쪽에 나온 극복 판정 수치를 적으세요.

11. 캐릭터가 사용할 법한 무기의 수치를 '명중 보너스'와 '피해' 항목에 적으세요. 근접 무기 명중 보너스는 기본 공격 보너스+근력 보너스이며, 원거리 무기 공격 보너스는 기본 공격 보너스+민첩성 보너스입니다. 근력 보너스는 근접 무기 피해에도 더합니다.

74

참고 사항

판정

능력치 판정: d20을 굴린 다음 주사위 결과를 관련 능력치와 비교하세요. 주사위 결과가 능력치와 같거나 낮다면 성공입니다. 주사위 결과가 능력치보다 높다면 실패입니다.

극복 판정: d20을 굴립니다. 주사위 결과가 극복 판정 수치와 같거나 높다면 성공입니다.

전투 판정: d20을 굴린 다음, 관련 공격 보너스를 더합니다. 상대의 **장갑** 수치와 비교하세요. 판정 결과가 상대 **장갑** 수치와 같거나 높다면 공격은 명중합니다. 판정 결과가 **장갑** 수치보다 낮다면 빗나갑니다.

클래스 능력

체력 주사위: d8
행동 순서 보너스: +2
갑옷: 재능 많은 취미꾼은 가죽 갑옷을 입을 수 있습니다.

숙련된 솜씨: 재능 많은 취미꾼은 1레벨에서 기능을 두 개 더 익히며 (여러분은 플레이북을 통해 이미 얻었습니다), 이후 홀수 레벨마다 (3, 5, 7, 9레벨) 추가로 기능을 하나씩 더 익힙니다. 새로운 기능을 익히는 대신 이미 가진 기능의 실력을 올릴 수도 있습니다. 이 경우 해당 기능으로 받는 보너스는 +2 늘어납니다.

주문 사용: 재능 많은 취미꾼은 캔트립과 의식만 사용합니다.

행운 점수

캐릭터는 행운 점수를 다음 방식으로 사용할 수 있습니다.

친구 돕기: 보통, 캐릭터는 관련 기능이 있어야만 친구의 능력치 판정을 도울 수 있습니다. 하지만 행운 점수를 1점 쓴다면, 해당 판정에 활용할 수 있는 적합한 기능이 없더라도 친구를 도와 판정에 +2 보너스를 줄 수 있습니다.

재도전: 캐릭터는 행운 점수를 1점 써서 능력치 판정이나 극복 판정, 명중 판정처럼 플레이 중에 일어나는 실패한 판정을 다시 굴릴 수 있습니다.

죽음 속이기: 죽을 위기에 처한 캐릭터는 행운 점수를 1점 써서 HP를 0으로 안정시키고 추가 피해를 받지 않을 수 있습니다.

능력치	보너스
1	-4
2-3	-3
4-5	-2
6-8	-1
9-12	0
13-15	+1
16-17	+2
18-19	+3

레벨	경험치	기본 공격 보너스	독 극복	숨결 무기 극복	신체 변형 극복	주문 극복	마법 물품 극복
1	0	+0	13	16	13	15	14
2	2,500	+1	13	16	13	15	14
3	5,000	+1	13	16	12	15	14
4	10,000	+2	13	16	12	15	14
5	20,000	+3	12	15	11	13	12
6	40,000	+3	12	15	11	13	12
7	80,000	+4	12	15	11	13	12
8	150,000	+5	12	15	11	13	12
9	300,000	+5	11	14	9	11	10
10	450,000	+6	11	14	9	11	10

기사 없는 종자 플레이북

여러분은 어릴 적부터 전장에서 영광을 얻고 동료와 주군, 부하들을 지키도록 교육받았습니다. 기사도는 여러분 삶의 전부입니다. 하지만 종자가 된 지 얼마 지나지 않아, 여러분은 모시던 기사를 잃었습니다. 이제 여러분은 스스로 길을 떠나야 합니다. 기사의 자리에 오르려면 충실한 친구들의 도움이 필요할 것입니다.

여러분은 타고난 기사입니다. 여러분의 근력과 매력은 10에서 시작하며, 나머지 능력치는 8에서 시작합니다.

여러분은 어린 시절을 어떻게 보냈나요?

1d12	여러분의 가문은 어떻게 이름을 떨쳤나요?	습득
1	저열한 배반. 여러분의 가문은 존중받기는 하나 신뢰받지는 못합니다.	+2 지혜, +1 지능, +1 매력, 기능: 모략
2	무력. 여러분의 가문만큼 전쟁에서 승리를 거둔 이들은 아무도 없습니다.	+2 근력, +1 민첩성, +1 지혜, 기능: 지휘
3	부. 여러분 가문의 금고는 이 나라에서 돈이 가장 두둑이 넘칩니다.	+1 지능, +1 건강, +1 매력, +1 지혜, 기능: 재정
4	지식. 여러분 가문은 각종 전승과 비밀을 다룹니다.	+2 지능, +1 건강, +1 지혜, 기능: 금단의 비밀
5	곡물이나 가축을 잘 기릅니다.	+2 건강, +2 지능, 기능: 동물 교감
6	미모. 여러분 가문의 신사 숙녀는 가장 멋지고 아름답습니다.	+2 매력, +1 민첩성, +1 건강, +1 근력
7	명예와 의무. 모든 사람이 여러분의 가문을 신뢰합니다.	+2 지혜, +1 건강, +1 근력, +1 매력
8	외적에 맞서 나라를 지켰습니다.	+2 근력, +2 건강, +1 지혜
9	왕위를 찬탈하려는 사악한 이에 맞서 싸웠습니다.	+2 건강, +1 근력, +1 지능, +1 지혜
10	가장 우수한 기사를 배출합니다.	+2 민첩성, +1 근력, +1 매력, 기능: 기마술
11	아름다운 정원을 가꾸고 각종 약초를 섞은 훌륭한 약물을 만들어냅니다.	+2 지능, +1 지혜, +1 건강, 기능: 약초 지식
12	이 나라에서 가장 오래된 가문으로, 자신들과 무관한 일에는 끼어들지 않습니다.	+1 근력, +1 민첩성, +1 지능, +1 지혜, +1 매력

1d8	여러분은 어릴 적 어느 점이 남달랐나요?	습득
1	때로 아이들은 싸우곤 하지요. 여러분은 절대 진 적이 없습니다.	+2 근력, +1 지혜
2	여러분이 이기지 못하는 시합은 없었습니다.	+2 민첩성, +1 지능
3	여러분은 이 근방에서 가장 튼튼한 아이였습니다.	+2 건강, +1 매력
4	여러분이 모르는 비밀은 없었습니다.	+2 지능, +1 민첩성
5	여러분은 공감을 잘 해주었기 때문에 사람들이 이런저런 이야기를 털어놓았습니다.	+2 지혜, +1 건강
6	여러분은 누구에게나 사랑받았습니다.	+2 매력, +1 근력
7	여러분은 남의 문제를 잘 해결해주었지만, 자기 사정은 털어놓지 않았습니다.	+1 근력, +1 건강, +1 매력
8	사람들은 저마다 가르칠 것이 있습니다. 여러분은 여러 사람에게 이런저런 것들을 조금씩 배웠습니다.	+1 민첩성, +1 지능, +1 지혜

1d8	여러분은 자라면서 다른 플레이어 캐릭터들과 깊은 우정을 맺었습니다. 영지 근처의 다른 사람 중에서는 누구와 친하게 지냈나요?	습득
1	대장장이와 함께 일하는 동안에는 모든 시름을 잊었습니다.	+2 근력, +1 매력
2	어부들은 여러분을 마음에 들어 해서 서로 이야기를 주고받았습니다.	+2 민첩성, +1 지혜
3	가문의 규율이 너무 답답한 나머지, 밤중에 몰래 빠져나와 어느 농부의 자식과 함께 숲을 돌아다녔습니다.	+2 건강, +1 지능
4	가문의 집사는 여러분에게 전술과 전략을 활용하는 놀이를 가르쳐 주었습니다.	+2 지능, +1 민첩성
5	요리사와 함께 시간을 보내면서 이 성에 관한 여러 가지 것을 배웠습니다.	+2 지혜, +1 근력
6	신분이 낮은 누군가와 몰래 사귀었습니다.	+2 매력, +1 건강
7	비록 귀족의 피를 타고났지만, 하인들과 함께 일을 하곤 했습니다.	+1 근력, +1 지능, +1 매력
8	노련한 경비대장이 여러분을 무척 마음에 들어 합니다.	+1 민첩성, +1 건강, +1 지혜

여러분은 위대한 기사가 되기 위해 종자로 들어갔습니다. 여러분은 1레벨 전사가 되며, 클래스 능력으로 무기 숙련과 특기, 기능: 기마술을 얻습니다. 다음 표는 여러분의 클래스 능력을 더욱 명확하게 정합니다.
여러분과 기사는 무슨 일을 겪었나요?

1d6	여러분이 모신 기사는 어떤 사람이었나요?	습득
1	전장에서든 궁정에서든 용감하면서도 매력적인 전사. 무기 숙련 능력으로 장검을 선택합니다.	+2 매력, +1 건강, 무기 숙련 (왼쪽 항목)
2	오래전부터 이 땅의 백성들을 괴롭혀 온 위험한 떠돌이 괴수를 죽인 영웅. 무기 숙련 능력으로 장검을 선택합니다.	+2 근력, +1 지혜, 무기 숙련 (왼쪽 항목)
3	수많은 전투에 참전해서 부하들에게 오랫동안 충성을 받아온 어느 귀족 가문의 원로. 무기 숙련 능력으로 기병창을 선택합니다.	+2 지혜, +1 건강, 무기 숙련 (왼쪽 항목)
4	무예 실력으로 이름을 떨친 용맹한 전사. 무기 숙련 능력으로 장검을 선택합니다.	+2 민첩성, +1 근력, 무기 숙련 (왼쪽 항목)
5	4년 연속으로 기병창 대회에서 우승을 거둔 실력자. 무기 숙련 능력으로 기병창을 선택합니다.	+2 근력, +1 민첩성, 무기 숙련 (왼쪽 항목)
6	이 땅을 떠돌며 악을 단죄하고 정의를 구현한 방랑 기사. 무기 숙련 능력으로 장검을 선택합니다.	+2 건강, +1 지능, 무기 숙련 (왼쪽 항목)

1d6	여러분은 모시던 기사를 어떻게 잃었나요?	습득
1	기사는 네 명의 사악한 산적과 싸우다 쓰러졌습니다.	+2 건강, 기능: 기마술
2	기사와 함께 여정을 나서던 중, 어느 날 아침 눈을 떠 보니 기사가 사라졌습니다.	+2 지능, 기능: 조사
3	기사는 알 수 없는 이유로 갑작스럽게 머나먼 땅으로 불려갔습니다.	+2 지혜, 기능: 생존술
4	기사는 마상 시합에서 사고를 겪어 치명상을 입었습니다.	+2 민첩성, 기능: 기마술
5	기사는 궁정의 복잡한 정치 사정 때문에 여러분 없이 다른 나라로 떠났습니다.	+2 매력, 기능: 예의범절
6	기사는 돌아온 전설 속의 괴물과 싸우다 쓰러졌습니다.	+2 근력, 기능: 사냥

1d6	사라진 기사의 적이 이 영지로 왔습니다. 누구인가요? 오른편 플레이어는 그 자리에 함께 있었습니다.	습득
1	이 땅에서 가장 파렴치한 기사가 최근 무예 대회에서 여러분에게 백병전 대결을 신청했습니다. 그는 여러분을 쓰러뜨린 다음 죽이려 했습니다. 오른편 친구는 그를 붙잡아 최후의 일격을 날리지 못하게 막았고, +1 건강을 얻습니다.	+2 건강, 특기: 저항력
2	떠돌이 괴수가 마을에 왔습니다. 오른편 친구는 여러분을 도와 무력으로 괴물을 내쫓았고, +1 근력을 얻습니다.	+2 근력, 특기: 강한 일격
3	기사의 가장 큰 적수였던 그의 형제가 외서 여러분에게는 기사의 무기를 물려받을 자격이 없다고 시비를 걸었습니다. 비록 여러분은 상대의 기량에는 한참 못 미쳤지만 그의 공격을 버티어 냈고, 상대는 경의를 표하며 떠났습니다. 오른편 친구는 여러분을 돕기 위해 기꺼이 위험을 무릅썼고, +1 건강을 얻습니다.	+2 건강, 특기: 방어형 전투
4	기사의 장모가 와서 자기 딸은 "자유롭게 해 주겠다고" 주장했습니다. 정작 기사의 부인은 여기에 머물겠다는 의사를 밝혔음에도 불구하고 말입니다. 오른편 친구는 아주 인상적인 화술로 장모의 마음을 바꾸었고, +1 매력을 얻습니다.	+2 매력, 특기: 저항력
5	기사에게 여러 번 격퇴당한 어느 용이 보복하러 왔습니다. 오른편 친구는 여러분을 도와 기사는 이제 여기에 없다고 용을 설득했고, +1 매력을 얻습니다.	+2 매력, 특기: 속도
6	얼굴에 흉터가 난 남자가 이끄는 어느 도적 떼가 영지에 와서 기사의 이름을 불러 댔고, 여러분은 그 자리에서 도적들을 상대했습니다. 오른편 친구는 꾀를 부려 자신들이 포위당했다고 믿게 속여서 도적들을 도망치게 했고, +1 지혜를 얻습니다.	+2 지혜, 특기: 무기 숙련

1d6	여러분이 간직한 기사의 물품은?	습득
1	강하고 충성스러운 말.	+2 지혜, 말과 마구
2	이후 여정에 필요한 지도.	+2 지능, 낡은 지도
3	기사를 흠모한 어느 여성의 호의.	+2 매력, 레이스 조각
4	이전 적에게 빼앗은 전리품.	+2 건강, 외국의 보석
5	기사의 무기.	+2 근력, 우아한 무기
6	위풍당당한 망토.	+2 민첩성, 보기 좋은 망토

캐릭터 시트를 채우세요!

1. 캐릭터 이름과 클래스, 레벨을 적으세요.

2. 능력치를 적으세요. 각 능력치 옆에 다음 쪽에 나온 능력치 보너스를 적으세요.

3. 캐릭터의 기능과 클래스 능력, 초기 장비 및 사고 싶은 물건을 적으세요. 기사 없는 종자는 다음 장비를 가지고 시작합니다: 단검, 사슬 갑옷 (+4 장갑), 선호하는 무기, 갑옷 위에 착용하는 가문의 옷, 모시던 기사의 방패 (+1 장갑), 은화 2d6+12냥

4. 가치관을 하나 선택하세요. 캐릭터는 질서, 혼돈, 중립 중 하나입니다. 정하지 못하겠다면 대부분 사람처럼 중립을 선택하세요.

5. 클래스에 따라 기본 공격 보너스를 받습니다. 1레벨 전사는 +1입니다.

6. 행동 순서는 캐릭터 레벨+민첩성 보너스+1(전사) 입니다.

7. 캐릭터의 장갑 수치는 10+민첩성 수정치+캐릭터가 받는 장갑 보너스입니다.

8. 캐릭터의 행운 점수는 3점입니다.

9. 캐릭터의 HP는 10+건강 보너스입니다.

10. 다음 쪽에 나온 극복 판정 수치를 적으세요.

11. 캐릭터가 사용할 법한 무기의 수치를 '명중 보너스'와 '피해' 항목에 적으세요. 근접 무기 명중 보너스는 기본 공격 보너스+근력 보너스이며, 원거리 무기 공격 보너스는 기본 공격 보너스+민첩성 보너스입니다. 근력 보너스는 근접 무기의 피해에도 더합니다. 무기 숙련으로 받는 보너스를 잊지 마세요!

참고 사항

판정

능력치 판정: d20을 굴린 다음 주사위 결과를 관련 능력치와 비교하세요. 주사위 결과가 능력치와 같거나 낮다면 성공입니다. 주사위 결과가 능력치보다 높다면 실패입니다.

극복 판정: d20을 굴립니다. 주사위 결과가 극복 판정 수치와 같거나 높다면 성공입니다.

전투 판정: d20을 굴린 다음, 관련 공격 보너스를 더합니다. 상대의 **장갑** 수치와 비교하세요. 판정 결과가 상대 **장갑** 수치와 같거나 높다면 공격은 명중합니다. 판정 결과가 **장갑** 수치보다 낮다면 빗나갑니다.

클래스 능력

체력 주사위: d10
행동 순서 보너스: +1
갑옷: 전사는 아무 갑옷이나 입을 수 있습니다.

무기 숙련: 모든 전사는 특별하게 잘 다루는 선호 무기가 있습니다. 캐릭터가 잘 다루는 무기는 플레이북에 있습니다. 캐릭터는 선택한 무기를 들고 싸울 때 명중에 +1 보너스, 피해에 +2 보너스를 받습니다.

특기: 전사는 경험을 쌓으면서 몇 가지 재주를 얻어 좀 더 강해질 수 있습니다. 캐릭터가 받는 첫 번째 특기는 플레이북에 있습니다. 이후 얻을 다음 특기는 **울타리 너머, 또 다른 모험으로** p.10을 참조하세요.

행운 점수

캐릭터는 행운 점수를 다음 방식으로 사용할 수 있습니다.

친구 돕기: 보통, 캐릭터는 관련 기능이 있어야만 친구의 능력치 판정을 도울 수 있습니다. 하지만 행운 점수를 1점 쓴다면, 해당 판정에 활용할 수 있는 적합한 기능이 없더라도 친구를 도와 판정에 +2 보너스를 줄 수 있습니다.

재도전: 캐릭터는 행운 점수를 1점 써서 능력치 판정이나 극복 판정, 명중 판정처럼 플레이 중에 일어나는 실패한 판정을 다시 굴릴 수 있습니다.

죽음 속이기: 죽을 위기에 처한 캐릭터는 행운 점수를 1점 써서 HP를 0으로 안정시키고 추가 피해를 받지 않을 수 있습니다.

능력치	보너스
1	-4
2-3	-3
4-5	-2
6-8	-1
9-12	0
13-15	+1
16-17	+2
18-19	+3

레벨	경험치	기본 공격 보너스	독 극복	숨결 무기 극복	신체 변형 극복	주문 극복	마법 물품 극복
1	0	+1	14	17	15	17	16
2	2,000	+2	14	17	15	17	16
3	4,000	+3	13	16	14	14	15
4	8,000	+4	13	16	14	14	15
5	16,000	+5	11	14	12	12	13
6	32,000	+6	11	14	12	12	13
7	64,000	+7	10	13	11	11	12
8	120,000	+8	10	13	11	11	12
9	240,000	+9	8	11	9	9	10
10	360,000	+10	8	11	9	9	10

귀족의 말괄량이 딸 플레이북

주변 사람들의 기대와는 달리 여러분은 결코 정숙하지도, 얌전하지도 않았습니다. 여러분은 영웅들과 거대한 전투, 그리고 위대한 업적을 칭송하는 이야기를 들으면서 자랐습니다. 여러분은 몰래 싸우는 법을 익혔고, 이제는 성안의 어느 사내보다도 더 강합니다.

여러분은 날래고 튼튼합니다. 여러분의 민첩성과 건강은 10에서 시작하며, 나머지 능력치는 8에서 시작합니다.

여러분은 어린 시절을 어떻게 보냈나요?

1d12	여러분의 가문은 어떻게 이름을 떨쳤나요?	습득
1	저열한 배반. 여러분의 가문은 존중받기는 하나 신뢰받지는 못합니다.	+2 지혜, +1 지능, +1 매력, 기능: 모략
2	무력. 여러분의 가문만큼 전쟁에서 승리를 거둔 이들은 아무도 없습니다.	+2 근력, +1 민첩성, +1 지혜, 기능: 지휘
3	부. 여러분 가문의 금고는 이 나라에서 돈이 가장 두둑이 넘칩니다.	+1 지능, +1 건강, +1 매력, +1 지혜, 기능: 재정
4	지식. 여러분 가문은 각종 전승과 비밀을 다룹니다.	+2 지능, +1 건강, +1 지혜, 기능: 금단의 비밀
5	곡물이나 가축을 잘 기릅니다.	+2 건강, +2 지능, 기능: 동물 교감
6	미모. 여러분 가문의 신사 숙녀는 가장 멋지고 아름답습니다.	+2 매력, +1 민첩성, +1 건강, +1 근력
7	명예와 의무. 모든 사람이 여러분의 가문을 신뢰합니다.	+2 지혜, +1 건강, +1 근력, +1 매력
8	외적에 맞서 나라를 지켰습니다.	+2 근력, +2 건강, +1 지혜
9	왕위를 찬탈하려는 사악한 이에 맞서 싸웠습니다.	+2 건강, +1 근력, +1 지능, +1 지혜
10	가장 우수한 기사를 배출합니다.	+2 민첩성, +1 근력, +1 매력, 기능: 기마술
11	아름다운 정원을 가꾸고 각종 약초를 섞은 훌륭한 약물을 만들어냅니다.	+2 지혜, +1 지혜, +1 건강, 기능: 약초 지식
12	이 나라에서 가장 오래된 가문으로, 자신들과 무관한 일에는 끼어들지 않습니다.	+1 근력, +1 민첩성, +1 지능, +1 지혜, +1 매력

1d8	여러분은 어릴 적 어느 점이 남달랐나요?	습득
1	때로 아이들은 싸우곤 하지요. 여러분은 절대 진 적이 없습니다.	+2 근력, +1 지혜
2	여러분이 이기지 못하는 시합은 없었습니다.	+2 민첩성, +1 지능
3	여러분은 이 근방에서 가장 튼튼한 아이였습니다.	+2 건강, +1 매력
4	여러분이 모르는 비밀은 없었습니다.	+2 지능, +1 민첩성
5	여러분은 공감을 잘 해주었기 때문에 사람들이 이런저런 이야기를 털어놓았습니다.	+2 지혜, +1 건강
6	여러분은 누구에게나 사랑받았습니다.	+2 매력, +1 근력
7	여러분은 남의 문제를 잘 해결해주었지만, 자기 사정은 털어놓지 않았습니다.	+1 근력, +1 건강, +1 매력
8	사람들은 저마다 가르칠 것이 있습니다. 여러분은 여러 사람에게 이런저런 것들 딸 조금씩 배웠습니다.	+1 민첩성, +1 지능, +1 지혜

1d8	여러분은 자라면서 다른 플레이어 캐릭터들과 깊은 우정을 맺었습니다. 영지 근처의 다른 사람 중에서는 누구와 친하게 지냈나요?	습득
1	대장장이와 함께 일하는 동안에는 모든 시름을 잊었습니다.	+2 근력, +1 매력
2	어부들은 여러분을 마음에 들어 해서 서로 이야기를 주고받았습니다.	+2 민첩성, +1 지혜
3	가문의 규율이 너무 답답한 나머지, 밤중에 몰래 빠져나와 어느 농부의 자식과 함께 숲을 돌아다녔습니다.	+2 건강, +1 지능
4	가문의 집사는 여러분에게 전술과 전략을 활용하는 놀이를 가르쳐 주었습니다.	+2 지능, +1 민첩성
5	요리사와 함께 시간을 보내면서 이 성에 관한 여러 가지 것을 배웠습니다.	+2 지혜, +1 근력
6	신분이 낮은 누군가와 몰래 사귀었습니다.	+2 매력, +1 건강
7	비록 귀족의 피를 타고났지만, 하인들과 함께 일을 하곤 했습니다.	+1 근력, +1 지능, +1 매력
8	노련한 경비대장이 여러분을 무척 마음에 들어 합니다.	+1 민첩성, +1 건강, +1 지혜

여러분은 궁정 교육뿐만 아니라 싸우는 법도 배웠습니다. 여러분은 1레벨 전사가 되며, 클래스 능력으로 무기 숙련과 특기, 기능: 예의범절을 얻습니다. 다음 표는 여러분의 클래스 능력을 더욱 명확하게 정합니다.
여러분은 어떻게 뛰어난 전사가 되었나요?

1d6	누가 싸우는 법을 가르쳤나요?	습득
1	여러분 부모에게 빚을 진 땅 없는 기사. 무기 숙련 능력으로 기병창을 선택합니다.	+2 건강, 무기 숙련 (왼쪽 항목)
2	여러분 부모를 모시는 늙은 용병. 무기 숙련 능력으로 장검을 선택합니다.	+2 민첩성, 무기 숙련 (왼쪽 항목)
3	언제나 아들을 원했던 여러분의 아버지. 무기 숙련 능력으로 대형검을 선택합니다.	+2 근력, 무기 숙련 (왼쪽 항목)
4	여러분을 놀리곤 하던 걸걸한 부사관. 무기 숙련 능력으로 전투 도끼를 선택합니다.	+2 근력, 무기 숙련 (왼쪽 항목)
5	잘생긴 젊은 사냥꾼. 무기 숙련 능력으로 활을 선택합니다.	+2 민첩성, 무기 숙련 (왼쪽 항목)
6	여러분은 병사들의 훈련을 지켜보면서 스스로 터득했습니다. 무기 숙련 능력으로 소검을 선택합니다.	+2 지능, 무기 숙련 (왼쪽 항목)

1d6	여러분은 어떻게 해서 결국 사람들의 존경을 얻었나요?	습득
1	숲속에서 다친 사냥꾼을 구했습니다.	+3 민첩성, 기능: 사냥
2	전설 속 괴수가 인근 마을을 공격했고, 여러분은 다른 이들과 함께 괴수를 퇴치했습니다.	+3 근력, 기능: 경계
3	산적들로부터 마을을 구하고 경계경보를 울렸습니다.	+3 건강, 기능: 치료
4	적수 가문의 군대가 성을 포위했을 때, 여러분은 적군 몰래 성을 빠져나와 지원군을 이끌고 와 포위를 풀었습니다.	+3 민첩성, 기능: 은신
5	아버지의 군사 회의에서 여러분은 적을 무찌를 수 있는 완벽한 작전을 고안해내서 사람들을 깜짝 놀라게 했습니다.	+3 지능, 기능: 지휘
6	아직은 얻지 못했습니다. 아직은...	+3 매력, 기능: 정치

1d6	여러분은 아버지가 주최한 무예 시합에 몰래 나갔습니다. 무슨 일이 벌어졌나요? 오른편 플레이어는 그 자리에 함께 있었습니다.	습득
1	여러분은 상을 받은 다음 정체를 밝혔고, 상품은 거절했습니다. 오른편 친구는 여러분이 변장해서 시합에 몰래 나가도록 도왔고, +1 지혜를 얻습니다.	+2 지혜, 특기: 저항력
2	여러분은 첫 경기에서 패배했지만, 이 패배에서 큰 교훈을 얻었습니다. 오른편 친구는 다친 여러분을 돌보았고, +1 지능을 얻습니다.	+2 지능, 특기: 방어형 전투
3	미니민 땅에서 온 훌륭한 검시기 여러분을 손쉽게 무찔렀습니다. 오른편 친구는 시합이 끝난 다음 검사를 설득해서 여러분과 함께 검사에게서 한두 가지 비법을 배웠고, +1 민첩성을 얻습니다.	+2 민첩성, 특기: 무기 숙련
4	여러분은 실수로 첫 번째 적을 죽인 다음 기권했습니다. 오른편 친구는 여러분이 다시는 그런 실수를 저지르지 않도록 훈련을 도와주었고, +1 근력을 얻습니다.	+2 근력, 특기: 강한 일격
5	여러분은 정체를 드러낸 후 관중들의 갈채를 받았습니다. 오른편 친구는 관중들의 호응을 이끌었고, +1 매력을 얻습니다.	+2 매력, 특기: 속도
6	여러분은 시합의 절반 정도를 소화했지만, 팔이 부러지고 말았습니다. 오른편 친구는 여러분이 시합장을 빠져나와 몸을 회복하도록 도왔고, +1 건강을 얻습니다.	+2 건강, 특기: 저항력

1d6	어느날 밤, 여러분은 평소보다 훨씬 더 성안으로 깊숙하게 들어가서 오래전에 버려진 던전과 땅굴, 그리고 창고를 발견했습니다. 그곳에서 무엇을 찾았나요?	습득
1	오래전에 잊힌 고대의 전리품.	+2 지능, 용의 이빨
2	이전에 결코 보지 못한 아주 근사한 무기.	+2 근력, 아름다운 무기
3	서까래 위에 숨겨둔 상자 안에서 나온, 북쪽 땅에 있는 보물을 가리키는 기묘한 지도.	+2 민첩성, 낡아빠진 보물 지도
4	겉옷 아래 감출 수 있을 정도로 얇지만, 등에 작은 구멍이 나 있는 사슬 갑옷 상의.	+2 근력, `얇고 쉽게 감출 수 있는 사슬 갑옷.
5	어둠 속에서도 반짝반짝 빛나는 아름다운 보석.	+2 매력, 귀중한 반지
6	낡았지만, 여전히 색이 바래지 않은 여러분 가문의 옛 군기.	+2 건강, 고대의 군기

캐릭터 시트를 채우세요!

1. 캐릭터 이름과 클래스, 레벨을 적으세요.

2. 능력치를 적으세요. 각 능력치 옆에 다음 쪽에 나온 능력치 보너스를 적으세요.

3. 캐릭터의 기능과 클래스 능력, 초기 장비 및 사고 싶은 물건을 적으세요. 귀족의 말괄량이 딸은 다음 장비를 가지고 시작합니다: 단검, 숨겨둔 여벌 옷, 사슬 갑옷 (+4 장갑), 갑옷 위에 착용하는 가문의 옷, 선호하는 무기, 근사한 장화, 은화 2d6+12냥

4. 가치관을 하나 선택하세요. 캐릭터는 질서, 혼돈, 중립 중 하나입니다. 정하지 못하겠다면 대부분 사람처럼 중립을 선택하세요.

5. 클래스에 따라 기본 공격 보너스를 받습니다. 1레벨 전사는 +1입니다.

6. 행동 순서는 캐릭터 레벨+민첩성 보너스+1(전사) 입니다.

7. 캐릭터의 장갑 수치는 10+민첩성 수정치+캐릭터가 받는 장갑 보너스입니다.

8. 캐릭터의 행운 점수는 3점입니다.

9. 캐릭터의 HP는 10+건강 보너스입니다.

10. 다음 쪽에 나온 극복 판정 수치를 적으세요.

11. 캐릭터가 사용할 법한 무기의 수치를 '명중 보너스'와 '피해' 항목에 적으세요. 근접 무기 명중 보너스는 기본 공격 보너스+근력 보너스이며, 원거리 무기 공격 보너스는 기본 공격 보너스+민첩성 보너스입니다. 근력 보너스는 근접 무기의 피해에도 더합니다. 무기 숙련으로 받는 보너스를 잊지 마세요!

참고 사항

판정

능력치 판정: d20을 굴린 다음 주사위 결과를 관련 능력치와 비교하세요. 주사위 결과가 능력치와 같거나 낮다면 성공입니다. 주사위 결과가 능력치보다 높다면 실패입니다.

극복 판정: d20을 굴립니다. 주사위 결과가 극복 판정 수치와 같거나 높다면 성공입니다.

전투 판정: d20을 굴린 다음, 관련 공격 보너스를 더합니다. 상대의 **장갑** 수치와 비교하세요. 판정 결과가 상대 **장갑** 수치와 같거나 높다면 공격은 명중합니다. 판정 결과가 **장갑** 수치보다 낮다면 빗나갑니다.

클래스 능력

체력 주사위: d10
행동 순서 보너스: +1
갑옷: 귀족의 말괄량이 딸은 아무 갑옷이나 입을 수 있습니다.

무기 숙련: 귀족의 말괄량이 딸은 특별하게 잘 다루는 선호 무기가 있습니다. 캐릭터가 잘 다루는 무기는 플레이북에 있습니다. 캐릭터는 선택한 무기를 들고 싸울 때 명중에 +1 보너스, 피해에 +2 보너스를 받습니다.

특기: 귀족의 말괄량이 딸은 경험을 쌓으면서 몇 가지 재주를 얻어 좀 더 강해질 수 있습니다. 캐릭터가 받는 첫 번째 특기는 플레이북에 있습니다. 이후 얻을 다음 특기는 **울타리 너머, 또 다른 모험으로** p.10을 참조하세요.

행운 점수

캐릭터는 행운 점수를 다음 방식으로 사용할 수 있습니다.

친구 돕기: 보통, 캐릭터는 관련 기능이 있어야만 친구의 능력치 판정을 도울 수 있습니다. 하지만 행운 점수를 1점 쓴다면, 해당 판정에 활용할 수 있는 적합한 기능이 없더라도 친구를 도와 판정에 +2 보너스를 줄 수 있습니다.

재도전: 캐릭터는 행운 점수를 1점 써서 능력치 판정이나 극복 판정, 명중 판정처럼 플레이 중에 일어나는 실패한 판정을 다시 굴릴 수 있습니다.

죽음 속이기: 죽을 위기에 처한 캐릭터는 행운 점수를 1점 써서 HP를 0으로 안정시키고 추가 피해를 받지 않을 수 있습니다.

능력치	보너스
1	-4
2-3	-3
4-5	-2
6-8	-1
9-12	0
13-15	+1
16-17	+2
18-19	+3

레벨	경험치	기본 공격 보너스	독 극복	숨결 무기 극복	신체 변형 극복	주문 극복	마법 물품 극복
1	0	+1	14	17	15	17	16
2	2,000	+2	14	17	15	17	16
3	4,000	+3	13	16	14	14	15
4	8,000	+4	13	16	14	14	15
5	16,000	+5	11	14	12	12	13
6	32,000	+6	11	14	12	12	13
7	64,000	+7	10	13	11	11	12
8	120,000	+8	10	13	11	11	12
9	240,000	+9	8	11	9	9	10
10	360,000	+10	8	11	9	9	10

수련 성전 기사 플레이북

여러분은 독실한 기사들이 모인 기사단에 입단을 허가받은 후, 약자들을 보호하며 어둠과 맞서 싸우기로 맹세했습니다. 신은 여러분의 칼날에 축복을 내리고, 전투에서 용기를 부여합니다. 비록 여러분은 성전 기사의 직위를 얻었지만 아직은 수련 기사입니다. 이제 다른 기사들에게 여러분의 가치를 증명해야 합니다.

여러분은 용감하고 경건합니다. 여러분의 근력과 지혜는 10에서 시작하며, 나머지 능력치는 8에서 시작합니다.

여러분은 어린 시절을 어떻게 보냈나요?

1d12	여러분의 가문은 어떻게 이름을 떨쳤나요?	습득
1	저열한 배반. 여러분의 가문은 존중받기는 하나 신뢰받지는 못합니다.	+2 지혜, +1 지능, +1 매력, 기능: 모략
2	무력. 여러분의 가문만큼 전쟁에서 승리를 거둔 이들은 아무도 없습니다.	+2 근력, +1 민첩성, +1 지혜, 기능: 지휘
3	부. 여러분 가문의 금고는 이 나라에서 돈이 가장 두둑이 넘칩니다.	+1 지능, +1 건강, +1 매력, +1 지혜, 기능: 재정
4	지식. 여러분 가문은 각종 전승과 비밀을 다룹니다.	+2 지능, +1 건강, +1 지혜, 기능: 금단의 비밀
5	곡물이나 가축을 잘 기릅니다.	+2 건강, +2 지능, 기능: 동물 교감
6	미모. 여러분 가문의 신사 숙녀는 가장 멋지고 아름답습니다.	+2 매력, +1 민첩성, +1 건강, +1 근력
7	명예와 의무. 모든 사람이 여러분의 가문을 신뢰합니다.	+2 지혜, +1 건강, +1 근력, +1 매력
8	외적에 맞서 나라를 지켰습니다.	+2 근력, +2 건강, +1 지혜
9	왕위를 찬탈하려는 사악한 이에 맞서 싸웠습니다.	+2 건강, +1 근력, +1 지능, +1 지혜
10	가장 우수한 기사를 배출합니다.	+2 민첩성, +1 근력, +1 매력, 기능: 기마술
11	아름다운 정원을 가꾸고 각종 약초를 섞은 훌륭한 약물을 만들어냅니다.	+2 지능, +1 지혜, +1 건강, 기능: 약초 지식
12	이 나라에서 가장 오래된 가문으로, 자신들과 무관한 일에는 끼어들지 않습니다.	+1 근력, +1 민첩성, +1 지능, +1 지혜, +1 매력

1d8	여러분은 어릴 적 어느 점이 남달랐나요?	습득
1	때로 아이들은 싸우곤 하지요. 여러분은 절대 진 적이 없습니다.	+2 근력, +1 지혜
2	여러분이 이기지 못하는 시합은 없었습니다.	+2 민첩성, +1 지능
3	여러분은 이 근방에서 가장 튼튼한 아이였습니다.	+2 건강, +1 매력
4	여러분이 모르는 비밀은 없었습니다.	+2 지능, +1 민첩성
5	여러분은 공감을 잘 해주었기 때문에 사람들이 이런저런 이야기를 털어놓았습니다.	+2 지혜, +1 건강
6	여러분은 누구에게나 사랑받았습니다.	+2 매력, +1 근력
7	여러분은 남의 문제를 잘 해결해주었지만, 자기 사정은 털어놓지 않았습니다.	+1 근력, +1 건강, +1 매력
8	사람들은 저마다 가르칠 것이 있습니다. 여러분은 여러 사람에게 이런저런 것들을 조금씩 배웠습니다.	+1 민첩성, +1 지능, +1 지혜

1d8	여러분은 자라면서 다른 플레이어 캐릭터들과 깊은 우정을 맺었습니다. 영지 근처의 다른 사람 중에서는 누구와 친하게 지냈나요?	습득
1	대장장이와 함께 일하는 동안에는 모든 시름을 잊었습니다.	+2 근력, +1 매력
2	어부들은 여러분을 마음에 들어 해서 서로 이야기를 주고받았습니다.	+2 민첩성, +1 지혜
3	가문의 규율이 너무 답답한 나머지, 밤중에 몰래 빠져나와 어느 농부의 자식과 함께 숲을 돌아다녔습니다.	+2 건강, +1 지능
4	가문의 집사는 여러분에게 전술과 전략을 활용하는 놀이를 가르쳐 주었습니다.	+2 지능, +1 민첩성
5	요리사와 함께 시간을 보내면서 이 성에 관한 여러 가지 것을 배웠습니다.	+2 지혜, +1 근력
6	신분이 낮은 누군가와 몰래 사귀었습니다.	+2 매력, +1 건강
7	비록 귀족의 피를 타고났지만, 하인들과 함께 일을 하곤 했습니다.	+1 근력, +1 지능, +1 매력
8	노련한 경비대장이 여러분을 무척 마음에 들어 합니다.	+1 민첩성, +1 건강, +1 지혜

여러분은 성스러운 기사가 되는 길을 걷기 시작했습니다. 여러분은 1레벨 전사-마법사가 되며, 클래스 능력으로 무기 숙련과 주문 사용, 기능: 종교 지식을 얻습니다. 다음 표는 여러분의 추가 주문과 자세한 클래스 능력을 정합니다. 기사단에 가입했을 때 무슨 일을 겪었나요?

1d6	기사단에서 누가 여러분의 스승 역할을 했나요?	습득
1	수많은 전투에 말을 타고 뛰어든 용맹한 기사. 무기 숙련 능력으로 기병창을 선택합니다.	+2 건강, 무기 숙련 (왼쪽 항목)
2	이 땅을 떠돌며 어둠의 세력과 싸운 뛰어난 검사. 무기 숙련 능력으로 장검을 선택합니다.	+2 민첩성, 무기 숙련 (왼쪽 항목)
3	모든 전사가 존경하는 기사단의 원로. 무기 숙련 능력으로 대형검을 선택합니다.	+2 민첩성, 무기 숙련 (왼쪽 항목)
4	언제나 기사단의 전투 한가운데에서 아군을 지탱한 거구의 기사. 무기 숙련 능력으로 전투 도끼를 선택합니다.	+2 근력, 무기 숙련 (왼쪽 항목)
5	기사단 내 누구보다도 많은 임무를 완료한 귀감이 되는 기사. 무기 숙련 능력으로 장검을 선택합니다.	+2 근력, 무기 숙련 (왼쪽 항목)
6	징징대는 소리 따위는 들어주지 않는 걸걸한 노전사. 무기 숙련 능력으로 철퇴를 선택합니다.	+2 건강, 무기 숙련 (왼쪽 항목)

1d6	기사단에서 여러분은 무슨 역할을 맡았나요?	습득
1	치유의 기술을 익혀서 필요한 사람이라면 누구든지 도우려 합니다. 여러분은 주술 치유의 손길을 배웁니다.	+2 지혜, +1 민첩성, 기능: 치료, 주문 (왼쪽 항목)
2	어떠한 적도 지나가지 못하도록 보초 임무를 수행합니다. 여러분은 주술 문 잠그기를 배웁니다.	+2 건강, +1 근력, 기능: 경계, 주문 (왼쪽 항목)
3	여러분은 기사단의 신조를 연구하고 여러 옛 지식을 습득했습니다. 여러분은 주술 평화의 성역을 배웁니다.	+2 지능, +1 건강, 기능: 고대 역사, 주문 (왼쪽 항목)
4	여러분은 기사단의 내부 업무를 익혔고, 언젠가 그 안에서 지도자가 되기를 꿈꿉니다. 여러분은 주술 격려를 배웁니다.	+2 매력, +1 지혜, 기능: 정치, 주문 (왼쪽 항목)
5	여러분은 어둠의 세력을 연구하여 이제 그들과 맞서 싸울 준비가 되었습니다. 여러분은 주술 용기의 말을 배웁니다.	+2 건강, +1 지능, 기능: 금단의 지식, 주문 (왼쪽 항목)
6	여러분은 뛰어난 전사가 되기 위한 수련을 쌓아서 기사단을 지키는 용사가 되려고 합니다. 여러분은 주술 치유의 손길을 배웁니다.	+2 근력, +1 민첩성, 기능: 운동, 주문 (왼쪽 항목)

1d6	기사단은 여러분에게 마지막 시험을 내리면서, 동료 한 명을 뽑아 데려가도록 허락했습니다. 무슨 일을 겪었나요? 오른편 플레이어는 그 자리에 함께 있었습니다.	습득
1	숲속에서 위험한 괴수가 여러분을 공격했지만, 신이 지켜주었습니다. 오른편 친구는 괴수의 주의를 분산시켜 여러분이 쓰러뜨리도록 도왔고, +1 건강을 얻습니다.	+2 건강, 주술: 신비한 방패
2	세 명의 경비병과 동시에 맞서 아무 피해를 주지 않고 제압해야 했습니다. 신은 천상에서 빛을 내려 주었습니다. 오른편 친구는 적들이 멍하니 있는 동안 무장을 해제했고, +1 지혜를 얻습니다.	+2 지혜, 주술: 눈부신 섬광
3	검은 갑옷을 입은 요정 기사가 여러분의 마지막 시련이었습니다. 여러분은 신의 도움으로 적을 쓰러뜨렸습니다. 오른편 친구는 기사가 여러분에게 돌진할 때 말에서 상대를 떨어뜨렸고, +1 근력을 얻습니다	+2 근력, 주술: 진실한 일격
4	혼돈을 섬기는 고대의 사원에 파견되어 악의 기운을 내뿜는 흑요석 악마상을 파괴했습니다. 오른편 친구는 여러분을 도와 악마상을 넘어뜨렸고, +1 근력을 얻습니다.	+2 근력, 주술: 신비한 방패
5	근처 소국의 왕에게 가서 성전 기사들이 영토를 통과할 수 있도록 허락을 받는 임무를 받았습니다. 오른편 친구는 연회에서 왕을 매료시켜서 마음을 녹였고, +1 매력을 얻습니다.	+2 매력, 주술: 명령의 말
6	숲속에 있는 위험한 도적 떼를 해치우는 임무를 맡았습니다. 오른편 친구는 여러분이 두목을 쓰러뜨리는 동안 가장 커다란 부하와 맞서 싸웠고, +1 근력을 얻습니다.	+2 근력, 주술: 진실한 일격

1d6	기사단에 가입을 허가받았을 때, 교관이 여러분에게 준 특별한 징표는 무엇인가요?	습득
1	신의 말씀을 되새길 수 있는 기록.	+2 지능, 종교적 내용을 담은 두루마리.
2	성당 기사의 상징을 새긴 비단 망토.	+2 매력, 아름다운 망토
3	교관이 즐겨 쓰는 무기.	+2 매력, 매우 훌륭한 무기
4	기사단 창시자의 상징.	+2 지혜, 기이한 반지
5	언제나 숨길 수 있는 작지만 특별한 무기.	+2 근력, 번들거리는 단검
6	여러분이 부르면 달려오는 튼튼한 말.	+2 지혜, 여러분의 말

캐릭터 시트를 채우세요!

1. 캐릭터 이름과 클래스, 레벨을 적으세요.

2. 능력치를 적으세요. 각 능력치 옆에 다음 쪽에 나온 능력치 보너스를 적으세요.

3. 캐릭터의 기능과 클래스 능력, 초기 장비 및 사고 싶은 물건을 적으세요. 수련 성전 기사는 다음 장비를 가지고 시작합니다: 단검, 선호하는 무기, 사슬 갑옷 (+4 장갑), 성전 기사의 상징이 그려진 방패 (+1 장갑), 일주일 치 물과 식량. 돈은 없습니다!

4. 가치관을 하나 선택하세요. 캐릭터는 질서, 혼돈, 중립 중 하나입니다. 정하지 못하겠다면, 성전 기사답게 질서일 것입니다.

5. 클래스에 따라 기본 공격 보너스를 받습니다. 1레벨 전사-마법사는 +1입니다.

6. 행동 순서는 캐릭터 레벨+민첩성 보너스+1(전사-마법사)입니다.

7. 캐릭터의 장갑 수치는 10+민첩성 수정치+캐릭터가 받는 장갑 보너스입니다.

8. 캐릭터의 행운 점수는 3점입니다.

9. 캐릭터의 HP는 10+건강 보너스입니다.

10. 다음 쪽에 나온 극복 판정 수치를 적으세요.

11. 캐릭터가 사용할 법한 무기의 수치를 '명중 보너스'와 '피해' 항목에 적으세요. 근접 무기 명중 보너스는 기본 공격 보너스+근력 보너스이며, 원거리 무기 공격 보너스는 기본 공격 보너스+민첩성 보너스입니다. 근력 보너스는 근접 무기의 피해에도 더합니다. 무기 숙련으로 받는 보너스를 잊지 마세요!

참고 사항

판정

능력치 판정: d20을 굴린 다음 주사위 결과를 관련 능력치와 비교하세요. 주사위 결과가 능력치와 같거나 낮다면 성공입니다. 주사위 결과가 능력치보다 높다면 실패입니다.

극복 판정: d20을 굴립니다. 주사위 결과가 극복 판정 수치와 같거나 높다면 성공입니다.

전투 판정: d20을 굴린 다음, 관련 공격 보너스를 더합니다. 상대의 **장갑** 수치와 비교하세요. 판정 결과가 상대 **장갑** 수치와 같거나 높다면 공격은 명중합니다. 판정 결과가 **장갑** 수치보다 낮다면 빗나갑니다.

클래스 능력

체력 주사위: d10
행동 순서 보너스: +1
갑옷: 수련 성전 기사는 아무 갑옷이나 입을 수 있습니다.

무기 숙련: 수련 성전 기사는 특별하게 잘 다루는 선호 무기가 있습니다. 캐릭터가 잘 다루는 무기는 플레이북에 있습니다. 캐릭터는 선택한 무기를 들고 싸울 때 명중에 +1 보너스, 피해에 +2 보너스를 받습니다.

주문 사용: 수련 성전 기사는 주술만 사용할 수 있습니다. 하지만 마법사와는 달리 공부 대신 신의 은총으로 주문을 받습니다. 그러므로 캐릭터는 일반적인 방식으로 주문을 배울 수 없습니다. 캐릭터는 레벨이 오를 때마다 주문을 오직 하나씩만 얻으며, 신을 위해 커다란 봉사를 한다면 포상으로 다른 주문을 얻을 수 있을지도 모릅니다. 마스터와 테이블 참가자들은 정말로 적절하다고 생각될 때만 캐릭터가 추가로 주문을 얻게 하세요.

행운 점수

캐릭터는 행운 점수를 다음 방식으로 사용할 수 있습니다.

친구 돕기: 보통, 캐릭터는 관련 기능이 있어야만 친구의 능력치 판정을 도울 수 있습니다. 하지만 행운 점수를 1점 쓴다면, 해당 판정에 활용할 수 있는 적합한 기능이 없더라도 친구를 도와 판정에 +2 보너스를 줄 수 있습니다.

재도전: 캐릭터는 행운 점수를 1점 써서 능력치 판정이나 극복 판정, 명중 판정처럼 플레이 중에 일어나는 실패한 판정을 다시 굴릴 수 있습니다.

죽음 속이기: 죽을 위기에 처한 캐릭터는 행운 점수를 1점 써서 HP를 0으로 안정시키고 추가 피해를 받지 않을 수 있습니다.

능력치	보너스
1	-4
2-3	-3
4-5	-2
6-8	-1
9-12	0
13-15	+1
16-17	+2
18-19	+3

레벨	경험치	기본 공격 보너스	독 극복	숨결 무기 극복	신체 변형 극복	주문 극복	마법 물품 극복
1	0	+1	14	17	15	17	16
2	2,500	+2	14	17	15	17	16
3	5,000	+3	13	16	14	14	15
4	10,000	+4	13	16	14	14	15
5	20,000	+5	11	14	12	12	13
6	40,000	+6	11	14	12	12	13
7	80,000	+7	10	13	11	11	12
8	150,000	+8	10	13	11	11	12
9	300,000	+9	8	11	9	9	10
10	450,000	+10	8	11	9	9	10

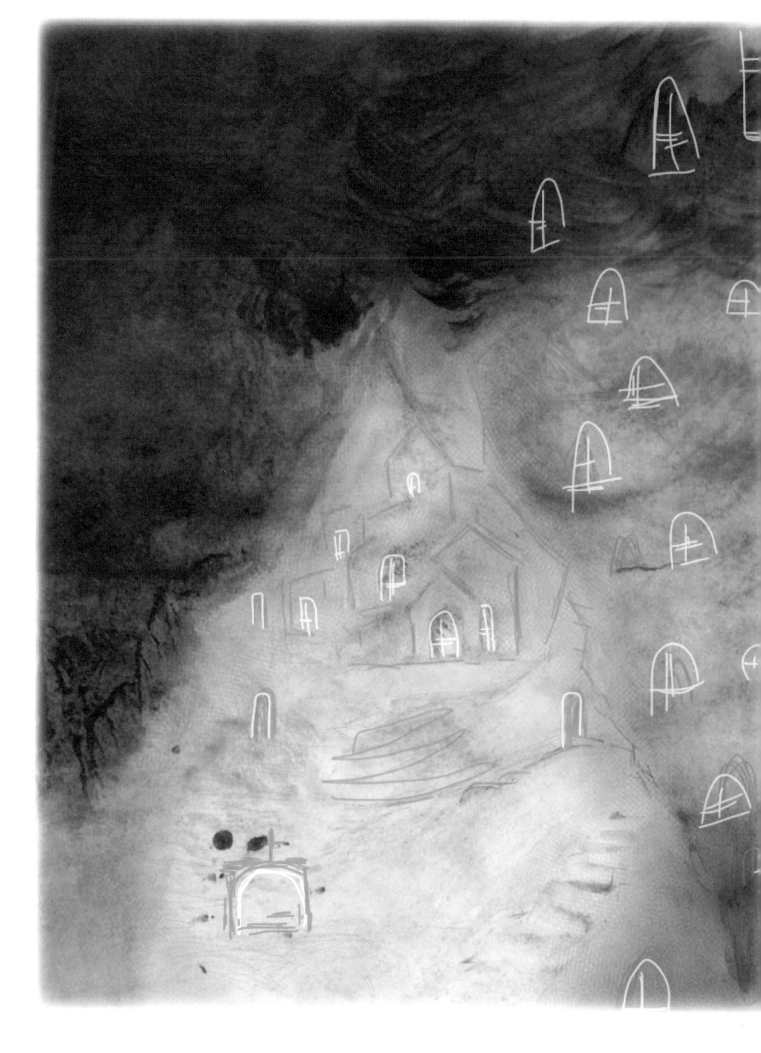

판타지 종족

드워프 모험가 플레이북

언덕과 산에 있는 동족의 땅은 이제 여러분의 집이 아닙니다. 여러분은 자신의 길을 가기 위해, 그리고 부를 얻기 위해 머나먼 인간의 땅으로 왔습니다. 어떻게 된 연유인지, 적들만 가득한 줄 알았던 이곳에서 여러분은 기묘한 친구들을 사귀었습니다. 게다가, 보물까지 얻었지요.

여러분은 강하고 튼튼하지만, 때로는 입을 다물 줄 모릅니다. 여러분의 건강은 12에서 시작하며, 근력은 10, 매력은 6, 나머지 능력치는 8에서 시작합니다.

여러분은 어떻게 해서 인간의 땅에 왔나요?

1d12	여러분 씨족의 역사는?	습득
1	고블린 전쟁 당시 위대한 전사들을 배출했습니다.	+2 근력, +1 민첩성, +1 건강, +1 지혜
2	선조 하나가 동족들을 오랫동안 괴롭힌 사나운 용을 살해했습니다.	+2 지능, +1 근력, +1 민첩성, 기능: 자랑
3	여러분 씨족은 완만한 언덕에 정착한 다음, 땅을 일구고 그 아래 동굴에 사는 동족들에게 식량을 제공했습니다.	+1 민첩성, +1 건강, +1 지혜, +1 매력, 기능: 농사
4	여러분 씨족의 수염은 길고 부드러워서 동족 사이에서 큰 자랑거리입니다.	+3 매력, +1 민첩성, +1 지혜
5	오랜 세월 동안 여러분 씨족은 뛰어난 무기를 만들어 왔습니다.	+2 민첩성, +2 지능, 기능: 무기제작
6	여러분 씨족은 강력한 요새의 지배자들이었습니다.	+2 매력, +1 건강, +1 지능, +1 지혜
7	여러분 씨족은 옛 노래를 전승하는 이야기꾼이자 시인입니다.	+2 매력, +2 지능, +1 지혜
8	여러분 씨족은 언제나 땅속 깊숙이 들어가 매장량이 풍부한 광맥을 파서 귀금속과 보석을 캐냈습니다.	+2 근력, +2 건강, 기능: 채굴
9	여러분 씨족의 맥주는 드워프의 술 중에서도 최고입니다.	+2 지혜, +1 지능, +1 매력, 기능: 양조
10	여러분 선조는 오래전 위대한 드워프 왕국을 떠나 적대적인 땅에서 터전을 잡았습니다.	+2 건강, +1 근력, +1 지능, +1 매력
11	여러분 씨족은 항상 인간들의 땅 근처에 살면서 교역을 하고 이야기를 나누었습니다.	+2 매력, +1 민첩성, +1 건강, +1 지혜
12	여러분 씨족은 모든 드워프 중에서도 가장 탐욕스럽습니다. 여러분의 눈은 욕망으로 타오릅니다.	+1 근력, +1 민첩성, +1 건강, +1 지능, +1 지혜

1d8	여러분은 무엇 때문에 동족들의 땅을 떠났나요?	습득
1	신성한 맹세를 깨뜨렸고, 고향을 떠나 수치 속에서 살아야 합니다.	+2 지혜, +1 건강
2	단순한 호기심 때문에 고향을 떠나 멀리 왔습니다.	+2 지능, +1 매력
3	친절한 마음을 가진 여러분은 인간과 드워프가 서로 도울 수 있다고 믿습니다.	+2 매력, +1 민첩성
4	고대의 노래에 푹 빠진 여러분은 피로도 모른 채 고향을 떠나 멀리 왔습니다.	+1 건강, +1 지능, +1 지혜
5	여러분은 인간의 시대가 도래했다고 믿으며, 인간들이 이루는 위대한 업적에 가담하려 합니다.	+2 건강, +1 지혜
6	여러분이 갖춘 흔치 않은 기술이 인간들 사이에서 크게 빛을 발할 거라고 자신합니다.	+2 민첩성, +1 지능
7	드워프와 싸운 고대의 적들을 직접 대면하려 합니다.	+1 근력, +1 건강, +1 지능
8	고블린들이 여러분의 요새를 파괴했습니다.	+2 근력, +1 건강

1d8	동족들을 떠난 후, 여러분은 인간들과 지내는 생활에 어려움을 겪었습니다. 하지만 다른 플레이어 캐릭터들과는 깊은 우정을 맺었습니다. 그 밖에 누구와 친하게 지냈나요?	습득
1	대장장이는 여러분에게 흠뻑 빠져서 드워프들의 방식을 배우기를 원했습니다.	+2 근력, +1 건강
2	어부들 덕분에 여러분은 흐르는 물 공포증을 극복했습니다.	+2 민첩성, +1 지혜
3	대다수 인간은 여러분이 너무 이상하다고 생각하면서, 말을 걸기를 두려워했습니다. 그래서 여러분은 많은 시간을 홀로 보냈습니다.	+1 건강, +1 지능, +1 지혜
4	마을의 한 어르신이 여러분에게 드워프와 인간들의 고대 이야기를 들려주었습니다.	+2 지능, +1 지혜
5	이 지역의 영주가 맹세코 자신의 조부는 사람들 사이에서 거의 알려지지 않은 어느 전쟁에서 드워프들과 함께 싸웠다고 말했습니다.	+2 근력, +1 매력
6	양조장 주인은 여러분에게 자기가 만든 맥주의 견본품을 자주 대접하곤 합니다.	+2 건강, +1 매력
7	여러분은 민병대에서 복무하면서, 인간들이 자신의 땅을 지키는 데 도움을 주었습니다.	+1 근력, +1 건강, +1 매력
8	늙은 마녀는 여러분의 진실한 이름을 알지만, 정말 친절한 덕분에 절대 여러분에게 해롭게 사용하지 않습니다.	+1 민첩성, +1 지능, +1 지혜

여러분은 무력으로 부와 명성을 얻으려 합니다. 여러분은 1레벨 전사가 되며, 클래스 능력으로 무기 숙련과 특기, 선택한 공예 기능 하나를 얻습니다. 다음 표는 여러분의 클래스 능력을 더욱 명확하게 정합니다. 지금까지 모험하면서 무엇을 배웠나요?

1d6	여러분은 보물을 어떻게 긁어모을 계획인가요?	습득
1	여러분이 가는 길은 수많은 위험이 가득하지만, 길 끝에는 돈과 보물이 기다리고 있습니다.	+2 지혜, 기능: 생존술
2	싸울 때와 장소를 주의 깊게 선택해서 부를 축적할 것입니다.	+2 근력, 기능: 은신
3	금을 얻으려면 광산보다는 부잣집에 가는 편이 쉽습니다.	+2 민첩성, 기능: 자물쇠 따기
4	여러분은 사람들이 모르는 엘프들의 묘로 들어갈 수 있는 장소를 알고 있으며, 이곳을 탐사해서 요정의 금을 손에 넣을 계획입니다.	+2 건강, 기능: 덫
5	산악지대에는 드워프들의 잃어버린 요새가 여러 군데 있습니다. 그곳에는 덫과 괴물이 잔뜩 있습니다.	+2 지능, 기능: 덫
6	여러분은 충분히 돈을 번 다음 작업장을 마련해 정착할 계획입니다.	+2 민첩성, 공예 기능 하나 선택 (혹은 이미 가진 공예 기능 향상)

1d6	다른 존경받는 드워프들처럼, 여러분도 선조의 무기를 지니고 있습니다. 무슨 무기인가요?	습득
1	황금빛 룬이 새겨진 전투 도끼. 무기 숙련 능력으로 전투 도끼를 선택합니다.	+3 근력, 무기 숙련 (왼쪽 항목)
2	가보로 전해지는 강철로 만든, 짧지만 날이 넓은 검. 무기 숙련 능력으로 소검을 선택합니다.	+3 건강, 무기 숙련 (왼쪽 항목)
3	강력한 전투 망치. 무기 숙련 능력으로 망치를 선택합니다.	+3 건강, 무기 숙련 (왼쪽 항목)
4	질 좋은 손도끼 한 쌍. 무기 숙련 능력으로 투척 도끼를 선택합니다.	+3 민첩성, 무기 숙련 (왼쪽 항목)
5	여러분만큼이나 큰 거대한 도끼. 무기 숙련 능력으로 대형도끼를 선택합니다.	+3 근력, 무기 숙련 (왼쪽 항목)
6	튼튼한 활과 검은색 화살 한 통. 무기 숙련 능력으로 활을 선택합니다.	+3 민첩성, 무기 숙련 (왼쪽 항목)

1d6	키 큰 사람들 사이에서 처음으로 겪은 장애물은 무엇인가요? 오른편 플레이어는 그 자리에 함께 있었습니다.	습득
1	산 근처에서 어느 거대 거미 무리가 여러분을 공격했습니다. 오른편 친구는 거미들이 나무에서 내려오자 거미줄을 불태웠고, +1 근력을 얻습니다.	+2 근력, 특기: 방어형 전투
2	여러분은 두 인간 영주가 국경에서 벌이는 소규모 전투에 말려들었습니다. 오른편 친구는 여러분과 함께 싸우면서 무시무시한 공격을 버티었고, 그 공격을 갚아주면서 +1 건강을 얻습니다.	+2 건강, 특기: 무기 수련
3	어느 날 해가 질 무렵, 여러분과 친구는 우연히 두 마법사가 야외에서 벌이는 변신 대결에 말려들었습니다. 개구리로 변한 오른편 불쌍한 친구는 다행히 얼마 지나지 않아 원래대로 되돌아왔고, +1 지혜를 얻습니다.	+2 지혜, 특기: 저항력
4	어느 땜장이가 가짜 금으로 여러분에게 사기를 치려고 했으나, 여러분은 이를 눈치채고 격분한 나머지 사기꾼을 두들겨 때려서 거의 죽일 뻔했습니다. 오른편 친구는 여러분이 이성을 찾도록 말렸고, +1 매력을 얻습니다.	+2 매력, 특기: 강한 일격
5	여러분은 길가에서 도적에게 잡힌 아리따운 우유 짜는 아가씨를 구했습니다. 칭찬은 모두 오른편 친구가 받았고, 오른편 친구는 +1 민첩성을 얻습니다.	+2 민첩성, 특기: 방어형 전투
6	여러분은 실수로 요정의 원 안에 발을 디뎌서 수호자와 직면했습니다. 오른편 친구는 원을 부수고 여러분이 도망치도록 도왔고, +1 지능을 얻습니다.	+2 지능, 특기: 저항력

1d6	다른 캐릭터들은 여러분의 무슨 보물을 보고 처음으로 여러분에게 관심을 보였나요?	습득
1	태엽 장난감.	+2 지능. 기계 인형 경비병
2	커다란 루비가 박힌 훌륭한 반지.	+2 매력, 훌륭한 반지, 먼 곳의 적.
3	아름다운 비단으로 만든 밝은색의 후드.	+2 건강, 절대 닳지 않는 여행자용 후드
4	여러분의 문양이 그려진 무거운 떡갈나무 방패.	+2 근력, 튼튼한 방패
5	티끌 하나 없는 은잔.	+2 건강, 안에 든 액체를 정화하는 잔
6	특별한 노래.	+2 지혜. 달이 제 자리에 올 때 차원문을 여는 노래

캐릭터 시트를 채우세요!

1. 캐릭터 이름과 클래스, 레벨을 적으세요.

2. 능력치를 적으세요. 각 능력치 옆에 다음 쪽에 나온 능력치 보너스를 적으세요.

3. 캐릭터의 기능과 클래스 능력, 초기 장비 및 사고 싶은 물건을 적으세요. 드워프 모험가는 다음 장비를 가지고 시작합니다: 단검, 여행자용 옷, 드워프제 무기 (명중과 피해에 +1), 사슬 갑옷 (+4 장갑), 일주일 치 물과 식량, 은화 4d10냥.

4. 가치관을 하나 선택하세요. 캐릭터는 질서, 혼돈, 중립 중 하나입니다. 정하지 못하겠다면 대부분 사람처럼 중립을 선택하세요.

5. 클래스에 따라 기본 공격 보너스를 받습니다. 1레벨 전사는 +1입니다.

6. 행동 순서는 캐릭터 레벨+민첩성 보너스+1(전사) 입니다.

7. 캐릭터의 장갑 수치는 10+민첩성 수정치+캐릭터가 받는 장갑 보너스입니다.

8. 캐릭터의 행운 점수는 3점입니다.

9. 캐릭터의 HP는 12+건강 보너스입니다.

10. 다음 쪽에 나온 극복 판정 수치를 적으세요.

11. 캐릭터가 사용할 법한 무기의 수치를 '명중 보너스' 와 '피해' 항목에 적으세요. 근접 무기 명중 보너스는 기본 공격 보너스+근력 보너스이며, 원거리 무기 공격 보너스는 기본 공격 보너스+민첩성 보너스입니다. 근력 보너스는 근접 무기의 피해에도 더합니다. 무기 수련으로 받는 보너스를 잊지 마세요!

참고 사항

판정

능력치 판정: d20을 굴린 다음 주사위 결과를 관련 능력치와 비교하세요. 주사위 결과가 능력치와 같거나 낮다면 성공입니다. 주사위 결과가 능력치보다 높다면 실패입니다.

극복 판정: d20을 굴립니다. 주사위 결과가 극복 판정 수치와 같거나 높다면 성공입니다.

전투 판정: d20을 굴린 다음, 관련 공격 보너스를 더합니다. 상대의 장갑 수치와 비교하세요. 판정 결과가 상대 장갑 수치와 같거나 높다면 공격은 명중합니다. 판정 결과가 장갑 수치보다 낮다면 빗나갑니다.

클래스 능력

체력 주사위: d12
행동 순서 보너스: +1
갑옷: 드워프 모험가는 아무 갑옷이나 입을 수 있습니다.

무기 숙련: 드워프 모험가는 특별하게 잘 다루는 선호 무기가 있습니다. 캐릭터가 잘 다루는 무기는 플레이북에 있습니다. 캐릭터는 선택한 무기를 들고 싸울 때 명중에 +1 보너스, 피해에 +2 보너스를 받습니다.

특기: 드워프 모험가는 경험을 쌓으면서 몇 가지 재주를 얻어 좀 더 강해질 수 있습니다. 캐릭터가 받는 첫 번째 특기는 플레이북에 있습니다. 이후 얻을 다음 특기는 **울타리 너머, 또 다른 모험으로** p.10을 참조하세요.

드워프: 드워프 모험가는 **울타리 너머, 또 다른 모험으로** p.31에 있는 **드워프 시야**와 **돌의 힘, 진실한 이름**을 얻습니다. 돌의 힘으로 높아진 체력 주사위는 이미 플레이북에 반영되어 있습니다.

행운 점수

캐릭터는 행운 점수를 다음 방식으로 사용할 수 있습니다.

친구 돕기: 보통, 캐릭터는 관련 기능이 있어야만 친구의 능력치 판정을 도울 수 있습니다. 하지만 행운 점수를 1점 쓴다면, 해당 판정에 활용할 수 있는 적합한 기능이 없더라도 친구를 도와 판정에 +2 보너스를 줄 수 있습니다.

재도전: 캐릭터는 행운 점수를 1점 써서 능력치 판정이나 극복 판정, 명중 판정처럼 플레이 중에 일어나는 실패한 판정을 다시 굴릴 수 있습니다.

죽음 속이기: 죽을 위기에 처한 캐릭터는 행운 점수를 1점 써서 HP를 0으로 안정시키고 추가 피해를 받지 않을 수 있습니다.

능력치	보너스
1	-4
2-3	-3
4-5	-2
6-8	-1
9-12	0
13-15	+1
16-17	+2
18-19	+3

레벨	경험치	기본 공격 보너스	독 극복	숨결 무기 극복	신체 변형 극복	주문 극복	마법 물품 극복
1	0	+1	14	17	15	17	16
2	2,000	+2	14	17	15	17	16
3	4,000	+3	13	16	14	14	15
4	8,000	+4	13	16	14	14	15
5	16,000	+5	11	14	12	12	13
6	32,000	+6	11	14	12	12	13
7	64,000	+7	10	13	11	11	12
8	120,000	+8	10	13	11	11	12
9	240,000	+9	8	11	9	9	10
10	360,000	+10	8	11	9	9	10

드워프 룬 주술사 플레이북

여러분은 다른 동족들보다 한층 더 과거를 소중하게 생각하고, 선조들의 이야기와 찬가를 머릿속에 간직하면서 자랐습니다. 또한, 어릴 적부터 룬의 달인 아래에서 훈련을 받으면서 드워프의 비밀스러운 마법을 익혔지요.

여러분은 튼튼하고 머릿속에 여러 가지 지식을 간직했습니다. 하지만 때로는 바보들을 지니치게 무시하기도 합니다. 여러분의 선상과 지능, 지혜는 10에서 시삭하며, 매력은 6, 나머지 능력치는 8에서 시작합니다.

여러분은 어떻게 해서 인간의 땅에 왔나요?

1d12	여러분 씨족의 역사는?	습득
1	고블린 전쟁 당시 위대한 전사들을 배출했습니다.	+2 근력, +1 민첩성, +1 건강, +1 지혜
2	선조 하나가 동족들을 오랫동안 괴롭힌 사나운 용을 살해했습니다.	+2 지능, +1 근력, +1 민첩성, 기능: 자랑
3	여러분 씨족은 완만한 언덕에 정착한 다음, 땅을 일구고 그 아래 동굴에 사는 동족들에게 식량을 제공했습니다.	+1 민첩성, +1 건강, +1 지혜, +1 매력, 기능: 농사
4	여러분 씨족의 수염은 길고 부드러워서 동족 사이에서 큰 자랑거리입니다.	+3 매력, +1 민첩성, +1 지혜
5	오랜 세월 동안 여러분 씨족은 뛰어난 무기를 만들어 왔습니다.	+2 민첩성, +2 지능, 기능: 무기제작
6	여러분 씨족은 강력한 요새의 지배자들이었습니다.	+2 매력, +1 건강, +1 지능, +1 지혜
7	여러분 씨족은 옛 노래를 전승하는 이야기꾼이자 시인입니다.	+2 매력, +2 지능, +1 지혜
8	여러분 씨족은 언제나 땅속 깊숙이 들어가 매장량이 풍부한 광맥을 파서 귀금속과 보석을 캐냈습니다.	+2 근력, +2 건강, 기능: 채굴
9	여러분 씨족의 맥주는 드워프의 술 중에서도 최고입니다.	+2 지혜, +1 지능, +1 매력, 기능: 양조
10	여러분 선조는 오래전 위대한 드워프 왕국을 떠나 적대적인 땅에서 터전을 잡았습니다.	+2 건강, +1 근력, +1 지능, +1 매력
11	여러분 씨족은 항상 인간들의 땅 근처에 살면서 교역을 하고 이야기를 나누었습니다.	+2 매력, +1 민첩성, +1 건강, +1 지혜
12	여러분 씨족은 모든 드워프 중에서도 가장 탐욕스럽습니다. 여러분의 눈은 욕망으로 타오릅니다.	+1 근력, +1 민첩성, +1 건강, +1 지능, +1 지혜

1d8	여러분은 무엇 때문에 동족들의 땅을 떠났나요?	습득
1	신성한 맹세를 깨뜨렸고, 고향을 떠나 수치 속에서 살아야 합니다.	+2 지혜, +1 건강
2	단순한 호기심 때문에 고향을 떠나 멀리 왔습니다.	+2 지능, +1 매력
3	친절한 마음을 가진 여러분은 인간과 드워프가 서로 도울 수 있다고 믿습니다.	+2 매력, +1 민첩성
4	고대의 노래에 푹 빠진 여러분은 피로도 모른 채 고향을 떠나 멀리 왔습니다.	+1 건강, +1 지능, +1 지혜
5	여러분은 인간의 시대가 도래했다고 믿으며, 인간들이 이루는 위대한 업적에 가담하려 합니다.	+2 건강, +1 지혜
6	여러분이 갖춘 흔치 않은 기술이 인간들 사이에서 크게 빛을 발할 거라고 자신합니다.	+2 민첩성, +1 지능
7	드워프와 싸운 고대의 적들을 직접 대면하려 합니다.	+1 근력, +1 건강, +1 지능
8	고블린들이 여러분의 요새를 파괴했습니다.	+2 근력, +1 건강

1d8	동족들을 떠난 후, 여러분은 인간들과 지내는 생활에 어려움을 겪었습니다. 하지만 다른 플레이어 캐릭터들과는 깊은 우정을 맺었습니다. 그 밖에 누구와 친하게 지냈나요?	습득
1	대장장이는 여러분에게 흠뻑 빠져서 드워프들의 방식을 배우기를 원했습니다.	+2 근력, +1 건강
2	어부들 덕분에 여러분은 흐르는 물 공포증을 극복했습니다.	+2 민첩성, +1 지혜
3	대다수 인간은 여러분이 너무 이상하다고 생각하면서, 말을 걸기를 두려워했습니다. 그래서 여러분은 많은 시간을 홀로 보냈습니다.	+1 건강, +1 지능, +1 지혜
4	마을의 한 어르신이 여러분에게 드워프와 인간들의 고대 이야기를 들려주었습니다.	+2 지능, +1 지혜
5	이 지역의 영주가 맹세코 자신의 조부는 사람들 사이에서 거의 알려지지 않은 어느 전쟁에서 드워프들과 함께 싸웠다고 말했습니다.	+2 근력, +1 매력
6	양조장 주인은 여러분에게 자기가 만든 맥주의 견본품을 자주 대접하곤 합니다.	+2 건강, +1 매력
7	여러분은 민병대에서 복무하면서, 인간들이 자신의 땅을 지키는 데 도움을 주었습니다.	+1 근력, +1 건강, +1 매력
8	늙은 마녀는 여러분의 진실한 이름을 알지만, 정말 친절한 덕분에 절대 여러분에게 해롭게 사용하지 않습니다.	+1 민첩성, +1 지능, +1 지혜

여러분은 룬의 비밀을 터득했습니다. 여러분은 1레벨 전사-마법사가 되며, 클래스 능력으로 무기 숙련과 주문 사용, 마법 감지, 기능: 고대 역사를 얻습니다. 다음 표는 여러분의 추가 주문과 자세한 클래스 능력을 정합니다. 여러분은 어떤 비밀을 아나요

1d6	여러분이 스승에게 배운 가장 큰 가르침은?	습득
1	대장간에서 발휘하는 인내와 근면함. 여러분은 주술 환상의 기능을 배웁니다.	+2 지혜, 공예 기능 하나 선택, 주문 (왼쪽 항목)
2	과거의 비밀과 드워프, 인간, 그리고 모든 생물의 살아가는 길. 여러분은 주술 본성 감지를 배웁니다.	+2 지능, 기능: 고대 역사, 주문 (왼쪽 항목)
3	기만과 속임수, 남쪽 산악지대에 사는 타락한 드워프들의 특성. 여러분은 주술 잠의 장막을 배웁니다.	+2 매력, 기능: 속임수, 주문 (왼쪽 항목)
4	동료와 친구들에게 용기를 불어넣을 여러 가지 룬. 여러분은 주술 용기의 말을 배웁니다.	+2 건강, 기능: 지휘, 주문 (왼쪽 항목)
5	병법과 동족들의 방어술. 여러분은 주술 신비한 방패를 배웁니다.	+2 근력, 기능: 운동, 주문 (왼쪽 항목)
6	잃어버린 여러 드워프 무덤과 도시의 내력, 그리고 이런 장소를 다시 찾아내는 방법. 여러분은 주술 문 잠그기를 배웁니다.	+2 민첩성, 기능: 덫, 주문 (왼쪽 항목)

1d6	다른 존경받는 드워프들처럼, 여러분도 선조의 무기를 지니고 있습니다. 무슨 무기인가요?	습득
1	1 황금빛 룬이 새겨진 전투 도끼. 무기 숙련 능력으로 전투 도끼를 선택합니다.	+3 근력, 무기 숙련 (왼쪽 항목)
2	가보로 물려받은 강철로 만든, 짧지만 날이 넓은 검. 무기 숙련 능력으로 소검을 선택합니다.	+3 건강, 무기 숙련 (왼쪽 항목)
3	강력한 전투 망치. 무기 숙련 능력으로 망치를 선택합니다.	+3 건강, 무기 숙련 (왼쪽 항목)
4	무거운 철로 만든 장인의 망치. 무기 숙련 능력으로 망치를 선택합니다.	+3 건강, 무기 숙련 (왼쪽 항목)
5	여러분만큼이나 큰 거대한 도끼. 무기 숙련 능력으로 대형도끼를 선택합니다.	+3 근력, 무기 숙련 (왼쪽 항목)
6	무척 아름답게 장식이 된 드워프 왕의 검. 무기 숙련 능력으로 소검을 선택합니다.	+3 근력, 무기 숙련 (왼쪽 항목)

1d6	키 큰 사람들 사이에서 처음으로 겪은 장애물은 무엇인가요? 오른편 플레이어는 그 자리에 함께 있었습니다.	습득
1	어느 상인 무리가 여러분을 행운의 요정이라고 착각하고 여러분에게 금이 있는 곳을 알려달라고 협박했습니다. 여러분이 눈앞에 강력한 섬광을 소환하자, 상인들은 도망갔습니다. 오른편 친구는 여러분과 함께 상인들을 쫓아냈고, +1 건강을 얻습니다.	+2 건강, 주술: 눈부신 섬광
2	어느 사악한 방랑 기사가 영광과 명성을 얻기 위해 여러분을 죽일 계획을 세우고 마을로 쫓아왔습니다. 하지만 여러분은 그를 격퇴했습니다. 오른편 친구는 기사가 왔다고 여러분에게 먼저 경고를 했으며, 기사의 말에게 짓밟힐 뻔에서 +1 민첩성을 얻습니다.	+2 민첩성, 주술: 타오르는 열기
3	어느 사기꾼 상인이 마을에 와서 정직한 사람들에게 부당한 이득을 취하려고 할 때, 여러분이 그를 쫓아냈습니다. 오른편 친구는 상인이 늙은 과부에게서 돈을 뜯어내지 못하게 막았고, +1 지혜를 얻습니다.	+2 지혜, 주술: 타오르는 열기
4	어느 겨울, 언덕에 사는 요성이 사악한 씅씅이를 품고 마을로 들어왔을 때 여러분과 친구는 요정을 속여서 이곳을 떠나 절대로 돌아오지 않겠다는 맹세를 하게 시켰습니다. 오른편 친구는 자신이 아는 옛이야기에서 요정의 진실한 이름을 떠올렸고, +1 지능을 얻습니다.	+2 지능, 주술: 거짓 친구
5	서쪽에서 온 어느 악인이 사악한 목적으로 마을의 아이를 납치했지만, 여러분은 그를 쓰러뜨렸습니다. 오른편 친구는 그의 노예와 싸웠고, +1 근력을 얻습니다.	+2 근력, 주술: 진실한 일격
6	여러분은 숨겨진 동굴을 발견해서 지나치게 깊게 들어간 나머지, 고대의 악의 정령을 깨웠습니다. 오른편 친구는 여러분이 이 어둠의 괴물을 퇴치한 다음 동굴을 빠져나오도록 도왔고, +1 건강을 얻습니다.	+2 건강, 주술: 추방

1d6	여러분은 어느 물품에 처음으로 룬을 새겼나요?	습득
1	무거운 쇠로 만든 튼튼한 허리띠 버클.	+2 근력, 무척 훌륭한 허리띠 버클
2	오래전에 잊힌 여러분 씨족의 드워프 군주가 쓰던 고리.	+2 매력, 옛 왕의 신분을 상징하는 표식.
3	오래전 룬의 달인들이 사용하던 지팡이.	+2 지능, 권위를 나타내는 지팡이
4	황금 단검.	+2 근력, 요정의 금으로 만든 단검
5	고블린 전쟁 당시 전사한 삼촌의 갑옷.	+2 건강, 사슬 갑옷 한 벌
6	화려하게 장식된, 잃어버린 요새의 열쇠.	+2 지혜, 은 열쇠

캐릭터 시트를 채우세요!

1. 캐릭터 이름과 클래스, 레벨을 적으세요.

2. 능력치를 적으세요. 각 능력치 옆에 다음 쪽에 나온 능력치 보너스를 적으세요.

3. 캐릭터의 기능과 클래스 능력, 초기 장비 및 사고 싶은 물건을 적으세요. 드워프 룬 주술사는 다음 장비를 가지고 시작합니다: 단검, 멋진 드워프 옷, 룬을 새긴 돌 한 묶음, 드워프제 무기 (명중과 피해에 +1. 무기 종류는 위 표를 보고 정하세요), 가죽 갑옷 (+2 장갑), 일주일 치 물과 식량, 은화 4d10냥.

4. 가치관을 하나 선택하세요. 캐릭터는 질서, 혼돈, 중립 중 하나입니다. 정하지 못하겠다면 대부분 사람처럼 중립을 선택하세요.

5. 클래스에 따라 기본 공격 보너스를 받습니다. 1레벨 전사-마법사는 +1입니다.

6. 행동 순서는 캐릭터 레벨+민첩성 보너스+1(전사-마법사)입니다.

7. 캐릭터의 장갑 수치는 10+민첩성 수정치+캐릭터가 받는 장갑 보너스입니다.

8. 캐릭터의 행운 점수는 3점입니다.

9. 캐릭터의 HP는 10+건강 보너스입니다.

10. 다음 쪽에 나온 극복 판정 수치를 적으세요.

11. 캐릭터가 사용할 법한 무기의 수치를 '명중 보너스'와 '피해' 항목에 적으세요. 근접 무기 명중 보너스는 기본 공격 보너스+근력 보너스이며, 원거리 무기 공격 보너스는 기본 공격 보너스+민첩성 보너스입니다. 근력 보너스는 근접 무기의 피해에도 더합니다. 무기 숙련으로 받는 보너스를 잊지 마세요!

참고 사항

판정

능력치 판정: d20을 굴린 다음 주사위 결과를 관련 능력치와 비교하세요. 주사위 결과가 능력치와 같거나 낮다면 성공입니다. 주사위 결과가 능력치보다 높다면 실패입니다.

극복 판정: d20을 굴립니다. 주사위 결과가 극복 판정 수치와 같거나 높다면 성공입니다.

전투 판정: d20을 굴린 다음, 관련 공격 보너스를 더합니다. 상대의 **장갑** 수치와 비교하세요. 판정 결과가 상대 **장갑** 수치와 같거나 높다면 공격은 명중합니다. 판정 결과가 **장갑** 수치보다 낮다면 빗나갑니다.

클래스 능력

체력 주사위: d10
행동 순서 보너스: +1
갑옷: 드워프 룬 주술사는 아무 갑옷이나 입을 수 있습니다.

무기 숙련: 드워프 룬 주술사는 특별하게 잘 다루는 선호 무기가 있습니다. 캐릭터가 잘 다루는 무기는 플레이북에 있습니다. 캐릭터는 선택한 무기를 들고 싸울 때 명중에 +1 보너스, 피해에 +2 보너스를 받습니다.

주문 사용: 드워프 룬 주술사는 주술만 사용할 수 있습니다.

마법 감지: 드워프 룬 주술사는 마법사처럼 마법을 감지합니다. **울타리 너머, 또 다른 모험으로** p.12를 참조하세요.

드워프: 드워프 룬 주술사는 **울타리 너머, 또 다른 모험으로** p.31에 있는 **드워프 시야**와 **돌의 힘**, **진실한 이름**을 얻습니다. 돌의 힘으로 높아진 체력 주사위는 이미 플레이**북**에 반영되어 있습니다.

행운 점수

캐릭터는 행운 점수를 다음 방식으로 사용할 수 있습니다.

친구 돕기: 보통, 캐릭터는 관련 기능이 있어야만 친구의 능력치 판정을 도울 수 있습니다. 하지만 행운 점수를 1점 쓴다면, 해당 판정에 활용할 수 있는 적합한 기능이 없더라도 친구를 도와 판정에 +2 보너스를 줄 수 있습니다.

재도전: 캐릭터는 행운 점수를 1점 써서 능력치 판정이나 극복 판정, 명중 판정처럼 플레이 중에 일어나는 실패한 판정을 다시 굴릴 수 있습니다.

죽음 속이기: 죽을 위기에 처한 캐릭터는 행운 점수를 1점 써서 HP를 0으로 안정시키고 추가 피해를 받지 않을 수 있습니다.

능력치	보너스
1	-4
2-3	-3
4-5	-2
6-8	-1
9-12	0
13-15	+1
16-17	+2
18-19	+3

레벨	경험치	기본 공격 보너스	독 극복	숨결 무기 극복	신체 변형 극복	주문 극복	마법 물품 극복
1	0	+1	14	15	13	12	11
2	2,500	+2	14	15	13	12	11
3	5,000	+3	14	15	13	12	11
4	10,000	+4	14	15	13	12	11
5	20,000	+5	14	15	13	12	11
6	40,000	+6	13	13	11	10	9
7	80,000	+7	13	13	11	10	9
8	150,000	+8	13	13	11	10	9
9	300,000	+9	13	13	11	10	9
10	450,000	+10	13	13	11	10	9

엘프 마도사 플레이북

여러분은 인간의 시대 동안 요정의 차원에서 엘프들의 위대한 마법의 기예를 배워 왔습니다. 이제 여러분은 인간의 땅으로 와 어느 인간 마을에서 살기 시작했습니다. 비록 때때로 요정 궁정에서 여전히 여러분을 부르곤 하지만, 여러분은 현재 필멸자들의 세상에 모든 관심을 쏟고 있습니다. 특히, 위대한 미래를 앞둔 이 마을의 몇몇 청년들에게 말입니다.

여러분은 민첩하며 학식이 깊습니다. 여러분의 **민첩성**과 **지능**은 10에서 시작하며, 나머지 능력치는 8에서 시작합니다.

여러분은 어떻게 해서 인간의 땅에 왔나요?

1d12	인간들이 번창하기 전, 여러분의 오랜 엘프 가문은 어디서 살았나요?	습득
1	숨겨진 숲속 빈터의 나무 위에서 살았습니다.	+2 지혜, +1 민첩성, +1 건강, 기능: 생존술
2	마법으로 지은 기다란 탑들을 짓고 통치했습니다.	+2 지능, +1 민첩성, +1 지혜, 기능: 석공
3	어느 맑은 강 위에서 우아한 배를 띄우고 살았습니다.	+1 근력, +1 민첩성, +1 지능, +1 지혜, 기능: 보트
4	지하에서 다른 요정들과 함께 거주했습니다.	+2 건강, +1 지능, +1 지혜, 기능: 보석 세공
5	탁 트인 초원을 떠돌면서 풀을 뜯는 동물들을 사냥하고 다녔습니다.	+2 민첩성, +2 지혜, 기능: 사냥
6	숲의 중심부에서 어느 요정 궁정을 다스리던 고귀한 엘프였습니다.	+2 매력, +1 건강, +1 지능, +1 지혜
7	언제나 인간들 근처에서 살면서, 다른 엘프들보다도 인간들과 더욱더 친하게 지냈습니다.	+2 매력, +1 민첩성, +1 건강, +1 지혜
8	머나먼 북쪽에 우뚝 솟은 눈부신 얼음투성이 바위 위에서 살았습니다.	+2 건강, +2 지능, +1 지혜
9	한곳에서 정착하지 않은 채 언제나 떠돌아다녔습니다.	+2 민첩성, +1 근력, +1 지능, +1 지혜
10	야생의 짐승들을 벗 삼아 단순하고 조화롭게 살았습니다.	+2 민첩성, +1 근력, +1 지능, 기능: 동물 교감
11	거대한 비밀 도서관을 짓고 세상의 잊힌 지식을 보관했습니다.	+1 지능, +1 지혜, +1 매력, 기능: 잊힌 비밀
12	이 세상에서 다시는 볼 수 없는 위대한 도시에서 살았습니다.	+1 근력, +1 민첩성, +1 지능, +1 지혜, +1 매력

1d8	여러분은 왜 다른 엘프들 곁을 떠났나요?	습득
1	여러분의 일족은 북쪽의 야수 같은 거친 인간들에게 살해당했습니다.	+2 근력, +1 지혜
2	단순한 호기심 때문에 고향을 떠나 멀리 왔습니다.	+2 매력, +1 지능
3	친절한 마음을 가진 여러분은 인간과 엘프가 서로 도울 수 있다고 믿습니다.	+2 지능, +1 지혜
4	동족들이 가지지 못한 지식을 찾기를 원합니다.	+2 지능, +1 지혜
5	여러분은 인간의 시대가 도래했다고 믿으며, 인간들이 이루는 위대한 업적에 가담하려 합니다.	+2 지혜, +1 건강
6	여러분이 갖춘 흔치 않은 기술이 인간들 사이에서 크게 빛을 발할 거라고 자신합니다.	+2 민첩성, +1 지능
7	엘프와 싸운 고대의 적들을 직접 대면하려 합니다.	+1 근력, +1 건강, +1 지능
8	여러분의 거주지에 사는 동족 대부분은 서쪽으로 멀리 떠났습니다.	+1 민첩성, +1 지능, +1 지혜

1d8	동족들을 떠난 후, 여러분은 인간들과 지내는 생활에 어려움을 겪었습니다. 하지만 다른 플레이어 캐릭터들과는 깊은 우정을 맺었습니다. 그 밖에 누구와 친하게 지냈나요?	습득
1	대장장이는 여러분에게 친절하게 대해주었고, 여러분은 자주 대장간에 들러 서로 아는 이야기를 교환하곤 했습니다.	+2 근력, +1 매력
2	사냥꾼은 여러분에게 여러 가지 인간의 삼림 지식을 가르쳐주었고, 여러분 역시 그에게 엘프의 지식을 가르쳐주었습니다.	+2 민첩성, +1 지혜
3	대다수 인간은 여러분이 너무 이상하다고 생각하면서, 말을 걸기를 두려워했습니다. 그래서 여러분은 많은 시간을 홀로 보냈습니다.	+1 건강, +1 지능, +1 지혜
4	마을의 한 어르신이 여러분에게 엘프와 인간들의 고대 이야기를 들려주었습니다.	+2 지능, +1 지혜
5	베 짜는 할머니는 이전에도 여러분 같은 엘프를 만난 적이 있다고 말했습니다.	+2 지혜, +1 민첩성
6	놀랍게도, 여러분은 젊고 아름다운 인간과 비밀리에 사랑에 빠졌습니다.	+2 매력, +1 건강
7	여러분은 민병대에서 복무하면서, 인간들이 자신의 땅을 지키는 데 도움을 주었습니다.	+1 근력, +1 건강, +1 매력
8	늙은 마녀는 여러분에게 흠뻑 빠졌고, 서로 아는 비밀을 주고받곤 했습니다.	+1 민첩성, +1 지능, +1 지혜

여러분은 엘프의 위대한 마법을 배웠습니다. 여러분은 1레벨 마법사가 되며, 클래스 능력으로 마법 감지와 주문 사용, 기능: 노래, 캔트립 마법사의 빛을 얻습니다. 다음 표는 여러분이 어떤 주문을 더 익히는지 정합니다. 여러분은 위대한 기예를 배우면서 어떤 일을 겪었나요?

1d6	여러분은 어떻게 마법을 손에 넣었나요?	습득
1	여러분은 요정의 숲 깊숙한 곳에 있는 침묵의 탑을 발견하여, 계절의 변화도 잊어버린 채 그곳에서 마법을 연구했습니다. 여러분은 다음 마법을 배웁니다: 주술 침묵, 의식 요정의 부름, 캔트립 영혼 시야	+2 지능, +2 민첩성, 주문 (왼쪽 항목)
2	어느 늙은 트린트가 여러분에게 나무의 마법을 전수했습니다. 여러분은 다음 마법을 배웁니다: 주술 뒤틀림의 노래, 의식 힘의 지팡이, 캔트립 드루이드의 손길	+2 지혜, +1 건강, 주문 (왼쪽 항목)
3	여러분은 인간의 시간으로 아주 오랫동안 요정들의 거처를 여행하면서 갖가지 재주를 배웠습니다. 여러분은 다음 마법을 배웁니다: 주술 고독의 저주, 의식 투명 하인, 캔트립 환상 짜기	+2 지능, +1 건강, 주문 (왼쪽 항목)
4	곰 할아버지와 달의 자매들, 그리고 여러분의 친구인 매가 마법을 가르쳐주었습니다. 여러분은 주술 격려, 의식 패밀리어 엮기, 캔트립 짐승 소통을 배웁니다.	+2 지혜, +1 매력, 주문 (왼쪽 항목)
5	엘프 왕 하나가 여러분에게 마법의 기예를 전수했습니다. 여러분은 다음 마법을 배웁니다: 주술 명령의 말, 의식 요정의 부름, 캔트립 환상 짜기	+2 지능, +1 매력, 주문 (왼쪽 항목)
6	어느 엘프 마도사가 여러분을 숲의 어두운 중심부로 자주 불러서 밤의 꽃을 모으곤 했습니다. 여러분은 다음 마법을 배웁니다: 주술 어둠 만들기, 의식 치유의 딸기, 캔트립 드루이드의 손길	+2 지혜, +1 민첩성, 주문 (왼쪽 항목)

1d6	여러분은 마법을 배우면서 어떤 기예를 함께 익혔나요?	습득
1	실 짜는 노래를 배웠습니다.	+2 민첩성, 기능: 방직
2	모든 보석의 이름을 익혔습니다.	+2 민첩성, 기능: 보석 세공
3	엘프와 드워프, 인간의 룬을 공부했습니다.	+2 지능, 기능: 룬 새기기
4	강철의 수수께끼에 조예가 깊습니다.	+2 근력, 기능: 대장장이
5	숲과 나무들에게 노래를 부릅니다.	+2 민첩성, 기능: 목공
6	각종 식물이 여러분의 노래를 들으며 자랍니다.	+2 지혜, 기능: 원예

1d6	여러분은 인간의 땅에 온 후, 예기치 않게 인간들과 친해졌습니다. 어떻게 친해졌나요? 오른편 플레이어는 그 자리에 함께 있었습니다.	습득
1	어느 강력한 인간의 유령이 여러분을 탐탁지 않게 생각해 마을에서 쫓아내려고 했습니다. 오른편 친구는 여러분이 적이 아니라 친구라고 유령을 설득하도록 도왔고, +1 매력을 얻습니다.	+2 매력, 주술: 거짓 친구
2	어느 사악한 새끼 거미 떼가 여러분을 따라서 숲에서 나와 마을을 괴롭히기 시작했습니다. 오른편 친구는 여러분이 PC들을 소집에 괴물들을 쫓아내는 일을 도왔고, +1 근력을 얻습니다.	+2 근력, 수술: 마법 화살
3	처음에 마을 사람들은 여러분의 기이한 행동을 경계했습니다. 오른편 친구는 여관주인에게 여러분을 대접하도록 설득했고, +1 지혜를 얻습니다.	+2 지혜, 주술: 포박의 시선
4	어느 날 밤, 부자연스러울 정도로 강력한 태풍이 마을을 덮쳤습니다. 오른편 친구는 여러분이 도우러 오지 않았다면 길을 잃고 죽었을 것이며, +1 건강을 얻습니다.	+2 건강, 주술: 바람의 가호
5	북쪽의 야만인들이 이 땅을 약탈하러 왔을 때, 마을은 충분한 병사들을 모으지 못했습니다. 오른편 친구는 여러분이 마법으로 아군의 수를 부풀리는 동안 소수의 병력과 함께 용감히 야만인들 앞에서 대치했고, +1 지능을 얻습니다.	+2 지능, 주술: 고급 환상
6	어느 땜장이가 마을에 들렀을 때, 여러분은 그의 솜씨에 큰 관심을 가졌습니다. 오른편 친구는 여러분이 가장 궁금했던 질문을 땜장이에게 던져서 여러분에게 깊은 인상을 주었고, +1 민첩성을 얻습니다.	+2 민첩성, 주술: 땜장이의 축복

1d6	여러분이 요정의 땅에서 가져온 보물은 무엇인가요?	습득
1	달빛으로 칼날을 만든 단검.	+2 민첩성, 기이한 단검
2	약초를 신선하게 보관할 수 있는 가죽 주머니.	+2 지혜, 마법의 주머니
3	숲 마녀의 머리관.	+2 매력, 가느다란 머리띠
4	숲의 어두운 중심부에서 가져온 나뭇가지.	+2 근력, 떡갈나무 지팡이
5	눈부신 금속으로 만든 접이식 체스판과 말.	+2 지능, 체스판과 말
6	숲의 여왕이 짠 망토.	+2 건강, 훌륭한 망토

캐릭터 시트를 채우세요!

1. 캐릭터 이름과 클래스, 레벨을 적으세요.

2. 능력치를 적으세요. 각 능력치 옆에 다음 쪽에 나온 능력치 보너스를 적으세요.

3. 캐릭터의 기능과 클래스 능력, 초기 장비 및 사고 싶은 물건을 적으세요. 엘프 마도사는 다음 장비를 가지고 시작합니다: 단검, 곱고 훌륭한 로브, 요정의 철로 만든 무기, 여러분이 가진 의식 중 하나의 마법 재료. 돈은 없습니다!

4. 가치관을 하나 선택하세요. 캐릭터는 질서, 혼돈, 중립 중 하나입니다. 정하지 못하겠다면 다른 요정 군주들과 마찬가지로 혼돈을 선택하세요.

5. 클래스에 따라 기본 공격 보너스를 받습니다. 1레벨 마법사는 +0입니다.

6. 행동 순서는 캐릭터 레벨+민첩성 보너스+0(마법사) 입니다.

7. 캐릭터의 **장갑** 수치는 10+**민첩성** 수정치+캐릭터가 받는 장갑 보너스입니다.

8. 캐릭터의 **행운** 점수는 2점입니다.

9. 캐릭터의 HP는 6+**건강** 보너스입니다.

10. 다음 쪽에 나온 극복 판정 수치를 적으세요.

11. 캐릭터가 사용할 법한 무기의 수치를 '명중 보너스'와 '피해' 항목에 적으세요. 근접 무기 명중 보너스는 기본 공격 보너스+근력 보너스이며, 원거리 무기 공격 보너스는 기본 공격 보너스+민첩성 보너스입니다. 근력 보너스는 근접 무기의 피해에도 더합니다.

참고 사항

판정

능력치 판정: d20을 굴린 다음 주사위 결과를 관련 능력치와 비교하세요. 주사위 결과가 능력치와 같거나 낮다면 성공입니다. 주사위 결과가 능력치보다 높다면 실패입니다.

극복 판정: d20을 굴립니다. 주사위 결과가 극복 판정 수치와 같거나 높다면 성공입니다.

전투 판정: d20을 굴린 다음, 관련 공격 보너스를 더합니다. 상대의 장갑 수치와 비교하세요. 판정 결과가 상대 장갑 수치와 같거나 높다면 공격은 명중합니다. 판정 결과가 장갑 수치보다 낮다면 빗나갑니다.

클래스 능력

체력 주사위: d6
행동 순서 보너스: +0
갑옷: 엘프 마도사는 갑옷을 입을 수 없습니다.

주문 사용: 엘프 마도사는 캔트립, 주술, 의식이라는 서로 다른 세 가지 방식으로 마법의 힘을 사용할 수 있습니다. 캐릭터가 처음 가지고 시작하는 주문은 플레이북을 참조하세요.

마법 감지: 엘프 마도사는 마법사처럼 마법을 감지합니다. **울타리 너머, 또 다른 모험으로** p.12를 참조하세요.

엘프: 엘프 마도사는 **울타리 너머, 또 다른 모험으로** p.31에 있는 엘프 시야와 요정의 군주, 불로, 가을의 종족을 얻습니다. 가을의 종족으로 낮아진 **행운 점수**는 이미 플레이북에 반영되어 있습니다.

행운 점수

캐릭터는 행운 점수를 다음 방식으로 사용할 수 있습니다.

친구 돕기: 보통, 캐릭터는 관련 기능이 있어야만 친구의 능력치 판정을 도울 수 있습니다. 하지만 행운 점수를 1점 쓴다면, 해당 판정에 활용할 수 있는 적합한 기능이 없더라도 친구를 도와 판정에 +2 보너스를 줄 수 있습니다.

재도전: 캐릭터는 행운 점수를 1점 써서 능력치 판정이나 극복 판정, 명중 판정처럼 플레이 중에 일어나는 실패한 판정을 다시 굴릴 수 있습니다.

죽음 속이기: 죽을 위기에 처한 캐릭터는 행운 점수를 1점 써서 HP를 0으로 안정시키고 추가 피해를 받지 않을 수 있습니다.

능력치	보너스
1	-4
2-3	-3
4-5	-2
6-8	-1
9-12	0
13-15	+1
16-17	+2
18-19	+3

레벨	경험치	기본 공격 보너스	독 극복	숨결 무기 극복	신체 변형 극복	주문 극복	마법 물품 극복
1	0	+0	14	15	13	12	11
2	2,500	+1	14	15	13	12	11
3	5,000	+1	14	15	13	12	11
4	10,000	+2	14	15	13	12	11
5	20,000	+2	14	15	13	12	11
6	40,000	+3	13	13	11	10	9
7	80,000	+3	13	13	11	10	9
8	150,000	+4	13	13	11	10	9
9	300,000	+4	13	13	11	10	9
10	450,000	+5	13	13	11	10	9

엘프 귀족 플레이북

여러분의 동족은 인간들의 골치 아픈 땅을 벗어나 대부분 머나먼 서쪽으로 여정을 떠났고, 이제 얼마 남지 않았습니다. 하지만 여러분의 가문은 이 곳에 남았습니다. 여러분의 어머니가 인간들과 떨어져서 위치한 작은 엘프 거주지의 여왕 역할을 하고 있기 때문입니다. 이제 여러분은 거주지를 떠났고, 이상한 사람들 사이에서 자신의 길을 찾아야 합니다.

여러분은 새빠르너 영리합니다. 여러분의 민첩성과 지능은 10에서 시작하며, 나머지 능력치는 8에서 시작합니다.

어떻게 인간들의 땅에 오게 되었나요?

1d12	인간들이 번창하기 진, 여러분의 오랜 엘프 가문은 어디서 살았나요?	습득
1	숨겨진 숲속 빈터의 나무 위에서 살았습니다.	+2 지혜, +1 민첩성, +1 건강, 기능: 생존술
2	마법으로 지은 기다란 탑들을 짓고 통치했습니다.	+2 지능, +1 민첩성, +1 지혜, 기능: 석공
3	어느 맑은 강 위에서 우아한 배를 띄우고 살았습니다.	+1 근력, +1 민첩성, +1 지능, +1 지혜, 기능: 보트
4	지하에서 다른 요정들과 함께 거주했습니다.	+2 건강, +1 지능, +1 지혜, 기능: 보석 세공
5	탁 트인 초원을 떠돌면서 풀을 뜯는 동물들을 사냥하고 다녔습니다.	+2 민첩성, +2 지혜, 기능: 사냥
6	숲의 중심부에서 어느 요정 궁정을 다스리던 고귀한 엘프였습니다.	+2 매력, +1 건강, +1 지능, +1 지혜
7	언제나 인간들 근처에서 살면서, 다른 엘프들보다도 인간들과 더욱더 친하게 지냈습니다.	+2 매력, +1 민첩성, +1 건강, +1 지혜
8	머나먼 북쪽에 우뚝 솟은 눈부신 얼음투성이 바위 위에서 살았습니다.	+2 건강, +2 지능, +1 지혜
9	한곳에서 정착하지 않은 채 언제나 떠돌아다녔습니다.	+2 민첩성, +1 근력, +1 지능, +1 지혜
10	야생의 짐승들을 벗 삼아 단순하고 조화롭게 살았습니다.	+2 민첩성, +1 근력, +1 지능, 기능: 동물 교감
11	거대한 비밀 도서관을 짓고 세상의 잊힌 지식을 보관했습니다.	+1 지능, +1 지혜, +1 매력, 기능: 잊힌 비밀
12	이 세상에서 다시는 볼 수 없는 위대한 도시에서 살았습니다.	+1 근력, +1 민첩성, +1 지능, +1 지혜, +1 매력

1d8	여러분은 왜 다른 엘프들 곁을 떠났나요?	습득
1	여러분의 일족은 북쪽의 야수 같은 거친 인간들에게 살해당했습니다.	+2 근력, +1 지혜
2	단순한 호기심 때문에 고향을 떠나 멀리 왔습니다.	+2 매력, +1 지능
3	친절한 마음을 가진 여러분은 인간과 엘프가 서로 도울 수 있다고 믿습니다.	+2 지능, +1 지혜
4	동족들이 가지지 못한 지식을 찾기를 원합니다.	+2 지능, +1 지혜
5	여러분은 인간의 시대가 도래했다고 믿으며, 인간들이 이루는 위대한 업적에 가담하려 합니다.	+2 지혜, +1 건강
6	여러분이 갖춘 흔치 않은 기술이 인간들 사이에서 크게 빛을 발할 거라고 자신합니다.	+2 민첩성, +1 지능
7	엘프와 싸운 고대의 적들을 직접 대면하려 합니다.	+1 근력, +1 건강, +1 지능
8	여러분의 거주지에 사는 동족 대부분은 서쪽으로 멀리 떠났습니다.	+1 민첩성, +1 지능, +1 지혜

1d8	동족들을 떠난 후, 여러분은 인간들과 지내는 생활에 어려움을 겪었습니다. 하지만 다른 플레이어 캐릭터들과는 깊은 우정을 맺었습니다. 그 밖에 누구와 친하게 지냈나요?	습득
1	대장장이는 여러분에게 친절하게 대해주었고, 여러분은 자주 대장간에 들러 서로 아는 이야기를 교환하곤 했습니다.	+2 근력, +1 매력
2	사냥꾼은 여러분에게 여러 가지 인간의 삼림 지식을 가르쳐주었고, 여러분 역시 그에게 엘프의 지식을 가르쳐주었습니다.	+2 민첩성, +1 지혜
3	대다수 인간은 여러분이 너무 이상하다고 생각하면서, 말을 걸기를 두려워했습니다. 그래서 여러분은 많은 시간을 홀로 보냈습니다.	+1 건강, +1 지능, +1 지혜
4	마을의 한 어르신이 여러분에게 엘프와 인간들의 고대 이야기를 들려주었습니다.	+2 지능, +1 지혜
5	베 짜는 할머니는 이전에도 여러분 같은 엘프를 만난 적이 있다고 말했습니다.	+2 지혜, +1 민첩성
6	놀랍게도, 여러분은 젊고 아름다운 인간과 비밀리에 사랑에 빠졌습니다.	+2 매력, +1 건강
7	여러분은 민병대에서 복무하면서, 인간들이 자신의 땅을 지키는 데 도움을 주었습니다.	+1 근력, +1 건강, +1 매력
8	늙은 마녀는 여러분에게 흠뻑 빠졌고, 서로 아는 비밀을 주고받곤 했습니다.	+1 민첩성, +1 지능, +1 지혜

여러분은 가문의 교육을 받으며 위대한 전사의 길뿐만 아니라 마법의 기예도 수련했습니다. 여러분은 1레벨 전사-마법사가 되며, 클래스 능력으로 **무기 숙련**과 **마법 감지**, **주문 사용**, **기능: 고대 지식**, **캔트립 환상 짜기**를 얻습니다. 다음 표는 여러분의 추가 주문과 자세한 클래스 능력을 정합니다. 여러분은 수련을 시작한 후 무엇을 배웠나요?

1d6	여러분은 눈부신 엘프의 철로 만든 검을 지녔습니다. 어디서 얻었나요?	습득
1	여러분은 아득한 고대에 벼른 가문의 검을 지녔습니다. 무기 숙련 능력으로 장검을 선택합니다.	+2 건강, 기능: 고대 지식, 무기 숙련 (왼쪽 항목)
2	여러분은 요정과 인간들을 도운 대장장이 웨이랜드를 우연히 만났고, 그는 여러분에게 검을 주었습니다. 무기 숙련 능력으로 장검을 선택합니다.	+2 민첩성, 기능: 은신, 무기 숙련 (왼쪽 항목)
3	여러분은 늘 거주지의 대장장이와 친하게 지냈고, 그는 여러분을 위해 훌륭한 검을 벼려주었습니다. 무기 숙련 능력으로 장검을 선택합니다.	+2 근력, 기능: 은신, 무기 숙련 (왼쪽 항목)
4	여러분은 기이한 형태의 거대한 검을 지녔습니다. 그 검을 누가 만들었는지 아는 엘프는 없습니다. 무기 숙련 능력으로 대형검을 선택합니다.	+2 건강, 기능: 금단의 지식, 무기 숙련 (왼쪽 항목)
5	여러분은 엘프 귀족들의 경연에서 가볍고 훌륭한 검을 얻었습니다. 무기 숙련 능력으로 소검을 선택합니다.	+2 민첩성, 기능: 운동, 무기 숙련 (왼쪽 항목)
6	여러분은 대지로 떨어진 별의 파편으로 직접 자신의 검을 벼렸습니다. 무기 숙련 능력으로 소검을 선택합니다.	+2 근력, 기능: 대장장이, 무기 숙련 (왼쪽 항목)

1d6	여러분은 수련생 시절 엘프의 옛 마법 자료를 열람할 수 있었습니다. 무엇을 공부했나요?	습득
1	장막 너머를 보는 법을 배웠습니다. 여러분은 다음 마법을 배웁니다: 캔트립 **영혼 시야**, 의식 **투명 하인**	+2 지능, +1 민첩성, 주문 (왼쪽 항목)
2	자연의 지식을 배웠습니다. 여러분은 다음 마법을 배웁니다: 캔트립 **드루이드의 손길**, 의식 **치유의 딸기**	+2 건강, +1 지혜, 주문 (왼쪽 항목)
3	여러분은 방심한 사람들을 놀리기 좋아하는 장난꾸러기 학생이었습니다. 여러분은 다음 마법을 배웁니다: 캔트립 **소리 만들기**, 의식 **마녀의 파수꾼**	+2 지능, +1 근력, 주문 (왼쪽 항목)
4	숨겨진 것을 밝혀내는 데 흥미를 느꼈습니다. 여러분은 다음 마법을 배웁니다: 캔트립 **마법사의 빛**, 의식 **마력 조사**	+2 지능, +1 매력, 주문 (왼쪽 항목)
5	동족의 적에 맞서 길을 밝히기를 원했습니다. 여러분은 다음 마법을 배웁니다: 캔트립 **마법사의 빛**, 의식 **마법사의 갑옷**	+2 건강, +1 지능, 주문 (왼쪽 항목)
6	어려운 이들을 돕는 법을 배웠습니다. 여러분은 다음 마법을 배웁니다: 캔트립 **축복**, 의식 **치유의 딸기**	+2 지혜, +1 근력, 주문 (왼쪽 항목)

1d6	여러분은 인간의 땅에 온 직후, 여기가 얼마나 위험한지 절감했습니다. 무슨 일을 겪었나요? 오른편 플레이어는 그 자리에 함께 있었습니다.	습득
1	겁에 질린 여행자들이 길가에서 여러분을 쫓아냈습니다. 오른편 친구는 여러분이 도망치도록 도왔고, +1 민첩성을 얻습니다.	+2 민첩성, 의식: 요술사의 말
2	어느 사악한 요정이 잠깐 여러분을 쫓아다니며 괴롭혔습니다. 오른편 친구는 여러분을 도와 요정이 접근하지 못하도록 막았고, +1 지능을 얻습니다.	+2 지능, 의식: 보호의 원
3	여러분은 야만족 무리의 접근을 마을 사람들에게 일찍 알려서 그들을 도왔습니다. 오른편 친구는 야만족 정찰병 하나를 쓰러뜨리고 여러분이 마을에 경고하도록 도와서 +1 근력을 얻습니다.	+2 근력, 의식: 패밀리어 엮기
4	어느 사악한 악마가 여러분 몸속에 흐르는 요정의 피를 탐냈습니다. 오른편 친구는 여러분이 악마의 진실한 이름을 알아내도록 도왔고, +1 지능을 얻습니다.	+2 지능, 의식: 보호의 원
5	먼 나라에서 온 어느 왕의 군대가 위험할 정도로 마을에 가까이 접근했을 때, 여러분은 마을을 발견하지 못하도록 숨겼습니다. 오른편 친구는 여러분이 마법을 사용하는 동안 정찰병들을 저 멀리 유인했고, +1 지능을 얻습니다.	+2 지능, 의식: 안개 모으기
6	흉작이 든 해에 여러분은 야생에서 식량을 찾아 헤맸습니다. 오른편 친구는 여러분과 함께 쉬지 않고 돌아다녔고, +1 건강을 얻습니다.	+2 건강, 의식: 패밀리어 엮기

1d6	여러분이 떠날 때, 동족들에게 무슨 징표를 받았나요?	습득
1	별들이 그려진 천.	+2 지능, 밤하늘 같은 망토
2	훌륭한 신발.	+2 민첩성, 부드러운 엘프의 장화
3	여러분이 거의 잊고 있었던 것.	+2 매력, 엘프의 밧줄 한 타래
4	잊힌 왕국의 상징.	+2 매력, 가느다란 금속 머리띠
5	신속한 반격에 사용하는 동족의 무기.	+2 민첩성, 훌륭한 엘프의 활, 화살 한 통
6	어머니의 슬퍼하는 노래.	+2 지혜, 언제나 마음속에 간직할 목소리

캐릭터 시트를 채우세요!

1. 캐릭터 이름과 클래스, 레벨을 적으세요.

2. 능력치를 적으세요. 각 능력치 옆에 다음 쪽에 나온 능력치 보너스를 적으세요.

3. 캐릭터의 기능과 클래스 능력, 초기 장비 및 사고 싶은 물건을 적으세요. 엘프 귀족은 다음 장비를 가지고 시작합니다: 단검, 좋은 옷, 아름다운 엘프의 검 (명중과 피해에 +1), 무늬가 새겨진 가죽 갑옷 (장갑 +2), 엘프의 빵 일주일 치. 돈은 없습니다!

4. 가치관을 하나 선택하세요. 캐릭터는 질서, 혼돈, 중립 중 하나입니다. 정하지 못하겠다면 다른 요정 군주들과 마찬가지로 혼돈을 선택하세요.

5. 클래스에 따라 기본 공격 보너스를 받습니다. 1레벨 전사-마법사는 +1입니다.

6. 행동 순서는 캐릭터 레벨+민첩성 보너스+1(전사-마법사) 입니다.

7. 캐릭터의 장갑 수치는 10+민첩성 수정치+캐릭터가 받는 장갑 보너스입니다.

8. 캐릭터의 행운 점수는 2점입니다.

9. 캐릭터의 HP는 8+건강 보너스입니다.

10. 다음 쪽에 나온 극복 판정 수치를 적으세요.

11. 캐릭터가 사용할 법한 무기의 수치를 '명중 보너스'와 '피해' 항목에 적으세요. 근접 무기 명중 보너스는 기본 공격 보너스+근력 보너스이며, 원거리 무기 공격 보너스는 기본 공격 보너스+민첩성 보너스입니다. 근력 보너스는 근접 무기의 피해에도 더합니다. 무기 숙련으로 받는 보너스를 잊지 마세요!

참고 사항

판정

능력치 판정: d20을 굴린 다음 주사위 결과를 관련 능력치와 비교하세요. 주사위 결과가 능력치와 같거나 낮다면 성공입니다. 주사위 결과가 능력치보다 높다면 실패입니다.

극복 판정: d20을 굴립니다. 주사위 결과가 극복 판정 수치와 같거나 높다면 성공입니다.

전투 판정: d20을 굴린 다음, 관련 공격 보너스를 더합니다. 상대의 **장갑** 수치와 비교하세요. 판정 결과가 상대 장갑 수치와 같거나 높다면 공격은 명중합니다. 판정 결과가 장갑 수치보다 낮다면 빗나갑니다.

클래스 능력

체력 주사위: d8
행동 순서 보너스: +1
갑옷: 엘프 귀족은 아무 갑옷이나 입을 수 있습니다.

무기 숙련: 엘프 귀족은 특별하게 잘 다루는 선호 무기가 있습니다. 캐릭터가 잘 다루는 무기는 플레이북에 있습니다. 캐릭터는 선택한 무기를 들고 싸울 때 명중에 +1 보너스, 피해에 +2 보너스를 받습니다.

주문 사용: 엘프 귀족은 캔트립과 의식만 사용합니다.

마법 감지: 엘프 귀족은 마법사처럼 마법을 감지합니다. **울타리 너머, 또 다른 모험으로** p.12를 참조하세요.

엘프: 엘프 귀족은 **울타리 너머, 또 다른 모험으로** p.31에 있는 엘프 시야와 요정의 군주, 불로, 가을의 종족을 얻습니다. 가을의 종족으로 낮아진 **행운 점수**는 이미 플레이북에 반영되어 있습니다.

행운 점수

캐릭터는 행운 점수를 다음 방식으로 사용할 수 있습니다.

친구 돕기: 보통, 캐릭터는 관련 기능이 있어야만 친구의 능력치 판정을 도울 수 있습니다. 하지만 행운 점수를 1점 쓴다면, 해당 판정에 활용할 수 있는 적합한 기능이 없더라도 친구를 도와 판정에 +2 보너스를 줄 수 있습니다.

재도전: 캐릭터는 행운 점수를 1점 써서 능력치 판정이나 극복 판정, 명중 판정처럼 플레이 중에 일어나는 실패한 판정을 다시 굴릴 수 있습니다.

죽음 속이기: 죽을 위기에 처한 캐릭터는 행운 점수를 1점 써서 HP를 0으로 안정시키고 추가 피해를 받지 않을 수 있습니다.

능력치	보너스
1	-4
2-3	-3
4-5	-2
6-8	-1
9-12	0
13-15	+1
16-17	+2
18-19	+3

레벨	경험치	기본 공격 보너스	독 극복	숨겨 무기 극복	신체 변형 극복	주문 극복	마법 물품 극복
1	0	+1	14	17	15	17	16
2	2,500	+2	14	17	15	17	16
3	5,000	+3	13	16	14	14	15
4	10,000	+4	13	16	14	14	15
5	20,000	+5	11	14	12	12	13
6	40,000	+6	11	14	12	12	13
7	80,000	+7	10	13	11	11	12
8	150,000	+8	10	13	11	11	12
9	300,000	+9	8	11	9	9	10
10	450,000	+10	8	11	9	9	10

엘프 레인저 플레이북

여러분은 숲속 엘프들의 숨겨진 거주지에 남은 엘프입니다. 여러분은 숲을 고향으로 삼아 자유롭게 거닐면서 인간들의 거주지를 감시하고, 난폭한 약탈자들을 추적하고, 아직 남은 야생지대를 수호합니다. 이제 여러분은 인간 마을 근처에 살면서 몇몇 마을 사람들과 좋은 관계를 맺고 있습니다.

여러분은 몸을 잘 숨기고 야생에서 길을 수월하게 찾습니다. 여러분의 **민첩성**과 **지혜**는 10에서 시작하며, 나머지 능력치는 8에서 시작합니다.

어떻게 인간들의 땅에 오게 되었나요?

1d12	인간들이 번창하기 전, 여러분의 오랜 엘프 가문은 어디서 살았나요?	습득
1	숨겨진 숲속 빈터의 나무 위에서 살았습니다.	+2 지혜, +1 민첩성, +1 건강, 기능: 생존술
2	마법으로 지은 기다란 탑들을 짓고 통치했습니다.	+2 지능, +1 민첩성, +1 지혜, 기능: 석공
3	어느 맑은 강 위에서 우아한 배를 띄우고 살았습니다.	+1 근력, +1 민첩성, +1 지능, +1 지혜, 기능: 보트
4	지하에서 다른 요정들과 함께 거주했습니다.	+2 건강, +1 지능, +1 지혜, 기능: 보석 세공
5	탁 트인 초원을 떠돌면서 풀을 뜯는 동물들을 사냥하고 다녔습니다.	+2 민첩성, +2 지혜, 기능: 사냥
6	숲의 중심부에서 어느 요정 궁정을 다스리던 고귀한 엘프였습니다.	+2 매력, +1 건강, +1 지능, +1 지혜
7	언제나 인간들 근처에서 살면서, 다른 엘프들보다도 인간들과 더욱더 친하게 지냈습니다.	+2 매력, +1 민첩성, +1 건강, +1 지혜
8	머나먼 북쪽에 우뚝 솟은 눈부신 얼음투성이 바위 위에서 살았습니다.	+2 건강, +2 지능, +1 지혜
9	한곳에서 정착하지 않은 채 언제나 떠돌아다녔습니다.	+2 민첩성, +1 근력, +1 지능, +1 지혜
10	야생의 짐승들을 벗 삼아 단순하고 조화롭게 살았습니다.	+2 민첩성, +1 근력, +1 지능, 기능: 동물 교감
11	거대한 비밀 도서관을 짓고 세상의 잊힌 지식을 보관했습니다.	+1 지능, +1 지혜, +1 매력, 기능: 잊힌 비밀
12	이 세상에서 다시는 볼 수 없는 위대한 도시에서 살았습니다.	+1 근력, +1 민첩성, +1 지능, +1 지혜, +1 매력

1d8	여러분은 왜 다른 엘프들 곁을 떠났나요?	습득
1	여러분의 일족은 북쪽의 야수 같은 거친 인간들에게 살해당했습니다.	+2 근력, +1 지혜
2	단순한 호기심 때문에 고향을 떠나 멀리 왔습니다.	+2 매력, +1 지능
3	친절한 마음을 가진 여러분은 인간과 엘프가 서로 도울 수 있다고 믿습니다.	+2 지능, +1 지혜
4	동족들이 가지지 못한 지식을 찾기를 원합니다.	+2 지능, +1 지혜
5	여러분은 인간의 시대가 도래했다고 믿으며, 인간들이 이루는 위대한 업적에 가담하려 합니다.	+2 지혜, +1 건강
6	여러분이 갖춘 흔치 않은 기술이 인간들 사이에서 크게 빛을 발할 거라고 자신합니다.	+2 민첩성, +1 지능
7	엘프와 싸운 고대의 적들을 직접 대면하려 합니다.	+1 근력, +1 건강, +1 지능
8	여러분의 거주지에 사는 동족 대부분은 서쪽으로 멀리 떠났습니다.	+1 민첩성, +1 지능, +1 지혜

1d8	동족들을 떠난 후, 여러분은 인간들과 지내는 생활에 어려움을 겪었습니다. 하지만 다른 플레이어 캐릭터들과는 깊은 우정을 맺었습니다. 그 밖에 누구와 친하게 지냈나요?	습득
1	대장장이는 여러분에게 친절하게 대해주었고, 여러분은 자주 대장간에 들러 서로 아는 이야기를 교환하곤 했습니다.	+2 근력, +1 매력
2	사냥꾼은 여러분에게 여러 가지 인간의 삼림 지식을 가르쳐주었고, 여러분 역시 그에게 엘프의 지식을 가르쳐주었습니다.	+2 민첩성, +1 지혜
3	대다수 인간은 여러분이 너무 이상하다고 생각하면서, 말을 걸기를 두려워했습니다. 그래서 여러분은 많은 시간을 홀로 보냈습니다.	+1 건강, +1 지능, +1 지혜
4	마을의 한 어르신이 여러분에게 엘프와 인간들의 고대 이야기를 들려주었습니다.	+2 지능, +1 지혜
5	베 짜는 할머니는 이전에도 여러분 같은 엘프를 만난 적이 있다고 말했습니다.	+2 지혜, +1 민첩성
6	놀랍게도, 여러분은 젊고 아름다운 인간과 비밀리에 사랑에 빠졌습니다.	+2 매력, +1 건강
7	여러분은 민병대에서 복무하면서, 인간들이 자신의 땅을 지키는 데 도움을 주었습니다.	+1 근력, +1 건강, +1 매력
8	늙은 마녀는 여러분에게 흠뻑 빠졌고, 서로 아는 비밀을 주고받곤 했습니다.	+1 민첩성, +1 지능, +1 지혜

여러분은 야생을 떠돌기 시작했습니다. 여러분은 1레벨 도적-마법사가 되며, 클래스 능력으로 숙련된 솜씨와 주문 사용, 기능: 생존술을 얻습니다. 다음 표는 여러분이 어떤 기능과 마법을 더 익히는지 정합니다. 여러분은 방랑자가 된 후 무슨 일을 겪었나요?

1d6	인간의 땅에 정착한 후, 여러분은 어디에서 고독을 찾았나요?	습득
1	깊은 숲속 아무도 모르게 모여 자라는 주목 사이에서.	+2 민첩성, 기능: 은신
2	풀로 덮인 빈터 한가운데 있는 요정의 우물.	+2 지혜, 기능: 약초 지식
3	이제는 무너지고 잡초로 뒤덮인 엘프 사원의 잔해.	+2 지능, 기능: 고대 역사
4	때때로 다른 숲속 생물들과 같이 쓰곤 하는 바위 동굴.	+2 지혜, 기능: 동물 교감
5	커다란 떡갈나무 가지 위에 잘 보이지 않게 올려놓은 판.	+2 근력, 기능: 운동
6	상냥한 드라이어드가 돌보는 깨끗한 샘.	+2 매력, 기능: 은신

1d6	세계수 가지 아래에서 여러분은 무슨 노래를 배웠나요?	습득
1	여러분은 숲속의 나무들에게 말을 거는 법을 배웠습니다. 나무들은 요정 군주의 권위 아래 고개를 숙입니다.	+3 매력, 기능: 노래, 주술: 자취 없는 걸음
2	사악한 적들 앞에서 쓰러져가는 동족들을 위해 부상자들을 돌보는 법을 배웠습니다.	+3 지혜, 기능: 약초 지식, 주술: 치유의 손길
3	요정의 환상과 속임수를 다루는 노래를 배웠습니다.	+3 민첩성, 기능: 은신, 주술: 고급 환상
4	고귀한 동물들을 달래고 도움을 청하는 노래를 배웠습니다.	+3 건강, 기능: 노래, 주술: 야생의 부름
5	목제품 속에 있는 정령들에게 노래를 불러 물건을 망가뜨리고 파괴하는 노래를 배웠습니다.	+3 민첩성, 기능: 생존술, 주술: 뒤틀림의 노래
6	사냥꾼 무리가 고블린과 야생 괴수들의 눈에 들키지 않고 지나가야 했을 때, 여러분은 안개에게 노래를 불렀습니다.	+3 지혜, 기능: 사냥, 주술: 요정의 망토

1d6	여러분은 인간의 땅에 온 직후, 여기가 얼마나 위험한지 절감했습니다. 무슨 일을 겪었나요? 오른편 플레이어는 그 자리에 함께 있었습니다.	습득
1	북쪽에서 온 어느 약탈자 무리가 가는 길마다 불태우고 파괴하면서 숲속에 있는 여러분의 비밀스러운 집 근처까지 접근했습니다. 오른편 친구는 적들을 유인해서 달아났고, +1 민첩성을 얻습니다.	+2 민첩성, 기능: 은신, 주술: 엘프의 사격
2	여관 주인이 여러분을 괴물이라고 생각한 탓에, 여러분이 무어라고 말하기도 전에 정신을 잃을 정도로 구타했습니다. 오른편 친구는 둘 사이에 끼어들어 여러분을 감싸 주었고, +1 선량을 얻습니다.	+2 건강, 기능: 지휘, 주술: 거지 친구
3	인간의 어두운 마법으로 흉측하게 변한 어느 사악한 짐승이 숲에서 태어나 마을로 왔습니다. 여러분은 친구와 함께 그 괴물을 처치했습니다. 오른편 친구는 마지막 일격을 날렸고, +1 근력을 얻습니다.	+2 근력, 기능: 사냥, 주술: 속박
4	여러분이 마을로 왔을 때, 사람들은 불신의 눈으로 쳐다보았습니다. 여러분이 사람들 한가운데에서 도둑을 발견했을 때까지는 말이지요. 오른편 친구는 여러분이 사람들을 속인 자를 찾도록 도왔고, +1 지능을 얻습니다.	+2 지능, 기능: 은신, 주술: 침묵
5	마을 사람 중 하나가 전통을 잊어버려서 자기 집 벽난로의 스프라이트를 화나게 했을 때, 여러분은 그 요정을 진정시키고 조용히 집을 떠나도록 설득했습니다. 오른편 친구는 여러분에게 이 문제를 알려주었고, +1 매력을 얻습니다.	+2 매력, 기능: 지휘, 주술: 엘프의 사격
6	마을 아이 중 하나가 실종되었을 때, 여러분은 친구와 함께 밤새 숲속을 뒤지면서 아이를 찾았습니다. 오른편 친구는 여러분과 함께 아이의 이름을 불렀고, +1 건강을 얻습니다.	+2 건강, 기능: 생존술, 주술: 꿰뚫는 눈

1d6	가문 사람들은 여러분에게 어떤 요정의 작품을 남겨 주었나요?	습득
1	부드러운 가죽으로 만든 포도주 부대.	+2 건강, 포도주 부대
2	엘프의 룬 문자가 새겨진 은색 화살.	+2 민첩성, 마법의 화살 한 자루
3	사육장에서 가장 훌륭한 강아지.	+2 건강, 어린 요정 사냥개 (동료로 간주)
4	깊디깊은 진홍빛 작은 보석.	+2 매력, 요정의 루비
5	달빛으로 만든 리본.	+2 민첩성, 절대 끊어지지 않는 은색 리본
6	어머니의 슬퍼하는 노래.	+2 지혜, 언제나 마음 속에 간직할 목소리

캐릭터 시트를 채우세요!

1. 캐릭터 이름과 클래스, 레벨을 적으세요.

2. 능력치를 적으세요. 각 능력치 옆에 다음 쪽에 나온 능력치 보너스를 적으세요.

3. 캐릭터의 기능과 클래스 능력, 초기 장비 및 사고 싶은 물건을 적으세요. 엘프 귀족은 다음 장비를 가지고 시작합니다: 단검, 좋은 옷, 아름다운 엘프의 검 (명중과 피해에 +1), 무늬가 새겨진 가죽 갑옷 (장갑 +2), 엘프의 빵 일주일 치. 돈은 없습니다!

4. 가치관을 하나 선택하세요. 캐릭터는 질서, 혼돈, 중립 중 하나입니다. 정하지 못하겠다면 다른 요정 군주들과 마찬가지로 혼돈을 선택하세요.

5. 클래스에 따라 기본 공격 보너스를 받습니다. 1레벨 전사-마법사는 +1입니다.

6. 행동 순서는 캐릭터 레벨+민첩성 보너스+1(전사-마법사)입니다.

7. 캐릭터의 장갑 수치는 10+민첩성 수정치+캐릭터가 받는 장갑 보너스입니다.

8. 캐릭터의 행운 점수는 2점입니다.

9. 캐릭터의 HP는 8+건강 보너스입니다.

10. 다음 쪽에 나온 극복 판정 수치를 적으세요.

11. 캐릭터가 사용할 법한 무기의 수치를 '명중 보너스'와 '피해' 항목에 적으세요. 근접 무기 명중 보너스는 기본 공격 보너스+근력 보너스이며, 원거리 무기 공격 보너스는 기본 공격 보너스+민첩성 보너스입니다. 근력 보너스는 근접 무기의 피해에도 더합니다. 무기 숙련으로 받는 보너스를 잊지 마세요!

판정

능력치 판정: d20을 굴린 다음 주사위 결과를 관련 능력치와 비교하세요. 주사위 결과가 능력치와 같거나 낮다면 성공입니다. 주사위 결과가 능력치보다 높다면 실패입니다.

극복 판정: d20을 굴립니다. 주사위 결과가 극복 판정 수치와 같거나 높다면 성공입니다.

전투 판정: d20을 굴린 다음, 관련 공격 보너스를 더합니다. 상대의 **장갑** 수치와 비교하세요. 판정 결과가 상대 **장갑** 수치와 같거나 높다면 공격은 명중합니다. 판정 결과가 **장갑** 수치보다 낮다면 빗나갑니다.

클래스 능력

체력 주사위: d8
행동 순서 보너스: +2
갑옷: 엘프 레인저는 가죽 갑옷만 입을 수 있습니다.

숙련된 솜씨: 엘프 레인저는 1레벨에서 기능을 두 개 더 익히며 (여러분은 플레이북을 통해 이미 얻었습니다), 이후 홀수 레벨마다 (3, 5, 7, 9레벨) 추가로 기능을 하나씩 더 익힙니다. 캐릭터는 새로운 기능을 익히는 대신 이미 가진 기능의 실력을 올릴 수도 있습니다. 이 경우 해당 기능으로 받는 보너스는 +2 늘어납니다.

주문 사용: 엘프 레인저는 주술만 사용합니다.

엘프: 엘프 레인저는 **울타리 너머, 또 다른 모험으로** p.31에 있는 엘프 시야와 요정의 군주, 불로, 가을의 종족을 얻습니다. 가을의 종족으로 낮아진 행운 점수는 이미 플레이북에 반영되어 있습니다.

행운 점수

캐릭터는 행운 점수를 다음 방식으로 사용할 수 있습니다.

친구 돕기: 보통, 캐릭터는 관련 기능이 있어야만 친구의 능력치 판정을 도울 수 있습니다. 하지만 행운 점수를 1점 쓴다면, 해당 판정에 활용할 수 있는 적합한 기능이 없더라도 친구를 도와 판정에 +2 보너스를 줄 수 있습니다.

재도전: 캐릭터는 행운 점수를 1점 써서 능력치 판정이나 극복 판정, 명중 판정처럼 플레이 중에 일어나는 실패한 판정을 다시 굴릴 수 있습니다.

죽음 속이기: 죽을 위기에 처한 캐릭터는 행운 점수를 1점 써서 HP를 0으로 안정시키고 추가 피해를 받지 않을 수 있습니다.

능력치	보너스
1	-4
2-3	-3
4-5	-2
6-8	-1
9-12	0
13-15	+1
16-17	+2
18-19	+3

레벨	경험치	기본 공격 보너스	독 극복	숨겨 무기 극복	신체 변형 극복	주문 극복	마법 물품 극복
1	0	+0	13	16	12	15	14
2	2,500	+1	13	16	12	15	14
3	5,000	+1	13	16	13	15	14
4	10,000	+2	13	16	13	15	14
5	20,000	+3	12	15	11	13	12
6	40,000	+3	12	15	11	13	12
7	80,000	+4	12	15	11	13	12
8	150,000	+5	12	15	11	13	12
9	300,000	+5	11	14	9	11	10
10	450,000	+6	11	14	9	11	10

노움 대부모 플레이북

여러분은 오래전 마을에 와서 어느 가족과 함께 살기 시작했습니다. 여러분은 여러 해 동안 이 가족을 보살펴왔고, 이제는 그중 가장 어린 식구와 모험을 떠날 준비를 마쳤습니다. 오른편 플레이어는 노움 대부모와 함께 사는 가족의 가장 어린 세대로, 여러분의 피보호자입니다.

여러분은 삭시만 빈첩하며, 새지가 넘칩니다. 여러분의 **민첩성**과 **지능**, **매력**은 10에서 시삭하며, **근력**은 6, 나머지 능력지는 8에서 시작합니다.

여러분은 어떻게 해서 인간의 땅에 왔나요?

1d12	여러분의 노움 가문은 무슨 일을 하고 살았나요?	습득
1	멀리 있는 요정 여왕의 궁전을 청소했습니다.	+2 건강, +1 지혜, +1 매력, 기능: 예의범절
2	대대로 작은 언덕 아래 살면서 작은 대장간을 운영했습니다.	+2 근력, +1 건강, +1 지능, 기능: 대장장이
3	부모는 어느 드워프의 씨족에게 물건을 팔면서 살았습니다.	+2 매력, +1 근력, +1 지능, +1 지혜
4	요정 궁정에서 훌륭한 오븐을 맡아서 관리했습니다.	+2 지혜, +1 민첩성, +1 매력, 기능: 요리
5	산 밑의 강에서 그물과 작살로 물고기를 잡으며 살았습니다.	+2 건강, +1 민첩성, +1 지혜, 기능: 낚시
6	어느 위대한 도시에서 인간들의 눈을 피해 살았습니다.	+2 민첩성, +2 지능, +1 지혜
7	여러분 가문의 모든 노움은 언제나 좋아하는 인간을 위해 살았습니다.	+1 근력, +1 건강, +1 지능, +1 지혜, +1 매력
8	다른 노움들과는 달리, 여러분 조상은 위대한 전사였습니다.	+2 근력, +1 건강, +1 민첩성, +1 지능
9	머나먼 땅에서 어느 괴짜 마법사를 시중들면서 살았습니다.	+2 지능, +1 근력, +1 건강, +1 지혜
10	뛰어난 세공품을 만드는 솜씨로 명성이 자자했습니다.	+2 민첩성, +1 지능, +1 매력, 공예 기능 하나 선택
11	조부모 중 하나가 인간과 요정 사이를 중재했습니다.	+3 매력, +1 건강, +1 민첩성
12	커다란 나무들의 둥치와 나뭇가지에 집을 짓고 살았습니다.	+2 민첩성, +1 근력, +1 지능, +1 지혜

1d8	여러분은 어떻게 이 마을에서 정착하게 됐나요?	습득
1	어느 강력한 요정 군주가 오래전 여러분을 추방했습니다.	+2 건강, +1 지혜
2	전설에 따르면 고대 요정의 마법이 이 마을에 묻혀 있다고 합니다. 여러분은 아직 찾지 못했습니다.	+1 민첩성, +1 건강, +1 지능
3	방랑벽에 휩싸여 여기까지 왔지만, 이 마을이 집처럼 편안하게 느껴졌습니다.	+2 매력, +1 지능
4	이 마을에 머무는 동안, 지금 마을의 어르신 중 한 명의 조부모와 우정을 맺었습니다.	+2 지능, +1 매력
5	고블린들이 여러분의 고향을 파괴했을 때, 마을 사람들이 피난처를 제공했습니다.	+2 근력, +1 지혜
6	떠나려고 할 때마다 항상 무언가 다른 할 일이 생겼습니다.	+2 민첩성, +1 지능
7	오래전 어느 푸카가 여러분을 속여서 지금 여러분이 머무는 가족의 집에 남게 했습니다.	+1 건강, +1 지능, +1 지혜
8	여러분이 태어나기도 전, 이미 여러분의 가문은 이 마을의 창립자들에게 약속했습니다.	+1 근력, +1 지혜, +1 매력

1d8	여러분이 교류하는 마을 사람들은 별로 없지만, 다른 플레이어 캐릭터들은 이내 여러분의 친구가 되었습니다. 다른 마을 사람 중에서는 누구와 친하게 지냈나요?	습득
1	여관 주인은 여러분이 여관에 들러 이야기를 해 주는 것을 좋아합니다.	+2 매력, +1 지능
2	종종 지역 장인을 위해 잡다한 일을 해 주곤 합니다.	+2 민첩성, +1 지혜
3	때로 지역 상인과 같이 일을 합니다.	+1 민첩성, +1 지능, +1 매력
4	마을 근처 숲에 사는 커다란 곰과 친구가 되었습니다.	+2 근력, +1 매력
5	마녀는 여러분을 친구로서 대우합니다.	+2 건강, +1 지혜
6	오래된 방앗간집의 주인과 그 가족이 여러분을 무척 좋아합니다.	+2 지능, +1 근력
7	어느 마을 어르신의 허드렛일을 해 주곤 합니다.	+1 근력, +1 건강, +1 매력
8	인간 친구를 사귀는 대신, 마을의 쥐들과 친하게 지냅니다.	+2 지혜, +1 민첩성

여러분은 어느 가족의 보호자로서 여러 세대 동안 일했습니다. 여러분은 1레벨 도적-마법사가 되며, 클래스 능력으로 마법 감지와 주문 사용, 기능: 은신을 얻습니다. 다음 표는 여러분이 어떤 기능과 마법을 더 익히는지 정합니다.

여러분은 여기 정착해서 인간 가족을 돌본 이래 무슨 일을 겪었나요?

1d6	어떻게 해서 지금 인간 가족과 연을 맺었나요?	습득
1	몇 세대 전, 여러분은 어느 어둠의 영에 시달리던 가족을 구했습니다.	+2 지능, 기능: 금단의 비밀, 주술: 추방
2	가족의 조부가 여러분을 곰에게서 구해 주었고, 여러분은 그 은혜를 갚을 기회를 기다리고 있었습니다.	+2 지혜, 기능: 생존술, 주술: 친구의 부름
3	처음 가족을 만났을 때, 여러분은 요정의 마법으로 그들을 가지고 놀았습니다. 하지만 점점 가족들을 사랑하게 되어서, 그들을 돕기 위해 이 집에 머물기로 했습니다.	+2 민첩성, 기능: 덫, 주술: 허상의 가면
4	오래전 겨울에 성난 폭도들이 무언가 오해를 해서 가족의 조부모들에게 들이닥쳤을 때, 여러분은 환상으로 집을 숨겨주었습니다.	+2 건강, 기능: 운동, 주술: 고급 환상
5	가세가 기울어졌을 때, 가족은 누구든 도움을 주는 이들에게 선물을 남겼습니다.	+2 근력, 공예 기능 하나 선택, 주술: 밤의 기예
6	어느 힘든 겨울, 오직 이 가족만이 여러분을 후하게 대접했습니다.	+2 매력, 기능: 예의범절, 주술: 밤의 기예

1d6	여러분만 홀로 아는 마을의 비밀은?	습득
1	오래전 야만족 약탈자들이 쳐들어왔을 때, 어르신 하나가 마을을 배반했습니다.	+2 지능, +1 지혜, 기능: 금단의 비밀
2	마을 창립자 중 하나의 유령이 여관에 나타납니다.	+2 매력, +1 민첩성, 기능: 경계
3	마을 우물 바닥에 저주받은 보물 창고가 숨겨져 있습니다.	+2 민첩성, +1 건강, 기능: 운동
4	어느 위대한 옛 영웅의 뿔피리가 어디에 숨겨져 있는지 압니다.	+2 지혜, +1 매력, 기능: 지휘
5	옛 군주가 숲속 수양버들 아래에 있는 자신의 무덤을 지키는 모습을 목격했습니다.	+2 건강, +1 지혜, 기능: 생존술
6	요정 군주의 궁정으로 통하는 관문이 마을 안에 아무도 모르게, 하지만 아주 잘 보이는 장소에 감춰져 있습니다.	+2 지능, +1 매력, 기능: 요정 지식

1d6	오랜 시간 동안 인간 가족을 위해 일한 다음, 왜 여러분은 친구들과 함께 모험을 떠나기로 했나요? 여러분이 책임진 오른편 피보호자는 결정을 도와주었습니다.	습득
1	어느 사악하고 위험한 요정이 인간 가족에게 아주 오래된 원한을 가지고 있으며, 복수를 꿈꾸고 있다는 사실을 알았습니다. 오른편 피보호자는 최근 이 위협을 깨닫고 +1 지능을 얻습니다.	+2 지능, 기능: 요정 지식, 주술: 허기와 갈증
2	인간 가족의 조부모 중 하나가 여러분에게 손주를 힘들게 단련시키고 견문을 넓혀 달라고 맹세를 시켰습니다. 오른편 피보호자는 수련을 시작할 준비가 되었고, +1 건강을 얻습니다.	+2 건강, 기능: 지휘, 주술: 용기의 말
3	여러분은 집안일에 싫증이 나서 좀 더 재미있는 일을 하려고 합니다. 오른편 피보호자는 앞으로 펼쳐질 모험에 설레고 있으며, +1 매력을 얻습니다.	+2 매력, 기능: 생존술, 주술: 치유의 손길
4	여러분이 숲속을 거니는 동안, 뿔의 왕이 여러분과 오른편 피보호자를 거의 잡아갈 뻔했습니다. 오른편 피보호자는 여러분을 도와서 함께 도망쳤지만, 만약 뿔의 왕이 돌아온다면 더는 가만히 있을 수 없다는 사실을 알고 있으며, +1 민첩성을 얻습니다.	+2 민첩성, 기능: 은신, 주술: 엘프의 사격
5	여러분은 인간 가족이 더는 힘든 시기에 고생하지 않도록 커다란 부를 얻어 줄 계획입니다. 오른편 피보호자는 여러분과 함께 보물을 찾을 준비가 되었고, +1 지능을 얻습니다.	+2 지능, 기능: 경계, 주술: 평화의 성역
6	인간 식구 하나가 사악한 도적 떼에게 목숨을 잃었습니다. 오른편 피보호자는 여러분과 함께 이 세상을 좀 더 안전하게 만들겠다고 다짐했고, +1 매력을 얻습니다.	+2 매력, 기능: 조사, 주술: 진실한 일격

1d6	집을 돌보면서 가장 좋아하는 일은 무엇인가요?	습득
1	갖가지 물건을 줍고 모으기.	+2 민첩성, 모든 마을 사람의 머리카락 한 가닥씩.
2	동물 돌보기.	+2 지혜, 동물 친구
3	밤에 스튜가 든 냄비 봐 주기.	+2 근력, 철 국자
4	굴뚝 청소.	+2 건강, 재를 모아 담은 자루
5	부서진 물건 고치기.	+2 지능, 망치와 부젓가락
6	나쁜 꿈꾸는 가족 달래주기.	+2 매력, 이야기책

───── **캐릭터 시트를 채우세요!** ─────

1. 캐릭터 이름과 클래스, 레벨을 적으세요.

2. 능력치를 적으세요. 각 능력치 옆에 다음 쪽에 나온 능력치 보너스를 적으세요.

3. 캐릭터의 기능과 클래스 능력, 초기 장비 및 사고 싶은 물건을 적으세요. 노움 대부모는 다음 장비를 가지고 시작합니다: 주머니칼, 소박한 옷, 청소 용품, 오랫동안 쓴 빗자루, 은화 6d6냥 값어치의 잡동사니.

4. 가치관을 하나 선택하세요. 캐릭터는 질서, 혼돈, 중립 중 하나입니다. 정하지 못하겠다면 다른 요정 군주들과 마찬가지로 혼돈을 선택하세요.

5. 클래스에 따라 기본 공격 보너스를 받습니다. 1레벨 도적-마법사는 +0입니다.

6. 행동 순서는 캐릭터 레벨+민첩성 보너스+2(도적-마법사)입니다.

7. 캐릭터의 **장갑** 수치는 10+**민첩성** 수정치+캐릭터가 받는 **장갑** 보너스입니다.

8. 캐릭터의 **행운** 점수는 3점입니다.

9. 캐릭터의 HP는 8+건강 보너스입니다.

10. 다음 쪽에 나온 극복 판정 수치를 적으세요.

11. 캐릭터가 사용할 법한 무기의 수치를 '명중 보너스'와 '피해' 항목에 적으세요. 근접 무기 명중 보너스는 기본 공격 보너스+근력 보너스이며, 원거리 무기 공격 보너스는 기본 공격 보너스+민첩성 보너스입니다. 근력 보너스는 근접 무기의 피해에도 더합니다. 무기 숙련으로 받는 보너스를 잊지 마세요!

참고 사항

판정

능력치 판정: d20을 굴린 다음 주사위 결과를 관련 능력치와 비교하세요. 주사위 결과가 능력치와 같거나 낮다면 성공입니다. 주사위 결과가 능력치보다 높다면 실패입니다.

극복 판정: d20을 굴립니다. 주사위 결과가 극복 판정 수치와 같거나 높다면 성공입니다.

전투 판정: d20을 굴린 다음, 관련 공격 보너스를 더합니다. 상대의 **장갑** 수치와 비교하세요. 판정 결과가 상대 **장갑** 수치와 같거나 높다면 공격은 명중입니다. 판정 결과가 **장갑** 수치보다 낮다면 빗나갑니다.

클래스 능력

체력 주사위: d8
행동 순서 보너스: +2
갑옷: 노움 대부모는 가죽 갑옷만 입을 수 있습니다.

숙련된 솜씨: 노움 대부모는 1레벨에서 기능을 두 개 더 익히며 (여러분은 플레이북을 통해 이미 얻었습니다), 이후 홀수 레벨마다 (3, 5, 7, 9레벨) 추가로 기능을 하나씩 더 익힙니다. 캐릭터는 새로운 기능을 익히는 대신 이미 가진 기능의 실력을 올릴 수도 있습니다. 이 경우 해당 기능으로 받는 보너스는 +2 늘어납니다.

주문 사용: 노움 대부모는 주술만 사용합니다. 하지만 노움이기 때문에 **환상** 짜기 캔트립도 얻습니다.

노움: 노움 대부모는 가지각색 영웅들 p.12에 있는 노움의 **환상**과 잽쌈, 작은 몸집, 운석 철에 약함을 얻습니다.

행운 점수

캐릭터는 행운 점수를 다음 방식으로 사용할 수 있습니다.

친구 돕기: 보통, 캐릭터는 관련 기능이 있어야만 친구의 능력치 판정을 도울 수 있습니다. 하지만 행운 점수를 1점 쓴다면, 해당 판정에 활용할 수 있는 적합한 기능이 없더라도 친구를 도와 판정에 +2 보너스를 줄 수 있습니다.

재도전: 캐릭터는 행운 점수를 1점 써서 능력치 판정이나 극복 판정, 명중 판정처럼 플레이 중에 일어나는 실패한 판정을 다시 굴릴 수 있습니다.

죽음 속이기: 죽을 위기에 처한 캐릭터는 행운 점수를 1점 써서 HP를 0으로 안정시키고 추가 피해를 받지 않을 수 있습니다.

능력치	보너스
1	-4
2-3	-3
4-5	-2
6-8	-1
9-12	0
13-15	+1
16-17	+2
18-19	+3

레벨	경험치	기본 공격 보너스	독 극복	숨결 무기 극복	신체 변형 극복	주문 극복	마법 물품 극복
1	0	+0	14	15	13	12	11
2	2,500	+1	14	15	13	12	11
3	5,000	+1	14	15	13	12	11
4	10,000	+2	14	15	13	12	11
5	20,000	+2	14	15	13	12	11
6	40,000	+3	13	13	11	10	9
7	80,000	+3	13	13	11	10	9
8	150,000	+4	13	13	11	10	9
9	300,000	+4	13	13	11	10	9
10	450,000	+5	13	13	11	10	9

하플링 순찰대원 플레이북

하플링의 땅에서 살던 시절, 여러분은 동족을 지키는 전사였습니다. 여러분은 충직한 조랑말을 타고 고향 땅의 경계를 순찰하면서 야만인들과 고블린, 그리고 성가신 큰 사람들을 감시했습니다. 이제 여러분은 고향에서 멀리 떠나 자신만의 모험에 나섰습니다.

여러분은 하플링 중에서도 특히 튼튼하고 날렵합니다. 여러분의 건강은 12에서 시작하며, 민첩성은 10에서, 근력은 6에서, 나머지 능력치는 8에서 시작입니다.

여러분은 어떻게 해서 인간의 땅에 왔나요?

1d12	여러분의 집은 무엇을 하며 살았나요?	습득
1	논밭을 갈면서 유명한 버섯을 재배했습니다.	+2 지혜, +1 근력, +1 건강, 기능: 농사
2	어머니와 아버지는 이 땅에서 가장 맛있는 빵을 구웠습니다.	+1 건강, +1 지능, +1 지혜, +1 매력, 기능: 요리
3	아버지는 큰 마을의 시장이었습니다.	+2 매력, +1 근력, +1 지능, +1 지혜
4	어머니가 빚는 유명한 남쪽의 맥주를 맛보기 위해 다른 동족들이 늘 찾아왔습니다.	+2 민첩성, +1 지능, +1 지혜, 기능: 양조
5	여러분 가문이 사는 땅 주변의 들판은 질 좋은 연초가 나기로 유명했습니다.	+2 건강, +2 민첩성, +1 매력
6	여러분 가문은 대대로 커다란 하플링 공동체의 지도자였습니다.	+2 매력, +1 민첩성, +1 지혜, 기능: 지휘
7	여러분 가문에서는 세대마다 누군가가 모험을 떠났습니다.	+1 근력, +1 민첩성, +1 건강, +1 지능, +1 매력
8	할아버지는 방방곡곡의 여관을 오가면서 이야기를 들려주는 음유시인이었습니다.	+2 매력, +1 지능, +1 민첩성, 공연 기능 하나 선택
9	어머니는 벌을 치고 꿀을 모으는 양봉업자였습니다.	+2 지혜, +1 민첩성, +1 건강, 기능: 동물 지식
10	아버지와 여러분의 형제 및 사촌들은 사냥꾼들을 위해 훌륭한 사냥개를 키웠습니다.	+2 근력, +1 건강, +1 지혜, 기능: 동물 지식
11	결코 이웃들의 신망을 얻지 못한 괴짜 발명가 집안이었습니다.	+3 지능, +1 민첩성, +1 건강
12	아버지는 연락선을 가졌습니다. 여러분 가문은 오랫동안 뱃사공으로 일했지요.	+2 건강, +1 근력, +1 지능, 기능: 보트

1d8	여러분은 무슨 바람이 들었기에 안락한 고향을 떠났나요?	습득
1	부를 찾아 떠났습니다.	+2 지능, +1 근력
2	머나먼 곳에서 온 드워프 일행에 가담했습니다.	+2 매력, +1 건강
3	무언가 이상한 짓을 한 바람에 쫓겨났습니다.	+1 건강, +1 지능, +1 지혜
4	보물 지도를 발견했고 충동을 이길 수 없었습니다.	+1 근력, +1 민첩성, +1 지능
5	고블린들이 고향을 파괴했습니다.	+2 근력, +1 지혜
6	몇몇 인간 상인들이 마을에 왔고, 여러분은 호기심에 사로잡혔습니다.	+2 매력, +1 민첩성
7	어느날 밤, 여러분은 지나가는 엘프 일행을 언뜻 보았고, 저들을 따라가야 한다는 직감을 느꼈습니다.	+2 지혜, +1 민첩성
8	발길 닿는 대로 왔습니다.	+2 건강, +1 민첩성

1d8	동족들을 떠난 후, 여러분은 인간들과 지내는 생활에 어려움을 겪었습니다. 하지만 다른 플레이어 캐릭터들과는 깊은 우정을 맺었습니다. 그 밖에 누구와 친하게 지냈나요?	습득
1	여관 주인은 여러분이 여관에 들러 이야기를 해 주는 것을 좋아합니다.	+2 매력, +1 지능
2	사냥꾼은 여러분에게 여러 가지 인간의 삼림 지식을 가르쳐주었고, 여러분 역시 그에게 하플링의 지식을 가르쳐주었습니다.	+2 민첩성, +1 지혜
3	여러분은 지역 상인과 얼마 지나지 않아 친해졌습니다.	+1 민첩성, +1 지능, +1 매력
4	여러분은 작은 몸집 덕분에 마을에서 가장 인기 있는 육아도우미가 되었습니다. (여러분은 "아이 감독"이라는 말을 선호합니다)	+2 근력, +1 매력
5	베 짜는 할머니는 이전에도 여러분 같은 하플링을 만난 적이 있다고 말했습니다.	+2 지혜, +1 민첩성
6	양조장 주인은 여러분에게 자기가 만든 맥주의 견본품을 자주 대접하곤 합니다.	+2 건강, +1 지능
7	인간 민병대에서 복무하면서 여러분의 가치를 증명하려고 했습니다.	+2 근력, +1 건강
8	이 지역의 인간들은 여러분에게 지역 판사의 역할을 맡겼습니다. 그래서 여러분은 항상 골치 아픈 상황에서 사람들을 봅니다.	+2 지혜, +1 지능

여러분은 이전의 삶을 뒤로 한 채 고향을 떠납니다. 여러분은 1레벨 전사-도적이 되며, 클래스 능력으로 무기 숙련과 운명의 총애, 기능: 방향 감각을 얻습니다. 다음 표는 여러분의 클래스 능력과 추가 기능을 더욱 명확하게 정합니다. 여러분은 조랑말과 함께 어떤 일을 헤쳐왔나요?

1d6	여러분이 길 위에서 배운 가장 값진 교훈은?	습득
1	장애물을 지나는 법.	+3 근력, 기능: 운동
2	산적과 고블린을 피하는 법	+3 민첩성, 기능: 은신
3	목적지가 어디든 찾아가는 법.	+3 지혜, 기능: 방향 감각
4	여러분의 조랑말과 더욱더 깊은 유대를 맺는 법.	+3 민첩성, 기능: 기마술
5	먼 곳까지 쉬지 않고 말을 타는 법.	+3 건강, 기능: 기마술
6	비밀을 캐고, 지키는 법.	+3 매력, 기능: 소문

1d6	적들은 여러분의 어떤 점을 가장 두려워하나요?	습득
1	여러분의 날카롭고 튼튼한 검. 무기 숙련 능력으로 소검을 선택합니다.	+2 건강, 무기 숙련 (왼쪽 항목)
2	멀리서 쏘는 재빠른 화살. 무기 숙련 능력으로 활을 선택합니다.	+2 민첩성, 무기 숙련 (왼쪽 항목)
3	소리 없이 등 뒤에서 정확히 덮치는 치명적인 공격. 무기 숙련 능력으로 단검을 선택합니다.	+2 민첩성, 무기 숙련 (왼쪽 항목)
4	윙윙대는 슬링. 무기 숙련 능력으로 슬링을 선택합니다.	+2 민첩성, 무기 숙련 (왼쪽 항목)
5	도끼의 일격. 무기 숙련 능력으로 손도끼를 선택합니다.	+2 근력, 무기 숙련 (왼쪽 항목)
6	재빠르게 찔러 대는 커다란 창의 촉. 무기 숙련 능력으로 창을 선택합니다.	+2 건강, 무기 숙련 (왼쪽 항목)

1d6	이 괴상한 인간들 사이에서 정착한 이후 무슨 일을 겪었나요? 오른편 플레이어는 그 자리에 함께 있었습니다.	습득
1	마을 남자 중 하나가 여러분의 작은 몸집을 비웃고는 활쏘기 시합을 제안했습니다. 그에게 승리의 기회 따위는 없었지요. 오른편 친구 역시 그 시합에 참여해서 한 두 가지 요령을 배웠고, +1 민첩성을 얻습니다.	+2 민첩성
2	오래전 잊힌 살인 사건의 희생자가 유령이 되어 평화로운 마을을 괴롭히기 시작했습니다. 여러분은 유령이 다시 무덤에서 안식을 취하게 인도했습니다. 오른편 친구는 여러분이 잊힌 옛이야기를 다시 밝혀내도록 도왔고, +1 지능을 얻습니다.	+2 지능
3	어느 깊은 겨울, 머나먼 땅에서 온 신비로운 마법사가 여러분에게 긴 여정을 떠나자고 유혹했지만, 여러분은 이 마을에 머물기로 했습니다. 오른편 친구 역시 마법사의 제안을 받았고, +1 지혜를 얻습니다.	+2 지혜
4	여러분은 멀리 떨어진 숲을 거니는 동안, 어느 우호적인 코볼드 부족을 만나 (정말로 드문 일입니다) 친구가 되었습니다. 오른편 친구는 때때로 여러분과 함께 그들의 굴로 들어갔고, +1 건강을 얻습니다.	+2 건강
5	마을의 어느 못된 깡패가 여러분의 조랑말을 빼앗으려다가 그만두었습니다. 오른편 친구는 여러분이 깡패를 손봐주는 동안 그의 폭력배 친구를 붙잡았고, +1 근력을 얻습니다.	+2 근력
6	마을 어르신 하나가 여러분을 마을에 재앙을 부르는 사악한 요정으로 생각했습니다. 여러분과 친구는 어르신이 잘못 생각하고 있다고 설득해야 했습니다. 오른편 친구는 여러분 편에 서서 여러분이 친구라고 사람들을 설득했고, +1 매력을 얻습니다.	+2 매력

1d6	여러분의 조랑말은 어떤 점이 특별한가요?	습득
1	사람처럼 여러분과 의사소통을 나눌 수 있습니다.	+2 매력, 조랑말 동료
2	언제나 물과 달콤한 풀 냄새를 맡을 수 있습니다.	+2 건강, 조랑말 동료
3	기이하게도 인간과 하플링의 집 구조를 잘 파악합니다. 여러분의 조랑말은 문을 여닫고, 계단을 능숙히 오르내리고, 집주인이 좋은 물건을 어디 숨기는지 언제나 압니다.	+2 지능, 조랑말 동료
4	요정의 피가 어느 정도 섞여 있어서 유령과 영이 주변에 나타나면 항상 눈치챕니다.	+2 지혜, 조랑말 동료
5	여러분의 조랑말만큼 짐을 잘 나르는 동물은 없습니다. 다른 조랑말이나 말보다 짐을 두 배나 들 수 있습니다.	+2 건강, 조랑말 동료
6	언제나 집으로 가는 길을 찾습니다. 오직 전장에서만 길을 잃을 가능성이 있습니다.	+2 민첩성, 조랑말 동료

캐릭터 시트를 채우세요!

1. 캐릭터 이름과 클래스, 레벨을 적으세요.

2. 능력치를 적으세요. 각 능력치 옆에 다음 쪽에 나온 능력치 보너스를 적으세요.

3. 캐릭터의 기능과 클래스 능력, 초기 장비 및 사고 싶은 물건을 적으세요. 하플링 순찰대원은 다음 장비를 가지고 시작합니다: 단검, 조랑말 (동료로 간주합니다), 무척 훌륭한 안장, 음식과 비상식량을 채운 주머니, 가죽 갑옷 (+2 장갑), 나무 방패 (+1 장갑), 선택한 무기, 은화 4d6냥.

4. 가치관을 하나 선택하세요. 캐릭터는 질서, 혼돈, 중립 중 하나입니다. 정하지 못하겠다면 대부분 사람처럼 중립을 선택하세요.

5. 클래스에 따라 기본 공격 보너스를 받습니다. 1레벨 전사-도적은 +1입니다.

6. 행동 순서는 캐릭터 레벨+민첩성 보너스+2(전사-도적)입니다.

7. 캐릭터의 **장갑** 수치는 10+민첩성 수정치+캐릭터가 받는 **장갑** 보너스입니다.

8. 캐릭터의 **행운** 점수는 5점입니다.

9. 캐릭터의 HP는 10+**건강** 보너스입니다.

10. 다음 쪽에 나온 극복 판정 수치를 적으세요.

11. 캐릭터가 사용할 법한 무기의 수치를 '명중 보너스'와 '피해' 항목에 적으세요. 근접 무기 명중 보너스는 기본 공격 보너스+근력 보너스이며, 원거리 무기 공격 보너스는 기본 공격 보너스+민첩성 보너스입니다. 근력 보너스는 근접 무기의 피해에도 더합니다. 무기 숙련으로 받는 보너스를 잊지 마세요!

참고 사항

판정

능력치 판정: d20을 굴린 다음 주사위 결과를 관련 능력치와 비교하세요. 주사위 결과가 능력치와 같거나 낮다면 성공입니다. 주사위 결과가 능력치보다 높다면 실패입니다.

극복 판정: d20을 굴립니다. 주사위 결과가 극복 판정 수치와 같거나 높다면 성공입니다.

전투 판정: d20을 굴린 다음, 관련 공격 보너스를 더합니다. 상대의 **장갑** 수치와 비교하세요. 판정 결과가 상대 **장갑** 수치와 같거나 높다면 공격은 명중합니다. 판정 결과가 **장갑** 수치보다 낮다면 빗나갑니다.

클래스 능력

체력 주사위: d10
행동 순서 보너스: +2
갑옷: 하플링 순찰대원은 판금 갑옷보다 가벼운 갑옷을 입을 수 있습니다.

운명의 총애: 하플링 순찰대원은 다른 사람들보다 운이 좋습니다. 캐릭터는 다른 클래스처럼 행운 점수를 3점 받는 대신, 5점 받습니다.

무기 숙련: 하플링 순찰대원은 특별하게 잘 다루는 선호 무기가 있습니다. 캐릭터가 잘 다루는 무기는 플레이북에 있습니다. 캐릭터는 선택한 무기를 들고 싸울 때 명중에 +1 보너스, 피해에 +2 보너스를 받습니다.

하플링: 하플링 순찰대원은 **울타리 너머, 또 다른 모험으로** p.31에 있는 **하플링의 기백과 작은 몸집**을 얻습니다. 플레이북 결과와는 상관없이 하플링의 근력은 10보다 높을 수 없다는 점을 명심하세요. 하플링으로 살기란 쉽지 않습니다.

행운 점수

캐릭터는 행운 점수를 다음 방식으로 사용할 수 있습니다.

친구 돕기: 보통, 캐릭터는 관련 기능이 있어야만 친구의 능력치 판정을 도울 수 있습니다. 하지만 행운 점수를 1점 쓴다면, 해당 판정에 활용할 수 있는 적합한 기능이 없더라도 친구를 도와 판정에 +2 보너스를 줄 수 있습니다.

재도전: 캐릭터는 행운 점수를 1점 써서 능력치 판정이나 극복 판정, 명중 판정처럼 플레이 중에 일어나는 실패한 판정을 다시 굴릴 수 있습니다.

죽음 속이기: 죽을 위기에 처한 캐릭터는 행운 점수를 1점 써서 HP를 0으로 안정시키고 추가 피해를 받지 않을 수 있습니다.

능력치	보너스
1	-4
2-3	-3
4-5	-2
6-8	-1
9-12	0
13-15	+1
16-17	+2
18-19	+3

레벨	경험치	기본 공격 보너스	독 극복	숨결 무기 극복	신체 변형 극복	주문 극복	마법 물품 극복
1	0	+1	14	17	15	17	16
2	2,000	+2	14	17	15	17	16
3	4,000	+3	13	16	14	14	15
4	8,000	+4	13	16	14	14	15
5	16,000	+5	11	14	12	12	13
6	32,000	+6	11	14	12	12	13
7	64,000	+7	10	13	11	11	12
8	120,000	+8	10	13	11	11	12
9	240,000	+9	8	11	9	9	10
10	360,000	+10	8	11	9	9	10

하플링 방랑자 플레이북

왜냐고 묻는다면 대답하기 어렵지만, 언젠가부터 여러분은 산과 바다, 그리고 괴물의 꿈을 꾸기 시작했습니다. 이제 여러분은 여기저기 마을을 떠돌면서 어디서든 결코 오래 머물지 않습니다. 여러분은 인간에 관한 이야기에 매혹됐고, 아직 모험을 향한 갈망을 다 채우지 못했습니다.

여러분은 은밀하면서도 매력적이지만, 큰 사람들처럼 힘이 세지는 못합니다. 여러분의 **민첩성**과 **건강**은 12에서 시작하며, 근력은 4에서, 나머지 능력치는 8에서 시작합니다.

여러분은 어떻게 해서 인간의 땅에 왔나요?

1d12	여러분의 집은 무엇을 하며 살았나요?	습득
1	논밭을 갈면서 유명한 버섯을 재배했습니다.	+2 지혜, +1 근력, +1 건강, 기능: 농사
2	어머니와 아버지는 이 땅에서 가장 맛있는 빵을 구웠습니다.	+1 건강, +1 지능, +1 지혜, +1 매력, 기능: 요리
3	아버지는 큰 마을의 시장이었습니다.	+2 매력, +1 근력, +1 지능, +1 지혜
4	어머니가 빚는 유명한 남쪽의 맥주를 맛보기 위해 다른 동족들이 늘 찾아왔습니다.	+2 민첩성, +1 지능, +1 지혜, 기능: 양조
5	여러분 가문이 사는 땅 주변의 들판은 질 좋은 연초가 나기로 유명했습니다.	+2 건강, +2 민첩성, +1 매력
6	여러분 가문은 대대로 커다란 하플링 공동체의 지도자였습니다.	+2 매력, +1 민첩성, +1 지혜, 기능: 지휘
7	여러분 가문에서는 세대마다 누군가가 모험을 떠났습니다.	+1 근력, +1 민첩성, +1 건강, +1 지능, +1 매력
8	할아버지는 방방곡곡의 여관을 오가면서 이야기를 들려주는 음유시인이었습니다.	+2 매력, +1 지능, +1 민첩성, 공연 기능 하나 선택
9	어머니는 벌을 치고 꿀을 모으는 양봉업자였습니다.	+2 지혜, +1 민첩성, +1 건강, 기능: 동물 지식
10	아버지와 여러분의 형제 및 사촌들은 사냥꾼들을 위해 훌륭한 사냥개를 키웠습니다.	+2 근력, +1 건강, +1 지혜, 기능: 동물 지식
11	결코 이웃들의 신망을 얻지 못한 괴짜 발명가 집안이었습니다.	+3 지능, +1 민첩성, +1 건강
12	아버지는 연락선을 가졌습니다. 여러분 가문은 오랫동안 뱃사공으로 일했지요.	+2 건강, +1 근력, +1 지능, 기능: 보트

1d8	여러분은 무슨 바람이 들었기에 안락한 고향을 떠났나요?	습득
1	부를 찾아 떠났습니다.	+2 지능, +1 근력
2	머나먼 곳에서 온 드워프 일행에 가담했습니다.	+2 매력, +1 건강
3	무언가 이상한 짓을 한 바람에 쫓겨났습니다.	+1 건강, +1 지능, +1 지혜
4	보물 지도를 발견했고 충동을 이길 수 없었습니다.	+1 근력, +1 민첩성, +1 지능
5	고블린들이 고향을 파괴했습니다.	+2 근력, +1 지혜
6	몇몇 인간 상인들이 마을에 왔고, 여러분은 호기심에 사로잡혔습니다.	+2 매력, +1 민첩성
7	어느날 밤, 여러분은 지나가는 엘프 일행을 언뜻 보았고, 저들을 따라가야 한다는 직감을 느꼈습니다.	+2 지혜, +1 민첩성
8	발길 닿는 대로 왔습니다.	+2 건강, +1 민첩성

1d8	동족들을 떠난 후, 여러분은 인간들과 지내는 생활에 어려움을 겪었습니다. 하지만 다른 플레이어 캐릭터들과는 깊은 우정을 맺었습니다. 그 밖에 누구와 친하게 지냈나요?	습득
1	여관 주인은 여러분이 여관에 들러 이야기를 해 주는 것을 좋아합니다.	+2 매력, +1 지능
2	사냥꾼은 여러분에게 여러 가지 인간의 삼림 지식을 가르쳐주었고, 여러분 역시 그에게 하플링의 지식을 가르쳐주었습니다.	+2 민첩성, +1 지혜
3	여러분은 지역 상인과 얼마 지나지 않아 친해졌습니다.	+1 민첩성, +1 지능, +1 매력
4	여러분은 작은 몸집 덕분에 마을에서 가장 인기 있는 육아도우미가 되었습니다. (여러분은 "아이 감독"이라는 말을 선호합니다)	+2 근력, +1 매력
5	베 짜는 할머니는 이전에도 여러분 같은 하플링을 만난 적이 있다고 말했습니다.	+2 지혜, +1 민첩성
6	양조장 주인은 여러분에게 자기가 만든 맥주의 견본품을 자주 대접하곤 합니다.	+2 건강, +1 지능
7	인간 민병대에서 복무하면서 여러분의 가치를 증명하려고 했습니다.	+2 근력, +1 건강
8	이 지역의 인간들은 여러분에게 지역 판사의 역할을 맡겼습니다. 그래서 여러분은 항상 골치 아픈 상황에서 사람들을 봅니다.	+2 지혜, +1 지능

여러분은 길을 떠났고, 절대 뒤돌아보지 않았습니다. 여러분은 1레벨 도적이 되며, 클래스 능력으로 운명의 총애와 숙련된 솜씨, 기능: 은신을 얻습니다. 다음 표는 여러분이 어떤 기능을 더 익히는지 정합니다.
여러분은 여행하는 동안 무엇을 배웠나요?

1d6	지난 번 마지막으로 들른 마을에서는 무엇을 배웠나요?	습득
1	겨울밤 길가에 밟히는 자갈의 냉기를 느꼈습니다.	+3 건강, 기능: 생존술
2	눈을 부릅뜨고 감시하는 경비병들의 분노를 실감했습니다	+3 민첩성, 기능: 은신
3	여관에 들른 모든 여행자의 이야기를 들었습니다.	+3 지능, 기능: 민간전승
4	목에 채운 칼을 가장 빨리 푸는 방법을 익혔습니다.	+3 민첩성, 기능: 자물쇠 따기
5	흔치 않은 몸집과 재능 덕분에 각종 시합과 놀이에서 일시적인 스타가 됐습니다.	+3 건강, 기능: 운동
6	모든 사람의 비밀을 알았습니다.	+3 매력, 기능: 소문

1d6	왜 이 마을에서는 유독 오래 머무나요?	습득
1	지금까지 들른 마을 중에서 가장 친절합니다.	+2 매력, 기능: 민간전승
2	너무 맛있는 빵과 과자 때문에 계속 제빵사에게 빚을 지고 있습니다.	+2 건강, 기능: 아부
3	낡은 책을 숨겨둔 은닉처를 찾았습니다. 더 신나는 일은, 낡은 지도도 있다는 사실입니다.	+2 지혜, 기능: 길 찾기
4	이 마을에 여러분이 정말로 원하는 무언가가 있는데, 아직 손에 넣지 못했습니다.	+2 지능, 기능: 은신
5	이상한 일이지만, 여러분은 여기서 가게를 차렸습니다.	+2 지혜, 직업 기능 하나 선택
6	여러분은 이 지역의 어느 불량배와 빠르게 친해졌습니다.	+2 근력, 기능: 생존술

1d6	여러분이 가는 곳마다 문제가 발생하지요. 이 마을에서는 무슨 일을 겪었나요? 오른편 플레이어는 문제가 발생할 때 함께 있었습니다.	습득
1	여러분은 장터에서 과자를 슬쩍하다가 걸려서 해명해야 했습니다. 오른편 친구는 주인에게 돈을 냈고, +1 매력을 얻습니다.	+2 매력, 기능: 속임수
2	한 요정 군주가 여러분을 자신의 노리개로 착각했고, 여러분은 달아났습니다. 오른편 친구는 추격자들을 떼어놓기 위해 여러분 등 뒤로 소금을 뿌렸고, +1 민첩성을 얻습니다.	+2 민첩성, 기능: 운동
3	따분함에 지친 용병 무리가 마을에 와서 원하는 것은 무엇이든 손에 넣으려 했습니다. 여러분은 마을 사람들을 단결시켜서 용병들에게 맞섰습니다. 오른편 친구는 여러분 옆에 서서 함께 용병들을 가로막았고, +1 건강을 얻습니다	+2 건강, 기능: 지휘
4	한 거대 독수리가 여러분과 친구를 낚아채어 하루 동안 동쪽으로 날아간 끝에 어느 커다란 떡갈나무 가지 위에 내려주었습니다. 돌아오는 길을 찾기는 무척 어려웠지요. 오른편 친구는 독수리가 왜 그런 이상한 짓을 했는지 알아냈고, +1 건강을 얻습니다. 왜 그랬는지 물어보세요.	+2 건강, 기능: 길 찾기
5	어느 늦은 밤에, 여러분은 이상한 짐승이 마을 주변에서 킁킁대는 모습을 목격했고 경보음을 울렸습니다. 오른편 친구는 여러분과 함께 그 괴물을 분명하게 본 둘뿐인 목격자이며, +1 지혜를 얻습니다.	+2 지혜, 기능: 경계
6	여러분은 마을 광장에서 어느 오래된 룬을 찾았고, 이 룬의 흔적을 따라간 결과 마을 아래에 묻힌 용의 뼈를 발견했습니다. 오른편 친구는 뼈가 움직이기 시작할 때 여러분을 그 자리에서 끌어냈고, +1 지능을 얻습니다. 여러분과 친구 둘 다 나중에 무슨 일이 일어날지 모릅니다.	+2 지능, 기능: 고대 역사

1d6	여러분에게 고향을 생각나게 하는 것은?	습득
1	낡은 지도 모음.	+2 지능, 어느 정도 정확한 지도
2	톡 쏘는 담배 향.	+2 매력, 언제나 불이 붙는 부싯돌과 직접 손으로 깎은 담배 파이프
3	잃어버린 사랑의 기념품.	+2 지혜, 금발 한 타래.
4	부엌에서 발휘하는 재빠른 솜씨.	+2 근력, 잘 드는 부엌칼 한 벌
5	가족의 요리법이 적힌 책.	+2 건강, 요리책
6	따뜻한 여름날 밤, 나무 위에서 취하는 수면.	+2 민첩성, 튼튼한 하플링 밧줄 한 타래

캐릭터 시트를 채우세요!

1. 캐릭터 이름과 클래스, 레벨을 적으세요.

2. 능력치를 적으세요. 각 능력치 옆에 다음 쪽에 나온 능력치 보너스를 적으세요.

3. 캐릭터의 기능과 클래스 능력, 초기 장비 및 사고 싶은 물건을 적으세요. 하플링 방랑자는 다음 장비를 가지고 시작합니다: 단검, 여행자의 옷, 캠핑 물자, 인근의 모든 도로에 관한 지식, 은화 4d6냥.

4. 가치관을 하나 선택하세요. 캐릭터는 질서, 혼돈, 중립 중 하나입니다. 정하지 못하겠다면 대부분 사람처럼 중립을 선택하세요.

5. 클래스에 따라 기본 공격 보너스를 받습니다. 1레벨 도적은 +0입니다.

6. 행동 순서는 캐릭터 레벨+민첩성 보너스+2(도적) 입니다.

7. 캐릭터의 **장갑** 수치는 10+민첩성 수정치+캐릭터가 받는 장갑 보너스입니다.

8. 캐릭터의 **행운** 점수는 5점입니다.

9. 캐릭터의 HP는 8+건강 보너스입니다.

10. 다음 쪽에 나온 극복 판정 수치를 적으세요.

11. 캐릭터가 사용할 법한 무기의 수치를 '명중 보너스'와 '피해' 항목에 적으세요. 근접 무기 명중 보너스는 기본 공격 보너스+근력 보너스이며, 원거리 무기 공격 보너스는 기본 공격 보너스+민첩성 보너스입니다. 근력 보너스는 근접 무기의 피해에도 더합니다.

참고 사항

판정

능력치 판정: d20을 굴린 다음 주사위 결과를 관련 능력치와 비교하세요. 주사위 결과가 능력치와 같거나 낮다면 성공입니다. 주사위 결과가 능력치보다 높다면 실패입니다.

극복 판정: d20을 굴립니다. 주사위 결과가 극복 판정 수치와 같거나 높다면 성공입니다.

전투 판정: d20을 굴린 다음, 관련 공격 보너스를 더합니다. 상대의 **장갑** 수치와 비교하세요. 판정 결과가 상대 **장갑** 수치와 같거나 높다면 공격은 명중합니다. 판정 결과가 **장갑** 수치보다 낮다면 빗나갑니다.

클래스 능력

체력 주사위: d8
행동 순서 보너스: +2
갑옷: 하플링 방랑자는 판금 갑옷보다 가벼운 갑옷을 입을 수 있습니다.

운명의 총애: 하플링 방랑자는 다른 사람들보다 운이 좋습니다. 캐릭터는 다른 클래스처럼 행운 점수를 3점 받는 대신, 5점 받습니다.

숙련된 솜씨: 하플링 방랑자는 1레벨에서 기능을 두 개 더 익히며 (여러분은 플레이북을 통해 이미 얻었습니다), 이후 홀수 레벨마다 (3, 5, 7, 9레벨) 추가로 기능을 하나씩 더 익힙니다. 캐릭터는 새로운 기능을 익히는 대신 이미 가진 기능의 실력을 올릴 수도 있습니다. 이 경우 해당 기능으로 받는 보너스는 +2 늘어납니다.

하플링: 하플링 방랑자는 **울타리 너머, 또 다른 모험으로** p.31에 있는 하플링의 **기백**과 **작은 몸집**을 얻습니다. 플레이북 결과와는 상관없이 하플링의 근력은 10보다 높을 수 없다는 점을 명심하세요. 하플링으로 살기란 쉽지 않습니다.

행운 점수

캐릭터는 행운 점수를 다음 방식으로 사용할 수 있습니다.

친구 돕기: 보통, 캐릭터는 관련 기능이 있어야만 친구의 능력치 판정을 도울 수 있습니다. 하지만 행운 점수를 1점 쓴다면, 해당 판정에 활용할 수 있는 적합한 기능이 없더라도 친구를 도와 판정에 +2 보너스를 줄 수 있습니다.

재도전: 캐릭터는 행운 점수를 1점 써서 능력치 판정이나 극복 판정, 명중 판정처럼 플레이 중에 일어나는 실패한 판정을 다시 굴릴 수 있습니다.

죽음 속이기: 죽을 위기에 처한 캐릭터는 행운 점수를 1점 써서 HP를 0으로 안정시키고 추가 피해를 받지 않을 수 있습니다.

능력치	보너스
1	-4
2-3	-3
4-5	-2
6-8	-1
9-12	0
13-15	+1
16-17	+2
18-19	+3

레벨	경험치	기본 공격 보너스	독 극복	숨결 무기 극복	신체 변형 극복	주문 극복	마법 물품 극복
1	0	+0	13	16	13	15	14
2	1,500	+1	13	16	13	15	14
3	3,000	+1	13	16	12	15	14
4	6,000	+2	13	16	12	15	14
5	12,000	+3	12	15	11	13	12
6	25,000	+3	12	15	11	13	12
7	50,000	+4	12	15	11	13	12
8	100,000	+5	12	15	11	13	12
9	200,000	+5	11	14	9	11	10
10	300,000	+6	11	14	9	11	10

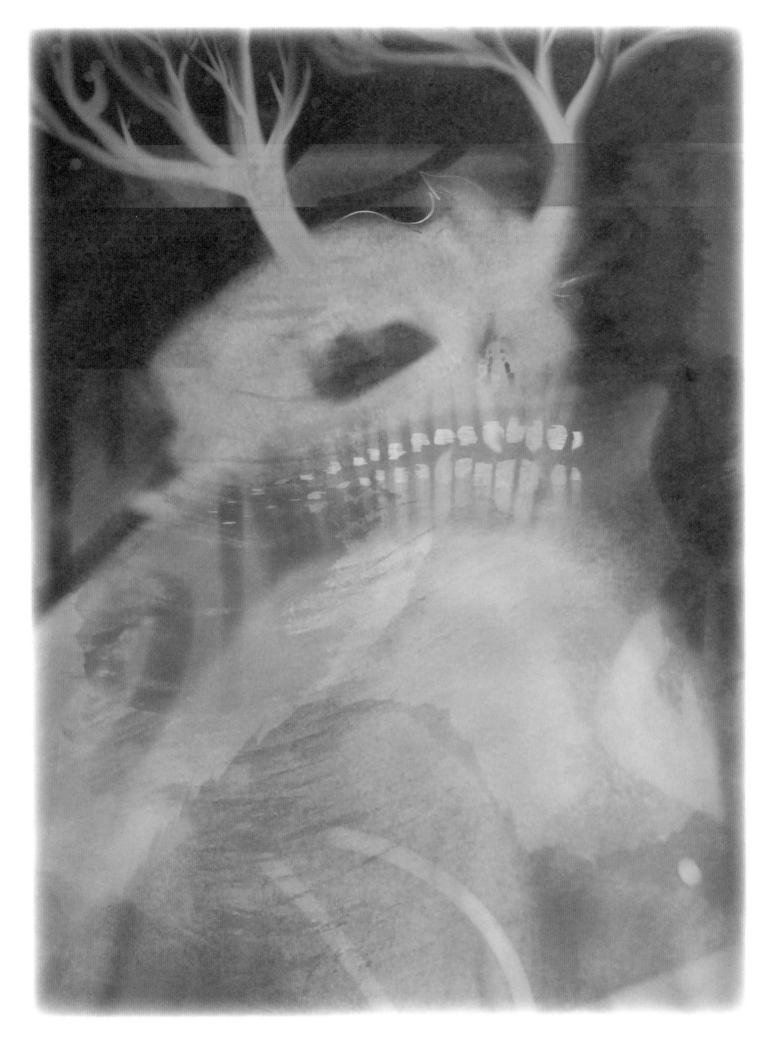

연장자

던전 탐사자 플레이북

여러분은 다른 사람들과 마찬가지로 평범한 마을 주민이었습니다. 하지만 어느 날, 여러분은 마을 근처에서 고대의 금과 수많은 위험으로 가득 찬 지하 던전을 발견했습니다. 여러분은 죽음을 무릅쓰고 던전을 탐사해서 일확천금과 엄청난 이야깃거리를 얻었습니다. 여러분은 일행을 모아 이와 비슷한 다른 장소도 탐사할 수 있을 것이라는 느낌을 받았지만, 그런 말도 안 되는 생각에 흥미를 보이는 사람들은 오직 이 꼬마들밖에 없어 보입니다.

여러분은 날래고 똑똑합니다. 여러분의 **민첩성**과 **지능**은 10에서 시작하며, 나머지 능력치는 8에서 시작합니다.

누구나 다 한때는 아이였지요. 여러분은 어떻게 자랐나요?

1d12	부모는 마을에서 이렇게 살았나요? 여러분은 무엇을 배웠나요?	습득
1	여러분은 고아입니다. 참 어렵게 살았지요.	+2 지혜, +2 건강, +1 지능
2	마땅한 이유이든 억울한 이유이든, 아버지가 추방자였습니다.	+2 지능, +1 지혜, +1 건강, 기능: 생존술
3	부모가 어부였고, 여러분은 강가에서 지냈습니다.	+2 민첩성, +1 근력, +1 지혜, 기능: 낚시
4	가족이 마을 바깥에서 작은 농장을 꾸렸습니다.	+2 건강, +1 지능, +1 매력, 기능: 농사
5	아버지는 지역 대장장이였고, 여러분에게 망치와 풀무질을 가르쳤습니다.	+2 근력, +1 민첩성, +1 매력, 기능: 대장장이
6	이전에 아버지가 했던 것처럼 여러분도 양을 몰고 산으로 갔습니다.	+2 건강, +1 민첩성, +1 지혜, +1 근력
7	부모는 이 지역 여관을 운영했습니다. 여러분은 여러 여행자들을 만나고 그들의 이야기를 들으면서 자랐습니다.	+2 매력, +1 지능, +1 민첩성, +1 지혜
8	여러분은 마치 운명의 여신처럼 베틀로 실을 자르거나 꼬았습니다.	+2 민첩성, +1 지능, +1 매력, 기능: 방직
9	부모 중 누군가가 옛 이야기를 보관하고 전승했습니다. 여러분 머릿속은 부모에게 배운 이야기로 가득 찼습니다.	+2 지능, +1 매력, +1 지혜, 기능: 민간전승
10	아버지는 파수꾼이었습니다. 누구에게나 엄하지만 공정하게 대했습니다.	+2 근력, +1 매력, +1 건강, 기능: 운동
11	여러분은 숲으로 가서 약초와 산딸기를 모으곤 했습니다.	+2 지혜, +1 건강, +1 민첩성, 기능: 약초 지식
12	아버지가 지역 상인이었습니다. 여러분은 가격을 매기고 사람들을 끌어드리는 법을 배웠습니다.	+2 매력, +1 지능, +1 민첩성, 기능: 흥정

1d8	여러분은 어릴 적 어느 점이 남달랐나요?	습득
1	때로 아이들은 싸우곤 하지요. 여러분은 절대 진 적이 없습니다.	+2 근력, +1 지혜
2	여러분이 이기지 못하는 시합은 없었습니다.	+2 민첩성, +1 지능
3	여러분은 이 근방에서 가장 튼튼한 아이였습니다.	+2 건강, +1 매력
4	여러분이 모르는 비밀은 없었습니다.	+2 지능, +1 민첩성
5	여러분은 공감을 잘 해주었기 때문에 사람들이 이런저런 이야기를 털어놓았습니다.	+2 지혜, +1 건강
6	여러분은 누구에게나 사랑받았습니다.	+2 매력 +1 근력
7	여러분은 남의 문제를 잘 해결해주었지만, 자기 사정은 털어놓지 않았습니다.	+1 근력, +1 건강, +1 매력
8	사람들은 저마다 가르칠 것이 있습니다. 여러분은 여러 사람들에게 이런 저런 것들을 조금씩 배웠습니다.	+1 민첩성, +1 지능, +1 지혜

1d8	여기 정착한 후, 여러분은 다른 플레이어 캐릭터들과 가장 친한 친구가 되었습니다. 이 오합지졸 꼬마들 외에는 누구와 친하게 지내나요?	습득
1	의심하는 눈길로 여러분을 보는 파수꾼과 불안불안한 우정을 맺었습니다.	+2 근력, +1 매력
2	어부들은 여러분의 능숙한 솜씨에 많이 의지하게 되었습니다.	+2 민첩성, +1 지혜
3	여러분은 사냥꾼들과 야영을 하곤 합니다.	+2 건강, +1 지능
4	어르신 하나는 여러분에게 항상 또 다른 이야기를 들려주려 합니다.	+2 지능, +1 민첩성
5	방앗간 할아버지는 여러분이 어리석다고 생각하지만, 그래도 여러분을 좋아합니다.	+2 지혜, +1 근력
6	여관 주인은 여러분에게 이야기를 듣는 대가로 술을 공짜로 줍니다.	+2 매력, +1 건강
7	늙은 과부가 여러분에게 집안일을 도와달라고 부탁하곤 합니다.	+1 근력, +1 지능, +1 매력
8	여러분과 역전의 용병은 둘 다 부자가 되겠다는 꿈이 있습니다.	+1 민첩성, +1 건강, +1 지혜

우연히 보물을 발견한 후, 여러분의 인생은 바뀌었습니다. 여러분은 2레벨 도적이 되며, 클래스 능력으로 운명의 총애와 숙련된 솜씨, 기능: 덫을 얻습니다. 다음 표는 여러분이 어떤 기능을 더 익히는지 정합니다. 여러분은 던전에 들어간 후 무슨 일을 겪었나요?

1d6	여러분이 던전에 들어간 계기는?	습득
1	마을 근처에 숨겨진 보물을 기록한 고대의 문서를 우연히 발견했습니다.	+2 지능, 기능: 고대 역사
2	어느 날 밤 한 이방인이 여관에 들러서, 숲속 어딘가에 유령들이 나타나는 동굴이 있다면서 실없는 소리를 계속 해댔습니다.	+2 매력, 기능: 소문
3	마녀가 여러분의 머릿속에 숨겨진 보물에 관한 말도 안 되는 생각을 불어넣은 다음, 다 안다는 듯 윙크를 하면서 떠났습니다. 여러분은 마녀가 남긴 단서를 따라 머나먼 곳을 헤맸습니다.	+2 건강, 기능: 생존술
4	어리석은 영웅 일행이 어느 날 밤 여관에 머문 다음 자신들이 어떤 여정에 나섰는지 이야기한 다음 마을을 떠났습니다. 여러분은 몰래 그 뒤를 따라갔습니다.	+2 민첩성, 기능: 은신
5	여러분은 어느 날 언덕을 오르다가 바위 표면에 이상한 입구가 있는 것을 보았습니다.	+2 근력, 기능: 운동
6	꿈속에서 자신들의 잊힌 사원에 있는 보물을 주겠다는 옛 신, 또는 영의 목소리를 들었습니다.	+2 지혜, 기능: 종교 지식

1d6	여러분은 위험한 던전에서 어떻게 살아남았나요?	습득
1	조심스럽고 조용하게 전진했습니다. 여러분은 던전의 수호자가 눈치를 채기도 전에 안전하게 빠져나갔습니다.	+2 민첩성, 기능: 은신
2	던전에는 각종 위험한 덫과 속임수, 수수께끼가 가득했지만 여러분은 재치를 발휘해 장애물을 극복해 나가면서 지나갈 길을 찾았습니다.	+2 지능, 기능: 덫
3	어두운 던전에 들어가자마자 수많은 기괴한 수호자들이 공격해 왔습니다. 하지만 여러분은 강력한 무기와 재빠른 발로 목숨을 지켰습니다.	+2 근력, 기능: 운동
4	여러분은 손쉽게 던전 중심부로 통하는 열쇠를 훔쳐서 안식처에서 마지막 보물을 뽑아 왔습니다.	+2 민첩성, 기능: 소매치기
5	던전의 수호자가 시끄럽게 다닌 덕분에, 여러분은 언제나 한 발 앞서 나갈 수 있었습니다.	+2 지혜, 기능: 경계
6	던전은 위험하기는 했지만, 고대의 언어로 경고문이 쓰여 있었습니다. 여러분은 룬을 해석하는 데 성공해서 앞으로 나아갈 수 있었습니다.	+2 지능, 언어 하나 추가

1d6	여러분은 어째서 제자를 들였나요? 오른편 플레이어는 즉시 민첩성을 +1, 지혜를 -1 얻으며, 다음 사건을 함께 겪습니다.	습득
1	어떻게 된 일인지 이 젊은이는 여러분을 따라 던전에 와서 함께 살아남았습니다. 오른편 제자는 그늘 속에서 숨어서 위험을 피하는 동안 여러분의 동작을 보고 배웠으며, +1 민첩성을 얻습니다.	+1 민첩성, 기능: 은신
2	여러분이 모험을 마쳤을 때, 이 젊은이는 보물을 가진 채 밤중에 몰래 마을로 돌아오는 여러분을 목격했습니다. 오른편 제자는 가르침을 받는 조건으로 비밀을 지키기로 맹세했고, +1 지혜를 얻습니다.	+1 지혜, 기능: 경계
3	지난가을 장터에서 여러분은 보물 몇 점을 팔려다가 어느 행상에게 거의 속을 뻔했습니다. 오른편 제자는 제때 여러분의 실수를 지적했고, +1 매력을 얻습니다.	+1 매력, 기능: 평가
4	이 젊은이는 어느 날 밤 여러분이 보물 지도를 연구하는 모습을 보고 홀딱 빠졌습니다. 오른편 제자는 여러분을 도와 마지막 단서를 해독했고, +1 지능을 얻습니다.	+1 지능, 기능: 금단의 비밀
5	여러분이 던전에서 나왔을 때, 여러분은 정신이 멍하고 몸이 쇠약했습니다. 오른편 제자는 여러분을 발견해서 집까지 안내했고, +1 지혜를 얻습니다.	+1 지혜, 기능: 방향 감각
6	북쪽의 야만인들이 약탈하러 왔을 때, 여러분과 젊은이는 가짜 막사를 세운 다음 군대가 마을을 지키러 온다고 야만인들을 속였습니다. 오른편 제자는 네 가지 다른 목소리로 명령을 내렸고, +1 매력을 얻습니다.	+1 매력, 기능: 속임수

1d6	여러분은 던전에서 무엇을 가지고 돌아왔나요?	습득
1	여기서 쓰기에는 너무 아까운 것.	+1 지혜, 백금 동전 한 더미
2	어떻게 사용할지 모르는 것.	+1 지능, 마법 막대
3	고대 왕의 보물.	+1 민첩성, 철 왕관
4	큰 부.	+1 건강, 은화 3d20+60냥
5	어느 괴물 같은 요정의 무기.	+1 근력, 기이한 단검
6	잊힌 신의 석상에서 가져온 눈.	+1 매력, 돌로 만든 눈

캐릭터 시트를 채우세요!

1. 캐릭터 이름과 클래스, 레벨을 적으세요.

2. 능력치를 적으세요. 각 능력치 옆에 다음 쪽에 나온 능력치 보너스를 적으세요.

3. 캐릭터의 기능과 클래스 능력, 초기 장비 및 사고 싶은 물건을 적으세요. 던전 탐사자는 다음 장비를 가지고 시작합니다: 단검, 삽, 농부의 옷, 선택한 무기, 가죽 갑옷 (+2 장갑), 밧줄 한 타래, 도적 도구, 은화 30냥.

4. 가치관을 하나 선택하세요. 캐릭터는 질서, 혼돈, 중립 중 하나입니다. 정하지 못하겠다면 대부분 사람처럼 중립을 선택하세요.

5. 클래스에 따라 기본 공격 보너스를 받습니다. 2레벨 도적은 +1입니다.

6. 행동 순서는 캐릭터 레벨+민첩성 보너스+2(도적) 입니다.

7. 캐릭터의 **장갑** 수치는 10+민첩성 수정치+캐릭터가 받는 장갑 보너스입니다.

8. 캐릭터의 **행운** 점수는 5점입니다.

9. 캐릭터의 HP는 처음에 8+건강 보너스로 시작하며, 2레벨이 되면서 1d8+건강 보너스를 더합니다.

10. 다음 쪽에 나온 극복 판정 수치를 적으세요.

11. 캐릭터가 사용할 법한 무기의 수치를 '명중 보너스'와 '피해' 항목에 적으세요. 근접 무기 명중 보너스는 기본 공격 보너스+근력 보너스이며, 원거리 무기 공격 보너스는 기본 공격 보너스+민첩성 보너스입니다. 근력 보너스는 근접 무기의 피해에도 더합니다.

참고 사항

판정

능력치 판정: d20을 굴린 다음 주사위 결과를 관련 능력치와 비교하세요. 주사위 결과가 능력치와 같거나 낮다면 성공입니다. 주사위 결과가 능력치보다 높다면 실패입니다.

극복 판정: d20을 굴립니다. 주사위 결과가 극복 판정 수치와 같거나 높다면 성공입니다.

전투 판정: d20을 굴린 다음, 관련 공격 보너스를 더합니다. 상대의 **장갑** 수치와 비교하세요. 판정 결과가 상대 장갑 수치와 같거나 높다면 공격은 명중합니다. 판정 결과가 장갑 수치보다 낮다면 빗나갑니다.

클래스 능력

체력 주사위: d8
행동 순서 보너스: +2
갑옷: 던전 탐사자는 판금 갑옷보다 가벼운 갑옷을 입을 수 있습니다.

운명의 총애: 던전 탐사자는 다른 사람들보다 운이 좋습니다. 캐릭터는 다른 클래스처럼 행운 점수를 3점 받는 대신, 5점 받습니다.

숙련된 솜씨: 던전 탐사자는 1레벨에서 기능을 두 개 더 익히며 (여러분은 플레이북을 통해 이미 얻었습니다), 이후 홀수 레벨마다 (3, 5, 7, 9레벨) 추가로 기능을 하나씩 더 익힙니다. 캐릭터는 새로운 기능을 익히는 대신 이미 가진 기능의 실력을 올릴 수도 있습니다. 이 경우 해당 기능으로 받는 보너스는 +2 늘어납니다.

행운 점수

캐릭터는 행운 점수를 다음 방식으로 사용할 수 있습니다.

친구 돕기: 보통, 캐릭터는 관련 기능이 있어야만 친구의 능력치 판정을 도울 수 있습니다. 하지만 행운 점수를 1점 쓴다면, 해당 판정에 활용할 수 있는 적합한 기능이 없더라도 친구를 도와 판정에 +2 보너스를 줄 수 있습니다.

재도전: 캐릭터는 행운 점수를 1점 써서 능력치 판정이나 극복 판정, 명중 판정처럼 플레이 중에 일어나는 실패한 판정을 다시 굴릴 수 있습니다.

죽음 속이기: 죽을 위기에 처한 캐릭터는 행운 점수를 1점 써서 HP를 0으로 안정시키고 추가 피해를 받지 않을 수 있습니다.

능력치	보너스
1	-4
2-3	-3
4-5	-2
6-8	-1
9-12	0
13-15	+1
16-17	+2
18-19	+3

레벨	경험치	기본 공격 보너스	독 극복	숨결 무기 극복	신체 변형 극복	주문 극복	마법 물품 극복
1	0	+0	13	16	12	15	14
2	1,500	+1	13	16	12	15	14
3	3,000	+1	13	16	13	15	14
4	6,000	+2	13	16	13	15	14
5	12,000	+3	12	15	11	13	12
6	25,000	+3	12	15	11	13	12
7	50,000	+4	12	15	11	13	12
8	100,000	+5	12	15	11	13	12
9	200,000	+5	11	14	9	11	10
10	300,000	+6	11	14	9	11	10

드워프 스승 플레이북

여러분은 머나먼 동족들의 고향을 떠나 인간의 땅으로 와서, 가는 곳마다 만든 물품을 팔면서 자유로운 생활을 즐겼습니다. 하지만 어떤 이유인지 여러분은 이 마을에 정착하기로 했습니다. 심지어 마음에 들어서 그런 것도 아닙니다. 더 끔찍하게도, 이 망할 꼬마들은 여러분을 가만히 놔두지 않습니다. 게다가 가르쳐야 할 것이 정말로, 정말로 많습니다.

여러분은 튼튼하고, 현명하며, 날렵하지만, 때로 입을 다물 줄 모릅니다. 여러분의 민첩성과 건강, 지혜는 10에서 시작하며, 매력은 6에서, 나머지 능력치는 8에서 시작합니다.

여러분은 어떻게 해서 인간의 땅에 왔나요?

1d12	여러분 씨족의 역사는?	습득
1	고블린 전쟁 당시 위대한 전사들을 배출했습니다.	+2 근력, +1 민첩성, +1 건강, +1 지혜
2	선조 하나가 동족들을 오랫동안 괴롭힌 사나운 용을 살해했습니다.	+2 지능, +1 근력, +1 민첩성, 기능: 자랑
3	여러분 씨족은 완만한 언덕에 정착한 다음, 땅을 일구고 그 아래 동굴에 사는 동족들에게 식량을 제공했습니다.	+1 민첩성, +1 건강, +1 지혜, +1 매력, 기능: 농사
4	여러분 씨족의 수염은 길고 부드러워서 동족 사이에서 큰 자랑거리입니다.	+3 매력, +1 민첩성, +1 지혜
5	오랜 세월 동안 여러분 씨족은 뛰어난 무기를 만들어 왔습니다.	+2 민첩성, +2 지능, 기능: 무기제작
6	여러분 씨족은 강력한 요새의 지배자들이었습니다.	+2 매력, +1 건강, +1 지능, +1 지혜
7	여러분 씨족은 옛 노래를 전승하는 이야기꾼이자 시인입니다.	+2 매력, +2 지능, +1 지혜
8	여러분 씨족은 언제나 땅속 깊숙이 들어가 매장량이 풍부한 광맥을 파서 귀금속과 보석을 캐냈습니다.	+2 근력, +2 건강, 기능: 채굴
9	여러분 씨족의 맥주는 드워프의 술 중에서도 최고입니다.	+2 지혜, +1 지능, +1 매력, 기능: 양조
10	여러분 선조는 오래전 위대한 드워프 왕국을 떠나 적대적인 땅에서 터전을 잡았습니다.	+2 건강, +1 근력, +1 지능, +1 매력
11	여러분 씨족은 항상 인간들의 땅 근처에 살면서 교역을 하고 이야기를 나누었습니다.	+2 매력, +1 민첩성, +1 건강, +1 지혜
12	여러분 씨족은 모든 드워프 중에서도 가장 탐욕스럽습니다. 여러분의 눈은 욕망으로 타오릅니다.	+1 근력, +1 민첩성, +1 건강, +1 지능, +1 지혜

1d8	여러분은 무엇 때문에 동족들의 땅을 떠났나요?	습득
1	신성한 맹세를 깨뜨렸고, 고향을 떠나 수치 속에서 살아야 합니다.	+2 지혜, +1 건강
2	단순한 호기심 때문에 고향을 떠나 멀리 왔습니다.	+2 지능, +1 매력
3	친절한 마음을 가진 여러분은 인간과 드워프가 서로 도울 수 있다고 믿습니다.	+2 매력, +1 민첩성
4	고대의 노래에 푹 빠진 여러분은 피로도 모른 채 고향을 떠나 멀리 왔습니다.	+1 건강, +1 지능, +1 지혜
5	여러분은 인간의 시대가 도래했다고 믿으며, 인간들이 이루는 위대한 업적에 가담하려 합니다.	+2 건강, +1 지혜
6	여러분이 갖춘 흔치 않은 기술이 인간들 사이에서 크게 빛을 발할 거라고 자신합니다.	+2 민첩성, +1 지능
7	드워프와 싸운 고대의 적들을 직접 대면하려 합니다.	+1 근력, +1 건강, +1 지능
8	고블린들이 여러분의 요새를 파괴했습니다.	+2 근력, +1 건강

1d8	동족들을 떠난 후, 여러분은 인간들과 지내는 생활에 어려움을 겪었습니다. 하지만 다른 꼬마들은 여러분의 가장 친한 친구가 되었습니다. 그 밖에 누가 여러분과 친하게 지냈나요?	습득
1	대장장이는 여러분에게 흠뻑 빠져서 드워프들의 방식을 배우기를 원했습니다.	+2 근력, +1 건강
2	어부들 덕분에 여러분은 흐르는 물 공포증을 극복했습니다.	+2 민첩성, +1 지혜
3	대다수 인간은 여러분이 너무 이상하다고 생각하면서, 말을 걸기를 두려워했습니다. 그래서 여러분은 많은 시간을 홀로 보냈습니다.	+1 건강, +1 지능, +1 지혜
4	마을의 한 어르신이 여러분에게 드워프와 인간들의 고대 이야기를 들려주었습니다.	+2 지능, +1 지혜
5	이 지역 영주가 맹세코 자기 조부는 사람들 사이에서 거의 알려지지 않은 어느 전쟁에서 드워프들과 함께 싸웠다고 말했습니다.	+2 근력, +1 매력
6	양조장 주인은 여러분에게 자기가 만든 맥주의 견본품을 자주 대접하곤 합니다.	+2 건강, +1 매력
7	여러분은 민병대에서 복무하면서, 인간들이 자신의 땅을 지키는 데 도움을 주었습니다.	+1 근력, +1 건강, +1 매력
8	늙은 마녀는 여러분의 진실한 이름을 알지만, 정말 친절한 덕분에 절대 여러분에게 해롭게 사용하지 않습니다.	+1 민첩성, +1 지능, +1 지혜

여러분은 인간의 땅으로 와서 이 마을에 정착했습니다. 여러분은 2레벨 전사-도적이 되며, 클래스 능력으로 특기와 숙련된 솜씨, 선택한 공예 기능 하나를 얻습니다. 다음 표는 여러분의 클래스 능력과 추가 기능을 더욱 명확하게 정합니다. 여러분은 이 인간 꼬마들에게 무엇을 가르쳐야 하나요?

1d6	여러분은 젊은 시절에 무슨 재주를 익혔나요?	습득
1	숨겨진 통로를 찾고, 만들고, 무너뜨리는 재주.	+2 지능, 기능: 건축
2	물건에 가격을 매기고, 협상에서 절대 물러나지 않는 재주.	+2 매력, 기능: 흥정
3	여러분의 작은 키에도 불구하고 터무니없는 협박을 무섭게 느껴지도록 하는 재주.	+2 근력, 기능: 위협
4	트롤과 인간, 각종 짐승의 이목을 끌지 않는 재주.	+2 민첩성, 기능: 은신
5	산 밑에서 여러분과 동료의 후방을 경계하는 재주.	+2 건강, 기능: 경계
6	깊은 산 속에서 현재 사용 중인 또는 버려진 동족들의 동굴을 탐사하면서 길을 찾는 재주.	+2 지혜, 기능: 광산

1d6	여러분이 가장 좋아하는 여러분의 옛 무용담은?	습득
1	씨족 내의 반역자가 꾸미던 음모를 여러분이 막은 이야기.	+2 지혜, 특기: 속도, 기능: 조사
2	음료에 독이 든 줄을 알면서도 그냥 마신 이야기.	+2 건강, 특기: 저항력, 기능: 약초 지식
3	괴물의 발톱이 여러분 방패에 박힌 이야기.	+2 건강, 특기: 방어형 전투, 기능: 괴물 지식
4	높은 산에서 씨족에게 닥친 커다란 위협을 단신으로 막은 이야기.	+2 근력, 특기: 강한 일격, 기능: 운동
5	여러분을 겁주려던 산적들을 오히려 꼼짝 못 하게 만든 이야기.	+2 근력, 특기: 방어형 전투, 기능: 위협
6	요정 여왕의 마음을 훔친 이야기.	+2 매력, 특기: 저항력, 기능: 유혹

1d6	여러분은 어째서 제자를 들였나요? 오른편 플레이어는 즉시 건강을 +1, 매력을 -1 얻으며, 다음 사건을 함께 겪습니다.	습득
1	여러분이 마을에 왔을 때, 어느 고블린 무리가 여러분을 뒤쫓아왔습니다. 여러분은 책임지고 이 문제를 해결하겠다고 결심했습니다. 오른편 제자는 스스로 여러분을 따라와서 처음으로 진짜 전투를 목격하고 +1 근력을 얻습니다.	+1 근력, 기능: 생존술
2	지난 축제 때, 마을 밖에서 온 이방인들이 좌판에서 물건을 팔던 여러분을 모욕하고 새 고향에서 여러분을 쫓아내려고 했습니다. 오른편 제자는 그들에게 망신을 주고 입을 다물게 해서 +1 매력을 얻습니다.	+1 매력, 공예 기능 하나 선택 (혹은 이미 가진 공예 기능 향상)
3	여러분이 살짝 외로움을 느꼈을 때 (절대 인정하지는 않았겠지만), 공예 기술을 배우러 온 이 젊은이는 여러분의 드워프 장인 솜씨에 깊이 감동했습니다. 오른편 제자는 하나를 가르치면 열을 알 만큼 재능이 있으며, +1 민첩성을 얻습니다.	+1 민첩성, 공예 기능 하나 선택 (혹은 이미 가진 공예 기능 향상)
4	방앗간이 무너져 커다란 맷돌이 강에 떨어졌을 때, 여러분은 도르래를 만들어 맷돌을 다시 꺼냈습니다. 오른편 제자는 여러분이 삭구를 제작하도록 도왔고, +1 지능을 얻습니다.	+1 지능, 기능: 공학
5	유난히 추웠던 겨울, 어느 사악한 늑대 떼가 마을을 공격했습니다. 오른편 제자는 여러분 옆에 같이 서서 늑대 한 마리를 쓰러뜨렸고, +1 근력을 얻습니다.	+1 근력, 기능: 운동
6	지난 여름 어느 날 밤에 마을에서 화재가 발생했을 때, 여러분은 가장 먼저 알아차리고 연기 냄새를 맡았습니다. 오른편 제자는 여러분이 경보를 울리도록 도왔고, +1 지혜를 얻습니다.	+1 지혜, 기능: 경계

1d6	여러분 짐 속에 있는 가장 유용한 물건은?	습득
1	잘 쓰는 요리 냄비.	+1 건강, 철 냄비
2	바늘과 실.	+1 민첩성, 수선 도구
3	절대 무디어지지 않는 단검.	+1 근력, 훌륭한 단검.
4	어릴 적 고향에서 가져온 램프.	+1 지혜, 랜턴
5	드워프제 불붙이는 도구.	+1 지능, 부싯돌과 부싯깃
6	이 일대에서 가장 따뜻한 이불.	+1 매력, 양모 이불

캐릭터 시트를 채우세요!

1. 캐릭터 이름과 클래스, 레벨을 적으세요.

2. 능력치를 적으세요. 각 능력치 옆에 다음 쪽에 나온 능력치 보너스를 적으세요.

3. 캐릭터의 기능과 클래스 능력, 초기 장비 및 사고 싶은 물건을 적으세요. 드워프 모험가는 다음 장비를 가지고 시작합니다: 단검, 평범한 옷, 선택한 공예용 도구, 작은 수레, 선택한 무기, 가죽 갑옷 (+2 장갑), 방패 (+1 장갑), 은화 4d10 냥.

4. 가치관을 하나 선택하세요. 캐릭터는 질서, 혼돈, 중립 중 하나입니다. 정하지 못하겠다면 대부분 사람처럼 중립을 선택하세요.

5. 클래스에 따라 기본 공격 보너스를 받습니다. 2레벨 드워프 스승은 +2입니다.

6. 행동 순서는 캐릭터 레벨+민첩성 보너스+1(전사-도적) 입니다.

7. 캐릭터의 장갑 수치는 10+민첩성 수정치+캐릭터가 받는 장갑 보너스입니다.

8. 캐릭터의 행운 점수는 3점입니다.

9. 캐릭터의 HP는 처음에 10+건강 보너스로 시작하며, 2 레벨이 되면서 1d10+건강 보너스를 더합니다.

10. 다음 쪽에 나온 극복 판정 수치를 적으세요.

11. 캐릭터가 사용할 법한 무기의 수치를 '명중 보너스' 와 '피해' 항목에 적으세요. 근접 무기 명중 보너스는 기본 공격 보너스+근력 보너스이며, 원거리 무기 공격 보너스는 기본 공격 보너스+민첩성 보너스입니다. 근력 보너스는 근접 무기의 피해에도 더합니다. 무기 숙련으로 받는 보너스를 잊지 마세요!

참고 사항

판정

능력치 판정: d20을 굴린 다음 주사위 결과를 관련 능력치와 비교하세요. 주사위 결과가 능력치와 같거나 낮다면 성공입니다. 주사위 결과가 능력치보다 높다면 실패입니다.

극복 판정: d20을 굴립니다. 주사위 결과가 극복 판정 수치와 같거나 높다면 성공입니다.

전투 판정: d20을 굴린 다음, 관련 공격 보너스를 더합니다. 상대의 장갑 수치와 비교하세요. 판정 결과가 상대 **장갑** 수치와 같거나 높다면 공격은 명중합니다. 판정 결과가 장갑 수치보다 낮다면 빗나갑니다.

클래스 능력

체력 주사위: d10
행동 순서 보너스: +1
갑옷: 드워프 스승은 아무 갑옷이나 입을 수 있습니다.

특기: 드워프 스승은 경험을 쌓으면서 몇 가지 재주를 얻어 좀 더 강해질 수 있습니다. 캐릭터가 받는 첫 번째 특기는 플레이북에 있습니다. 이후 얻을 다음 특기는 **울타리 너머, 또 다른 모험으로** p.10을 참조하세요.

숙련된 솜씨: 드워프 스승은 1레벨에서 기능을 두 개 더 익히며 (여러분은 플레이북을 통해 이미 얻었습니다), 이후 홀수 레벨마다 (3, 5, 7, 9레벨) 추가로 기능을 하나씩 더 익힙니다. 캐릭터는 새로운 기능을 익히는 대신 이미 가진 기능의 실력을 올릴 수도 있습니다. 이 경우 해당 기능으로 받는 보너스는 +2 늘어납니다.

드워프: 드워프 스승은 **울타리 너머, 또 다른 모험으로** p.31에 있는 드워프 시야와 돌의 힘, 진실한 이름을 얻습니다. 돌의 힘으로 높아진 체력 주사위는 이미 플레이북에 반영되어 있습니다.

행운 점수

캐릭터는 행운 점수를 다음 방식으로 사용할 수 있습니다.

친구 돕기: 보통, 캐릭터는 관련 기능이 있어야만 친구의 능력치 판정을 도울 수 있습니다. 하지만 행운 점수를 1점 쓴다면, 해당 판정에 활용할 수 있는 적합한 기능이 없더라도 친구를 도와 판정에 +2 보너스를 줄 수 있습니다.

재도전: 캐릭터는 행운 점수를 1점 써서 능력치 판정이나 극복 판정, 명중 판정처럼 플레이 중에 일어나는 실패한 판정을 다시 굴릴 수 있습니다.

죽음 속이기: 죽을 위기에 처한 캐릭터는 행운 점수를 1점 써서 HP를 0으로 안정시키고 추가 피해를 받지 않을 수 있습니다.

능력치	보너스
1	-4
2-3	-3
4-5	-2
6-8	-1
9-12	0
13-15	+1
16-17	+2
18-19	+3

레벨	경험치	기본 공격 보너스	독 극복	숨결 무기 극복	신체 변형 극복	주문 극복	마법 물품 극복
1	0	+1	13	16	12	15	14
2	2,000	+2	13	16	12	15	14
3	4,000	+3	13	16	13	15	14
4	8,000	+4	13	16	13	15	14
5	16,000	+5	12	15	11	13	12
6	32,000	+6	12	15	11	13	12
7	64,000	+7	12	15	11	13	12
8	120,000	+8	12	15	11	13	12
9	240,000	+9	11	14	9	11	10
10	360,000	+10	11	14	9	11	10

결사단 마법사 플레이북

여러분은 강력한 마법사들이 모인 비밀 결사단에 들어가 우주의 비밀을 깨우쳤습니다. 비록 수는 적고 단원들은 흩어져 있지만, 여러분의 결사단은 어둠으로부터 이 세상을 지키는 임무를 자임하면서 책임을 떠맡을 각오가 된 사람들에게 진실을 가르칩니다. 과연 누가 여러분만큼 이 젊고 우둔한 예비 모험가들을 잘 가르칠 수 있을까요?

여러분은 학식이 깊고 통찰력이 깊습니다. 여러분의 **지능**과 **지혜**는 10에서 시작하며, 나머지 능력치는 8에서 시작합니다.

누구나 다 한때는 아이였지요, 여러분은 어떻게 자랐나요?

1d12	부모는 마을에서 어떻게 살았나요? 여러분은 무엇을 배웠나요?	습득
1	여러분은 고아입니다. 참 어렵게 살았지요.	+2 지혜, +2 건강, +1 지능
2	마땅한 이유이든 억울한 이유이든, 아버지가 추방자였습니다.	+2 지능, +1 지혜, +1 건강, 기능: 생존술
3	부모가 어부였고, 여러분은 강가에서 지냈습니다.	+2 민첩성, +1 근력, +1 지혜, 기능: 낚시
4	가족이 마을 바깥에서 작은 농장을 꾸렸습니다.	+2 건강, +1 지혜, +1 매력, 기능: 농사
5	아버지는 지역 대장장이였고, 여러분에게 망치와 풀무질을 가르쳤습니다.	+2 근력, +1 민첩성, +1 매력, 기능: 대장장이
6	이전에 아버지가 했던 것처럼 여러분도 양을 몰고 산으로 갔습니다.	+2 건강, +1 민첩성, +1 지혜, +1 근력
7	부모는 이 지역 여관을 운영했습니다. 여러분은 여러 여행자를 만나고 그들의 이야기를 들으면서 자랐습니다.	+2 매력, +1 지능, +1 민첩성, +1 지혜
8	여러분은 마치 운명의 여신처럼 베틀로 실을 자르거나 꼬았습니다.	+2 민첩성, +1 지능, +1 매력, 기능: 방직
9	부모 중 누군가가 옛이야기를 보관하고 전승했습니다. 여러분 머릿속은 부모에게 배운 이야기로 가득 찼습니다.	+2 지능, +1 매력, +1 지혜, 기능: 민간전승
10	아버지는 파수꾼이었습니다. 누구에게나 엄하지만 공정하게 대했습니다.	+2 근력, +1 매력, +1 건강, 기능: 운동
11	여러분은 숲으로 가서 약초와 산딸기를 모으곤 했습니다.	+2 지혜, +1 건강, +1 민첩성, 기능: 약초 지식
12	아버지가 지역 상인이었습니다. 여러분은 가격을 매기고 사람들을 끌어드리는 법을 배웠습니다.	+2 매력, +1 지능, +1 민첩성, 기능: 흥정

1d8	여러분은 어릴 적 어느 점이 남달랐나요?	습득
1	때로 아이들은 싸우곤 하지요. 여러분은 절대 진 적이 없습니다.	+2 근력, +1 지혜
2	여러분이 이기지 못하는 시합은 없었습니다.	+2 민첩성, +1 지능
3	여러분은 이 근방에서 가장 튼튼한 아이였습니다.	+2 건강, +1 매력
4	여러분이 모르는 비밀은 없었습니다.	+2 지능, +1 민첩성
5	여러분은 공감을 잘 해주었기 때문에 사람들이 이런저런 이야기를 털어놓았습니다.	+2 지혜, +1 건강
6	여러분은 누구에게나 사랑받았습니다.	+2 매력, +1 근력
7	여러분은 남의 문제를 잘 해결해주었지만, 자기 사정은 털어놓지 않았습니다.	+1 근력, +1 건강, +1 매력
8	사람들은 저마다 가르칠 것이 있습니다. 여러분은 여러 사람에게 이런저런 것들을 조금씩 배웠습니다.	+1 민첩성, +1 지능, +1 지혜

1d8	여기 정착한 후, 여러분은 다른 플레이어 캐릭터들과 가장 친한 친구가 되었습니다. 이 오합지졸 꼬마들 외에는 누구와 친하게 지내나요?	습득
1	파수꾼은 여러분의 조언을 신뢰합니다.	+2 근력, +1 매력
2	어부들은 때때로 여러분을 데리고 물고기를 잡습니다.	+2 민첩성, +1 지혜
3	여러분은 사냥꾼들과 야영을 하곤 합니다.	+2 건강, +1 지능
4	어르신 하나는 여러분이 바깥으로 돌아다니던 시절을 기억하며, 함께 긴 이야기를 나누기를 즐깁니다.	+2 지능, +1 민첩성
5	베 짜는 할머니는 여러분의 통찰력을 높이 평가하며 여러분을 존중합니다.	+2 지혜, +1 근력
6	여관 주인은 여러분에게 이야기를 듣는 대가로 술을 공짜로 줍니다.	+2 매력, +1 건강
7	늙은 과부가 여러분에게 집안일을 도와달라고 부탁하곤 합니다.	+1 근력, +1 지능, +1 매력
8	역전의 용병은 여러분과 이야기를 나누기를 즐깁니다.	+1 민첩성, +1 건강, +1 지능

여러분은 마법의 비밀을 연구하면서 결사단에 가입했습니다. 여러분은 2레벨 마법사가 되며, 클래스 능력으로 마법 감지와 주문 사용, 기능: 금단의 비밀, 캔트립 마법사의 빛, 의식 마법사의 표식과 결사단의 대화를 얻습니다. 다음 표는 여러분이 어떤 주문을 더 익히는지 정합니다. 여러분은 머나먼 곳을 여행하며 많은 것을 배웠습니다.

1d6	결사단이 여러분을 눈여겨본 계기는?	습득
1	여러분은 한 때 야생지대 깊숙한 곳으로 들어가서 숲의 어두운 중심부에 있는 뒤틀린 수호자들을 교묘하게 피했습니다.	+2 지혜, 기능: 경계
2	머나먼 땅에서 여러분은 미숙한 사람들을 이끌고 고블린 왕과 맞서 싸웠습니다.	+2 매력, 기능: 지휘
3	어느 동짓날에 여러분은 파괴를 획책하던 어둠의 요정 한 무리를 굴복시켰습니다.	+2 근력, 기능: 요정 지식
4	여러분은 강대한 거인이 지키던 봄의 첫 꽃을 뽑았습니다.	+2 민첩성, 기능: 약초 지식
5	남쪽의 거대한 도서관에서 여러분은 이제는 사라진 수많은 지식을 습득했습니다.	+2 지능, 기능: 금단의 비밀
6	여러분은 동쪽 머나먼 땅으로 여행을 떠난 다음, 여러 가지 기이한 이야기를 가지고 동족들의 땅으로 귀향했습니다.	+2 건강, 기능: 생존술

1d6	결사단 안에서 여러분이 주로 사용하는 마법은?	습득
1	친구를 가까운 곳에서 보호하고 적을 먼 곳에서 막습니다. 여러분은 다음 마법을 얻습니다: 주술 바람의 가호, 의식 마녀의 파수꾼, 캔트립 축복	+2 지혜, 주문 (왼쪽 항목)
2	적 앞에 서서 상대의 술수를 꿰뚫어봅니다. 여러분은 다음 마법을 얻습니다: 주술 불꽃 맞서기, 주술 보호의 원, 캔트립 영혼 시야	+2 지능, 주문 (왼쪽 항목)
3	힘과 통찰력으로 동료들을 보호하고 적들의 어둠에 맞서도록 돕습니다. 여러분은 다음 마법을 얻습니다: 주술 죽음의 문턱, 의식 치유의 딸기, 캔트립 축복	+2 지혜, 주문 (왼쪽 항목)
4	전장 한복판에 서서 힘찬 목소리로 적들이 내는 소음을 덮어버립니다. 여러분은 다음 마법을 얻습니다: 주술 울부짖음, 의식 마법사의 갑옷, 캔트립 소리 만들기	+2 지혜, 주문 (왼쪽 항목)
5	여러분은 적들을 속이고, 지친 자에게 희망을 주는 위대한 여행자입니다. 여러분은 다음 마법을 얻습니다: 주술 격려, 주술 패밀리어 엮기, 캔트립 환상 짜기	+2 지능, 주문 (왼쪽 항목)
6	어떤 이들은 여러분을 혼란을 부르는 까마귀라고 부르지만, 또 다른 이들은 여러분이 악의 세력에 맞서 통찰력을 빌려준다고 이야기합니다. 여러분은 다음 마법을 얻습니다: 주술 문 잠그기, 의식 힘의 지팡이, 캔트립 저주	+2 지혜, 주문 (왼쪽 항목)

1d6	여러분은 어째서 제자를 들였나요? 오른편 플레이어는 즉시 지혜를 +1, 근력을 -1 얻으며, 다음 사건을 함께 겪습니다.	d습득
1	고대의 어둠에서 나온 그림자가 어느 날 밤 마을에 왔지만, 이 젊은이는 두려워하지 않고 그림자 앞에 맞섰습니다. 오른편 제자는 여러분이 괴물을 쫓아내게 도왔고, +1 건강을 얻습니다.	+1 건강, 주술: 마법 화살
2	악인들이 마을에 와서 값진 물건을 요구했습니다. 오른편 제자는 이들을 꼭 죽일 필요가 없다는 것을 깨닫고는 여러분을 도와 다른 방식으로 범죄자들을 처리했으며, +1 매력을 얻습니다.	+1 매력, 주술: 잠의 장막
3	다른 친구가 나쁜 길로 빠졌을 때, 이 젊은이는 우정과 정의의 중요성을 강조하면서 위엄 있게 친구를 꾸짖었습니다. 오른편 제자는 여러분의 도움을 받아 질서를 회복했고, +1 지혜를 얻습니다.	+1 지혜, 주술: 명령의 말
4	어느 가족이 기이한 병에 걸렸을 때, 이 젊은이는 흔들리지 않고 병자들을 돌보았습니다. 여러분은 감명을 받고 가족을 도우러 왔습니다. 오른편 제자는 여러분을 도와 병자들을 치료했고, +1 지혜를 얻습니다.	+1 지혜, 주술: 치유의 손길
5	지난가을 어느 사악한 마법이 숲에 퍼져서 나무들이 사악한 지성과 의지를 갖추고 움직였습니다. 오른편 제자는 자청해서 여러분을 도와 어둠의 마법을 정화했고, +1 지능을 얻습니다.	+1 지능, 주술: 불타는 손
6	지난해 어느 난폭하고 위험한 용병이 마을에서 겨울을 나는 동안 한 농부를 죽였습니다. 이 젊은이는 용감하게 살인자를 규탄했고, 여러분의 도움을 받아 그를 마을에서 내쫓았습니다. 오른편 제자는 여러분에게 어려운 결정을 내리는 법을 배웠고, +1 지능을 얻습니다.	+1 지능, 주술: 두려운 존재감

1d6	여러분은 여행에서 무엇을 가지고 돌아왔나요?	습득
1	마법의 표식과 이름들이 새겨진 은 펜던트.	+1 건강, 보호의 부적
2	어느 외국의 죽은 권력자가 소유하던 검.	+1 근력, 위풍당당한 검
3	결사단 내 다른 단원들의 신뢰.	+1 매력, 주술: 속삭이는 바람
4	인어가 짠 망토.	+1 민첩성, 회색 망토
5	바람의 정령이 준 부적.	+1 지능, 의식: 폭풍 부르기
6	세계수에서 따온 과일.	+1 지혜, 의식: 연회의 축복

캐릭터 시트를 채우세요!

1. 캐릭터 이름과 클래스, 레벨을 적으세요.

2. 능력치를 적으세요. 각 능력치 옆에 다음 쪽에 나온 능력치 보너스를 적으세요.

3. 캐릭터의 기능과 클래스 능력, 초기 장비 및 사고 싶은 물건을 적으세요. 결사단 마법사는 다음 장비를 가지고 시작합니다: 단검, 낡은 로브, 무척 훌륭하고, 아마도 마법의 힘이 깃든 지팡이, 의식에 필요한 마법재료, 은화 4d6냥.

4. 가치관을 하나 선택하세요. 캐릭터는 질서, 혼돈, 중립 중 하나입니다. 정하지 못하겠다면 대부분 사람처럼 중립을 선택하세요.

5. 클래스에 따라 기본 공격 보너스를 받습니다. 2레벨 마법사는 +1입니다.

6. 행동 순서는 캐릭터 레벨+민첩성 보너스+0(마법사) 입니다.

7. 캐릭터의 **장갑** 수치는 10+**민첩성** 수정치+캐릭터가 받는 **장갑** 보너스입니다.

8. 캐릭터의 **행운** 점수는 3점입니다.

9. 캐릭터의 HP는 처음에 6+건강 보너스로 시작하며, 2레벨이 되면서 1d6+건강 보너스를 더합니다.

10. 다음 쪽에 나온 극복 판정 수치를 적으세요.
11. 캐릭터가 사용할 법한 무기의 수치를 '명중 보너스'와 '피해' 항목에 적으세요. 근접 무기 명중 보너스는 기본 공격 보너스+근력 보너스이며, 원거리 무기 공격 보너스는 기본 공격 보너스+민첩성 보너스입니다. **근력** 보너스는 근접 무기의 피해에도 더합니다.

참고 사항

판정

능력치 판정: d20을 굴린 다음 주사위 결과를 관련 능력치와 비교하세요. 주사위 결과가 능력치와 같거나 낮다면 성공입니다. 주사위 결과가 능력치보다 높다면 실패입니다.

극복 판정: d20을 굴립니다. 주사위 결과가 극복 판정 수치와 같거나 높다면 성공입니다.

전투 판정: d20을 굴린 다음, 관련 공격 보너스를 더합니다. 상대의 장갑 수치와 비교하세요. 판정 결과가 상대 장갑 수치와 같거나 높다면 공격은 명중합니다. 판정 결과가 장갑 수치보다 낮다면 빗나갑니다.

클래스 능력

체력 주사위: d6
행동 순서 보너스: +0
갑옷: 결사단 마법사는 갑옷을 입을 수 없습니다.

주문 사용: 결사단 마법사는 캔트립, 주술, 의식이라는 서로 다른 세 가지 방식으로 마법의 힘을 사용할 수 있습니다. 캐릭터가 처음 가지고 시작하는 주문은 플레이북을 참조하세요.

마법 감지: 결사단 마법사는 선천적으로 마법을 민감하게 느끼기 때문에, 특정한 사람이나 장소, 또는 물건에 마법의 기운이 깃들여 있는지 알아낼 수 있습니다. 마법을 감지하려면 몇 분 정도 집중해야 하므로, 단순히 보는 것만으로는 대상이 마법적인 기운을 띠고 있는지 알 수 없습니다. 사람들은 캐릭터가 자신들을 강렬하게 지켜보거나 식사 시간이 돼도 음식에 집중하지 않는 모습을 보고 마법을 감지하려 한다는 것을 쉽게 알아차릴 수 있습니다. 마스터는 캐릭터가 유난히 강력한 마법 근처에 있다면 즉시 마법의 기운을 알아차릴 수 있다고 정할 수 있습니다.

행운 점수

캐릭터는 행운 점수를 다음 방식으로 사용할 수 있습니다.

친구 돕기: 보통, 캐릭터는 관련 기능이 있어야만 친구의 능력치 판정을 도울 수 있습니다. 하지만 행운 점수를 1점 쓴다면, 해당 판정에 활용할 수 있는 적합한 기능이 없더라도 친구를 도와 판정에 +2 보너스를 줄 수 있습니다.

재도전: 캐릭터는 행운 점수를 1점 써서 능력치 판정이나 극복 판정, 명중 판정처럼 플레이 중에 일어나는 실패한 판정을 다시 굴릴 수 있습니다.

죽음 속이기: 죽을 위기에 처한 캐릭터는 행운 점수를 1점 써서 HP를 0으로 안정시키고 추가 피해를 받지 않을 수 있습니다.

능력치	보너스
1	-4
2-3	-3
4-5	-2
6-8	-1
9-12	0
13-15	+1
16-17	+2
18-19	+3

레벨	경험치	기본 공격 보너스	독 극복	숨결 무기 극복	신체 변형 극복	주문 극복	마법 물품 극복
1	0	+0	14	15	13	12	11
2	2,500	+1	14	15	13	12	11
3	5,000	+1	14	15	13	12	11
4	10,000	+2	14	15	13	12	11
5	20,000	+2	14	15	13	12	11
6	40,000	+3	13	13	11	10	9
7	80,000	+3	13	13	11	10	9
8	150,000	+4	13	13	11	10	9
9	300,000	+4	13	13	11	10	9
10	450,000	+5	13	13	11	10	9

땅 없는 귀족 플레이북

가문은 몰락했고, 영지와 재산은 빼앗겼습니다. 이제 여러분은 다른 가문의 식객으로 머물며 이 지역 영주를 위해 일하고 있습니다. 꽤 당혹스러운 상황이지요. 하지만 이곳에는 가르침이 필요한 젊은이들이 많습니다. 이들을 이끌고 가문의 잃어버린 명예를 되찾는 일만큼 여러분이 베풀 수 있는 가르침이 또 어디 있겠습니까?

여러분은 무용이 뛰어나고 고결한 풍모를 지녔습니다. 여러분의 근력과 매력은 10에서 시작하며, 나머지 능력치는 8에서 시작합니다.

누구나 다 한때는 아이였지요. 여러분은 어떻게 자랐나요?

1d12	여러분의 가문은 어떻게 이름을 떨쳤나요?	습득
1	저열한 배반. 여러분의 가문은 존중받기는 하나 신뢰받지는 못합니다.	+2 지혜, +1 지능, +1 매력, 기능: 모략
2	무력. 여러분의 가문만큼 전쟁에서 승리를 거둔 이들은 아무도 없습니다.	+2 근력, +1 민첩성, +1 지혜, 기능: 지휘
3	부. 여러분 가문의 금고는 이 나라에서 돈이 가장 두둑이 넘칩니다.	+1 지능, +1 건강, +1 매력, +1 지혜, 기능: 재정
4	지식. 여러분 가문은 각종 전승과 비밀을 다룹니다.	+2 지능, +1 건강, +1 지혜, 기능: 금단의 비밀
5	곡물이나 가축을 잘 기릅니다.	+2 건강, +2 지능, 기능: 동물 교감
6	미모. 여러분 가문의 신사 숙녀는 가장 멋지고 아름답습니다.	+2 매력, +1 민첩성, +1 건강, +1 근력
7	명예와 의무. 모든 사람이 여러분의 가문을 신뢰합니다.	+2 지혜, +1 건강, +1 근력, +1 매력
8	외적에 맞서 나라를 지켰습니다.	+2 근력, +2 건강, +1 지혜
9	왕위를 찬탈하려는 사악한 이에 맞서 싸웠습니다.	+2 건강, +1 근력, +1 지능, +1 지혜
10	가장 우수한 기사를 배출합니다.	+2 민첩성, +1 근력, +1 매력, 기능: 기마술
11	아름다운 정원을 가꾸고 각종 약초를 섞은 훌륭한 약물을 만들어냅니다.	+2 지능, +1 지혜, +1 건강, 기능: 약초 지식
12	이 나라에서 가장 오래된 가문으로, 자신들과 무관한 일에는 끼어들지 않습니다.	+1 근력, +1 민첩성, +1 지능, +1 지혜, +1 매력

1d8	여러분은 어릴 적 어느 점이 남달랐나요?	습득
1	때로 아이들은 싸우곤 하지요. 여러분은 절대 진 적이 없습니다.	+2 근력, +1 지혜
2	여러분이 이기지 못하는 시합은 없었습니다.	+2 민첩성, +1 지능
3	여러분은 이 근방에서 가장 튼튼한 아이였습니다.	+2 건강, +1 매력
4	여러분이 모르는 비밀은 없었습니다.	+2 지능, +1 민첩성
5	여러분은 공감을 잘 해주었기 때문에 사람들이 이런저런 이야기를 털어놓았습니다.	+2 지혜, +1 건강
6	여러분은 누구에게나 사랑받았습니다.	+2 매력, +1 근력
7	여러분은 남의 문제를 잘 해결해주었지만, 자기 사정은 털어놓지 않았습니다.	+1 근력, +1 건강, +1 매력
8	사람들은 저마다 가르칠 것이 있습니다. 여러분은 여러 사람에게 이런저런 것들을 조금씩 배웠습니다.	+1 민첩성, +1 지능, +1 지혜

1d8	여러분은 다른 플레이어 캐릭터들과 가장 친한 친구가 되었습니다. 이 오합지졸 꼬마들 외에는 영지 근처의 다른 사람 중 누구와 친하게 지냈나요?	습득
1	사냥개 몰이꾼 대장과 친하게 지내면서 이야기를 주고받았습니다.	+2 근력, +1 매력
2	어부들은 여러분을 마음에 들어 해서 서로 이야기를 주고받았습니다.	+2 민첩성, +1 지혜
3	영지를 돌아다니면서 어느 행상인과 친구가 되기까지 했습니다.	+2 건강, +1 지능
4	이 가문의 집사와 체스를 두곤 합니다.	+2 지능, +1 민첩성
5	요리사와 함께 시간을 보내면서 쉽게 알 수 없는 성안의 생활을 익혔습니다.	+2 지혜, +1 근력
6	성의 안주인과 각종 문제를 의논했습니다.	+2 매력, +1 건강
7	마음 속 시름을 잊기 위해, 성에 있는 모든 사람을 만나면서 각종 일을 했습니다.	+1 근력, +1 지능, +1 매력
8	노련한 경비대장이 여러분을 무척 마음에 들어 합니다.	+1 민첩성, +1 건강, +1 지혜

가문은 몰락했지만, 여러분은 굳건히 버티었습니다. 여러분은 2레벨 전사-도적이 되며, 클래스 능력으로 무기 숙련과 운명의 총애, 기능: 예의범절을 얻습니다. 다음 표는 여러분의 클래스 능력을 더욱 명확하게 정합니다. 가문에는 무슨 일이 일어났으며, 여러분은 이제 무엇을 할 건가요?

1d6	몰락한 가문의 나머지 식구는 어디 있나요?	습득
1	여러분은 가문의 마지막 자손입니다. 살아남는다면 희망도 있겠지요.	+2 건강, 기능: 은신
2	비록 형제자매와 사촌 일부가 여전히 살아있지만, 모두 머나먼 곳에 뿔뿔이 흩어져 있습니다.	+2 매력, 기능: 지휘
3	여러분의 형제자매는 지금 이 귀족 가문에서 여러분과 함께 살고 있습니다.	+2 매력, 기능: 예의범절
4	가문이 몰락할 때 다른 가족들은 사라졌지만, 여전히 살아있다는 소문이 끊이지 않습니다.	+2 민첩성, 기능: 조사
5	다른 가족들은 머나먼 땅으로 도망쳤습니다. 오직 여러분만 여기 혼자 남았습니다.	+2 근력, 기능: 운동
6	여러분은 늙고 병약한 할아버지와 함께 여기서 삽니다. 할아버지는 병사들을 이끌고 전장에 나가 용감하게 싸우는 이야기를 여러분에게 계속 들려주곤 합니다.	+2 근력, 기능: 지휘

1d6	가문이 몰락하기 전, 여러분은 가문에서 무슨 일을 할 예정이었나요?	습득
1	각종 공예품을 관리하면서 영지의 수공업을 육성할 예정이었습니다. 무기 숙련 능력으로 전투 도끼를 선택합니다.	+2 근력, 무기 숙련 (왼쪽 항목)
2	숲을 관리하면서 사냥을 이끌 예정이었습니다. 무기 숙련 능력으로 활을 선택합니다.	+2 민첩성, 무기 숙련 (왼쪽 항목)
3	정복이나 무역을 통해 바다로 영지를 확장할 예정이었습니다. 무기 숙련 능력으로 장검을 선택합니다.	+2 건강, 무기 숙련 (왼쪽 항목)
4	농민들의 세금을 관리하면서 백성들을 돌볼 예정이었습니다. **무기 숙련** 능력으로 도끼창을 선택합니다.	+2 지혜, 무기 숙련 (왼쪽 항목)
5	재산을 감독하면서 경영을 담당할 예정이었습니다. 무기 숙련 능력으로 장검을 선택합니다.	+2 지능, 무기 숙련 (왼쪽 항목)
6	가문이 맺은 조약을 관리하면서 다른 귀족들과의 관계를 관리할 예정이었습니다. 무기 숙련 능력으로 장검을 선택합니다.	+2 매력, 무기 숙련 (왼쪽 항목)

1d6	여러분은 어째서 제자를 들였나요? 오른편 플레이어는 즉시 매력을 +1, 민첩성을 -1 얻으며, 다음 사건을 함께 겪습니다.	습득
1	이 젊은이는 여러분이 들려준 몰락한 가문의 이야기에 무척 빠졌고, 여러분과 함께 귀족에 관해 몇 시간 동안 대화를 나누었습니다. 오른편 제자는 여러분 밑에서 가신의 길을 배웠고, +1 매력을 얻습니다.	+1 매력
2	이 젊은이가 무기 훈련을 배워야 했을 때, 여러분이 자원해서 가르치기로 했습니다. 오른편 제자는 여러분 밑에서 검의 길을 배웠고, +1 근력을 얻습니다.	+1 근력
3	이 젊은이는 어떤 계획을 도와달라고 여러분에게 왔습니다. 여러분은 간청을 받아서 돕기로 했습니다. 오른편 제자는 계획의 실현을 지켜보았고, +1 지능을 얻습니다.	+1 지능
4	이 젊은이와 함께 말을 타면, 가문의 영지에서 지내던 어린 시절이 떠오릅니다. 오른편 제자 역시 여러분과 함께 말을 타기를 즐겼고, +1 건강을 얻습니다.	+1 건강
5	지난겨울, 가문의 적이 여러분에게 암살자를 보냈습니다. 오른편 제자는 여러분이 몸을 숨기도록 도왔고, +1 민첩성을 얻습니다.	+1 민첩성
6	이 젊은이가 태어났을 때, 여러분은 아 이이를 보호하겠다는 맹세를 했습니다. 오른편 제자는 그 맹세를 알고 있으며, 여러분과 늘 가깝게 지내서 +1 건강을 얻습니다.	+1 건강

1d6	가문의 부와 영광을 되찾을 비결은?	습득
1	여러분의 무기는 오래되고 강력한 이 나라의 상징입니다.	+1 근력, 화려한 무기
2	머나먼 땅에 숨겨진 어마어마한 부를 표시한 지도.	+1 지혜, 외국의 지도
3	여러분은 특정한 독에 대한 무척 강력한 저항력을 키웠습니다.	+1 건강, 독약이 든 병
4	여러분은 위대한 업적을 이룰 것입니다. 가문의 기치 아래에서 말이지요.	+1 매력, 훌륭한 깃발
5	여러분은 마법의 무기를 지녔습니다.	+1 민첩성, 마법의 무기
6	이 땅의 귀족 가문들의 비밀을 수기로 기록한 책.	+1 지능, 작은 책

캐릭터 시트를 채우세요!

1. 캐릭터 이름과 클래스, 레벨을 적으세요.

2. 능력치를 적으세요. 각 능력치 옆에 다음 쪽에 나온 능력치 보너스를 적으세요.

3. 캐릭터의 기능과 클래스 능력, 초기 장비 및 사고 싶은 물건을 적으세요. 땅 없는 귀족은 다음 장비를 가지고 시작합니다: 단검, 선호하는 무기, 사슬 갑옷 (+4 장갑), 가문의 인장반지, 집에서 가져온 징표, 은화 2d6+12냥.

4. 가치관을 하나 선택하세요. 캐릭터는 질서, 혼돈, 중립 중 하나입니다. 정하지 못하겠다면 대부분 사람처럼 중립을 선택하세요.

5. 클래스에 따라 기본 공격 보너스를 받습니다. 2레벨 전사-도적은 +1입니다.

6. 행동 순서는 캐릭터 레벨+민첩성 보너스+2(전사-도적)입니다.

7. 캐릭터의 **장갑** 수치는 10+민첩성 수정치+캐릭터가 받는 장갑 보너스입니다.

8. 캐릭터의 **행운 점수**는 5점입니다.

9. 캐릭터의 HP는 처음에 8+**건강** 보너스로 시작하며, 2레벨이 되면서 1d8+건강 보너스를 더합니다.

10. 다음 쪽에 나온 극복 판정 수치를 적으세요.

11. 캐릭터가 사용할 법한 무기의 수치를 '명중 보너스'와 '피해' 항목에 적으세요. 근접 무기 명중 보너스는 기본 공격 보너스+근력 보너스이며, 원거리 무기 공격 보너스는 기본 공격 보너스+민첩성 보너스입니다. 근력 보너스는 근접 무기의 피해에도 더합니다. 무기 숙련으로 받는 보너스를 잊지 마세요!

참고 사항

판정

능력치 판정: d20을 굴린 다음 주사위 결과를 관련 능력치와 비교하세요. 주사위 결과가 능력치와 같거나 낮다면 성공입니다. 주사위 결과가 능력치보다 높다면 실패입니다.

극복 판정: d20을 굴립니다. 주사위 결과가 극복 판정 수치와 같거나 높다면 성공입니다.

전투 판정: d20을 굴린 다음, 관련 공격 보너스를 더합니다. 상대의 **장갑** 수치와 비교하세요. 판정 결과가 상대 **장갑** 수치와 같거나 높다면 공격은 명중합니다. 판정 결과가 **장갑** 수치보다 낮다면 빗나갑니다.

클래스 능력

체력 주사위: d8
행동 순서 보너스: +2
갑옷: 땅 없는 귀족은 아무 갑옷이나 입을 수 있습니다.

운명의 총애: 땅 없는 귀족은 다른 사람들보다 운이 좋습니다. 캐릭터는 다른 클래스처럼 행운 점수를 3점 받는 대신, 5점 받습니다.

무기 숙련: 땅 없는 귀족은 특별하게 잘 다루는 선호 무기가 있습니다. 캐릭터가 잘 다루는 무기는 플레이북에 있습니다. 캐릭터는 선택한 무기를 들고 싸울 때 명중에 +1 보너스, 피해에 +2 보너스를 받습니다

행운 점수

캐릭터는 행운 점수를 다음 방식으로 사용할 수 있습니다.

친구 돕기: 보통, 캐릭터는 관련 기능이 있어야만 친구의 능력치 판정을 도울 수 있습니다. 하지만 행운 점수를 1점 쓴다면, 해당 판정에 활용할 수 있는 적합한 기능이 없더라도 친구를 도와 판정에 +2 보너스를 줄 수 있습니다.

재도전: 캐릭터는 행운 점수를 1점 써서 능력치 판정이나 극복 판정, 명중 판정처럼 플레이 중에 일어나는 실패한 판정을 다시 굴릴 수 있습니다.

죽음 속이기: 죽을 위기에 처한 캐릭터는 행운 점수를 1점 써서 HP를 0으로 안정시키고 추가 피해를 받지 않을 수 있습니다.

능력치	보너스
1	-4
2-3	-3
4-5	-2
6-8	-1
9-12	0
13-15	+1
16-17	+2
18-19	+3

레벨	경험치	기본 공격 보너스	독 극복	숨결 무기 극복	신체 변형 극복	주문 극복	마법 물품 극복
1	0	+0	13	16	13	15	14
2	2,000	+1	13	16	13	15	14
3	4,000	+1	13	16	12	15	14
4	8,000	+2	13	16	12	15	14
5	16,000	+3	12	15	11	13	12
6	32,000	+3	12	15	11	13	12
7	64,000	+4	12	15	11	13	12
8	120,000	+5	12	15	11	13	12
9	240,000	+5	11	14	9	11	10
10	360,000	+6	11	14	9	11	10

젊은 숲사람 플레이북

여러분은 어느 귀족 가문의 여섯 번째 자식으로 자랐습니다. 할 수 있는 일이 그다지 많지 않았기에, 여러분은 학문의 길을 선택해서 교사들에게 얻을 수 있는 모든 것을 배우고 더 많이, 더 많이 책을 읽었지요. 이 땅에서 가장 박식한 사람 중 하나가 될 때까지 말입니다. 이제 여러분은 가르치는 사람이 되었습니다. 이 꼬마들은 여러분의 지혜가 필요합니다.

여러분은 탁월한 지식을 지녔습니다. 여러분의 지능은 12에서 시작하며, 나머지 능력치는 8에서 시작합니다.

누구나 다 한때는 아이였지요. 여러분은 어떻게 자랐나요?

1d12	여러분의 가문은 어떻게 이름을 떨쳤나요?	습득
1	저열한 배반. 여러분의 가문은 존중받기는 하나 신뢰받지는 못합니다.	+2 지혜, +1 지능, +1 매력, 기능: 모략
2	무력. 여러분의 가문만큼 전쟁에서 승리를 거둔 이들은 아무도 없습니다.	+2 근력, +1 민첩성, +1 지혜, 기능: 지휘
3	부. 여러분 가문의 금고는 이 나라에서 돈이 가장 두둑이 넘칩니다.	+1 지능, +1 건강, +1 매력, +1 지혜, 기능: 재정
4	지식. 여러분 가문은 각종 전승과 비밀을 다룹니다.	+2 지능, +1 건강, +1 지혜, 기능: 금단의 비밀
5	곡물이나 가축을 잘 기릅니다.	+2 건강, +2 지능, 기능: 동물 교감
6	미모. 여러분 가문의 신사 숙녀는 가장 멋지고 아름답습니다.	+2 매력, +1 민첩성, +1 건강, +1 근력
7	명예와 의무. 모든 사람이 여러분의 가문을 신뢰합니다.	+2 지혜, +1 건강, +1 근력, +1 매력
8	외적에 맞서 나라를 지켰습니다.	+2 근력, +2 건강, +1 지혜
9	왕위를 찬탈하려는 사악한 이에 맞서 싸웠습니다.	+2 건강, +1 근력, +1 지능, +1 지혜
10	가장 우수한 기사를 배출합니다.	+2 민첩성, +1 근력, +1 매력, 기능: 기마술
11	아름다운 정원을 가꾸고 각종 약초를 섞은 훌륭한 약물을 만들어냅니다.	+2 지능, +1 지혜, +1 건강, 기능: 약초 지식
12	이 나라에서 가장 오래된 가문으로, 자신들과 무관한 일에는 끼어들지 않습니다.	+1 근력, +1 민첩성, +1 지능, +1 지혜, +1 매력

1d8	여러분은 어릴 적 어느 점이 남달랐나요?	습득
1	때로 아이들은 싸우곤 하지요. 여러분은 절대 진 적이 없습니다.	+2 근력, +1 지혜
2	여러분이 이기지 못하는 시합은 없었습니다.	+2 민첩성, +1 지능
3	여러분은 이 근방에서 가장 튼튼한 아이였습니다.	+2 건강, +1 매력
4	여러분이 모르는 비밀은 없었습니다.	+2 지능, +1 민첩성
5	여러분은 공감을 잘 해주었기 때문에 사람들이 이런저런 이야기를 털어놓았습니다.	+2 지혜, +1 건강
6	여러분은 누구에게나 사랑받았습니다.	+2 매력, +1 근력
7	여러분은 남의 문제를 잘 해결해주었지만, 자기 사정은 털어놓지 않았습니다.	+1 근력, +1 건강, +1 매력
8	사람들은 저마다 가르칠 것이 있습니다. 여러분은 여러 사람에게 이런저런 것들을 조금씩 배웠습니다.	+1 민첩성, +1 지능, +1 지혜

1d8	여러분은 다른 플레이어 캐릭터들과 가장 친한 친구가 되었습니다. 이 오합지졸 꼬마들 외에는 영지 근처의 다른 사람 중 누구와 친하게 지냈나요?	습득
1	사냥개 몰이꾼 대장과 친하게 지내면서 이야기를 주고받았습니다.	+2 근력, +1 매력
2	어부들은 여러분을 마음에 들어 해서 서로 이야기를 주고받았습니다.	+2 민첩성, +1 지혜
3	영지를 돌아다니면서 어느 행상인과 친구가 되기까지 했습니다.	+2 건강, +1 지능
4	이 가문의 집사와 체스를 두곤 합니다.	+2 지능, +1 민첩성
5	요리사와 함께 시간을 보내면서 쉽게 알 수 없는 성안의 생활을 익혔습니다.	+2 지혜, +1 근력
6	성의 안주인과 각종 문제를 의논했습니다.	+2 매력, +1 건강
7	마음 속 시름을 잊기 위해, 성에 있는 모든 사람을 만나면서 각종 일을 했습니다.	+1 근력, +1 지능, +1 매력
8	노련한 경비대장이 여러분을 무척 마음에 들어 합니다.	+1 민첩성, +1 건강, +1 지혜

여러분은 저명한 학자가 되었습니다. 여러분은 2레벨 도적이 되며, 클래스 능력으로 운명의 총애와 숙련된 솜씨, 기능: 고대 역사를 얻습니다. 다음 표는 여러분이 어떤 기능을 더 익히는지 정합니다. 여러분은 학자들과 만나고 책을 읽으면서 많은 것을 배웠습니다.

1d6	여러분이 처음으로 좋아하게 된 책은?	습득
1	이 땅에 살았던 사람들의 역사를 열거한 기록.	+1 건강, +1 지능, 기능: 고대 역사
2	가문이 참전한 유명한 전투를 기록한 전쟁사.	+1 지능, +1 지혜, 기능: 전략
3	가문의 땅과 수확물, 필요로 하는 자원 등을 기록한 자료.	+1 지혜, +1 매력, 기능: 영지 관리
4	과거 유명한 필경사가 아름답게 채색한 필사본.	+1 민첩성, +1 지능, 기능: 삽화
5	이 땅 전역에 있는 다양한 비밀 조직과 사교 집단의 역사.	+1 근력, +1 지능, 기능: 금단의 비밀
6	여러분이 사는 땅과 멀리 있는 땅을 그린 다양한 시기의 지도.	+1 민첩성, +1 지능, 기능: 지도 제작

1d6	여러분이 가장 좋아하는 주제는?	습득
1	아치형 구조물의 쐐기돌에 숨겨진 고대의 비밀은 여러분의 건축학 식견을 한 층 끌어올렸습니다.	+2 지능, 기능: 공학
2	여러 가문의 살림과 운영은 그 흥망성쇠보다도 훨씬 재미있는 주제입니다.	+2 지혜, 기능: 영지 경영
3	비록 전장보다는 도서관에서 더욱 시간을 보내지만, 여러분은 뛰어난 전투 기량을 지녔습니다. 전쟁에서 이루는 위업만큼 감동적인 것은 없습니다.	+2 근력, 기능: 전략
4	고대 문명을 설명한 자료를 읽고 폐허를 방문하는 것처럼 재미있는 일은 없습니다.	+2 건강, 기능: 고대 역사
5	여러분은 완벽한 장인 기술의 습득과 실천에 많은 시간을 보냈습니다.	+2 민첩성, 공예 기능 하나 선택
6	완벽한 술을 찾는 길에서, 여러분은 사교 활동과 잔치를 향한 열정을 학구열과 결합했습니다.	+2 매력, 기능: 양조

1d6	여러분은 어째서 제자를 들였나요? 오른편 플레이어는 즉시 지능을 +1, 건강을 -1 얻으며, 다음 사건을 함께 겪습니다.	습득
1	젊은이가 여러분의 비밀 방에서 책을 읽으려 애쓰는 모습을 우연히 마주쳤습니다. 여러분은 크게 노했지만 동시에 감명을 받았습니다. 오른편 제자는 여러분에게 가르침을 달라고 애원했고, +1 매력을 얻습니다.	+1 매력, 기능: 조사
2	이 가엾은 젊은이는 시장에서 사기를 당했습니다. 수많은 교훈 끝에 오른편 제자는 결코 같은 일을 반복하지 않기 위해 수학을 배웠고, +1 지능을 얻습니다.	+1 지능, 기능: 수학
3	이 젊은이는 여러분과 젊은이 둘 다 완전하게 이해할 수 없는 기이한 마법의 책을 가져와서 자신에게 읽기 수업을 가르쳐주는 조건으로 이 책을 여러분에게 주었습니다. 오른편 제자는 어떤 책을 읽고 어떤 책을 내려놓아야 할지 배웠고, +1 지혜를 얻었습니다.	+1 지혜, 기능: 마법 지식
4	어느 날 여행에서 돌아왔을 때, 여러분은 강도들에게 둘러싸였습니다. 다행히 여러분은 혼자가 아니었습니다. 오른편 제자가 여러분을 도우러 왔고, +1 근력을 얻습니다.	+1 근력, 기능: 운동
5	어느 날 이 젊은이가 찾아와 지하에서 두루마리로 가득한 비밀 방을 찾았다고 말했습니다. 당연히 여러분은 그 장소로 갔지요. 오른편 제자는 그런 장소에서 주의를 기울여야 한다는 사실을 여러분에게 배웠고, +1 민첩성을 얻습니다.	+1 민첩성, 기능: 은신
6	지난 겨울 여러분은 달의 주기를 관측하기 위해 여러 날 동안 도와줄 조수를 구했습니다. 오른편 제자는 자원해서 밤마다 관측을 도와주었고, +1 건강을 얻습니다.	+1 건강, 기능: 점성술

1d6	여러분이 간직한 보물은?	습득
1	어느 위대한 문명의 군기 윗부분.	+1 건강, 황금 독수리
2	고대의 시가 적힌 글.	+1 매력, 두루마리
3	지금은 사라진 사람들이 한때 섬기던 우상	+1 지혜, 작은 조각상
4	사라진 귀족 가문의 표식	+1 민첩성, 인장반지
5	고대 장군이 가지고 다닌 창의 머리.	+1 근력, 창머리
6	아름답게 색을 칠한 도자기 램프	+1 지능, 기름 램프

캐릭터 시트를 채우세요!

1. 캐릭터 이름과 클래스, 레벨을 적으세요.

2. 능력치를 적으세요. 각 능력치 옆에 다음 쪽에 나온 능력치 보너스를 적으세요.

3. 캐릭터의 기능과 클래스 능력, 초기 장비 및 사고 싶은 물건을 적으세요. 박식한 교사는 다음 장비를 가지고 시작합니다: 단검, 학자의 옷, 책 네 권, 자물쇠가 달린 상자와 열쇠, 두루마리와 깃펜, 은화 2d6+12냥.

4. 가치관을 하나 선택하세요. 캐릭터는 질서, 혼돈, 중립 중 하나입니다. 정하지 못하겠다면 대부분 사람처럼 중립을 선택하세요.

5. 클래스에 따라 기본 공격 보너스를 받습니다. 2레벨 도적은 +1입니다.

6. 행동 순서는 캐릭터 레벨+민첩성 보너스+2(도적) 입니다.

7. 캐릭터의 장갑 수치는 10+민첩성 수정치+캐릭터가 받는 장갑 보너스입니다.

8. 캐릭터의 행운 점수는 5점입니다.

9. 캐릭터의 HP는 처음에 8+건강 보너스로 시작하며, 2레벨이 되면서 1d8+건강 보너스를 더합니다.

10. 다음 쪽에 나온 극복 판정 수치를 적으세요.

11. 캐릭터가 사용할 법한 무기의 수치를 '명중 보너스'와 '피해' 항목에 적으세요. 근접 무기 명중 보너스는 기본 공격 보너스+근력 보너스이며, 원거리 무기 공격 보너스는 기본 공격 보너스+민첩성 보너스입니다. 근력 보너스는 근접 무기의 피해에도 더합니다.

142

참고 사항

판정

능력치 판정: d20을 굴린 다음 주사위 결과를 관련 능력치와 비교하세요. 주사위 결과가 능력치와 같거나 낮다면 성공입니다. 주사위 결과가 능력치보다 높다면 실패입니다.

극복 판정: d20을 굴립니다. 주사위 결과가 극복 판정 수치와 같거나 높다면 성공입니다.

전투 판정: d20을 굴린 다음, 관련 공격 보너스를 더합니다. 상대의 **장갑** 수치와 비교하세요. 판정 결과가 상대 **장갑** 수치와 같거나 높다면 공격은 명중합니다. 판정 결과가 **장갑** 수치보다 낮다면 빗나갑니다.

클래스 능력

체력 주사위: d8
행동 순서 보너스: +2
갑옷: 박식한 교사는 판금 갑옷보다 가벼운 갑옷을 입을 수 있습니다.

운명의 총애: 박식한 교사는 다른 사람들보다 운이 좋습니다. 캐릭터는 다른 클래스처럼 행운 점수를 3점 받는 대신, 5점 받습니다.

숙련된 솜씨: 박식한 교사는 1레벨에서 기능을 두 개 더 익히며 (여러분은 플레이북을 통해 이미 얻었습니다), 이후 홀수 레벨마다 (3, 5, 7, 9레벨) 추가로 기능을 하나씩 더 익힙니다. 캐릭터는 새로운 기능을 익히는 대신 이미 가진 기능의 실력을 올릴 수도 있습니다. 이 경우 해당 기능으로 받는 보너스는 +2 늘어납니다.

행운 점수

캐릭터는 행운 점수를 다음 방식으로 사용할 수 있습니다.

친구 돕기: 보통, 캐릭터는 관련 기능이 있어야만 친구의 능력치 판정을 도울 수 있습니다. 하지만 행운 점수를 1점 쓴다면, 해당 판정에 활용할 수 있는 적합한 기능이 없더라도 친구를 도와 판정에 +2 보너스를 줄 수 있습니다.

재도전: 캐릭터는 행운 점수를 1점 써서 능력치 판정이나 극복 판정, 명중 판정처럼 플레이 중에 일어나는 실패한 판정을 다시 굴릴 수 있습니다.

죽음 속이기: 죽을 위기에 처한 캐릭터는 행운 점수를 1점 써서 HP를 0으로 안정시키고 추가 피해를 받지 않을 수 있습니다.

능력치	보너스
1	-4
2-3	-3
4-5	-2
6-8	-1
9-12	0
13-15	+1
16-17	+2
18-19	+3

레벨	경험치	기본 공격 보너스	독 극복	숨겨 무기 극복	신체 변형 극복	주문 극복	마법 물품 극복
1	0	+0	13	16	12	15	14
2	1,500	+1	13	16	12	15	14
3	3,000	+1	13	16	13	15	14
4	6,000	+2	13	16	13	15	14
5	12,000	+3	12	15	11	13	12
6	25,000	+3	12	15	11	13	12
7	50,000	+4	12	15	11	13	12
8	100,000	+5	12	15	11	13	12
9	200,000	+5	11	14	9	11	10
10	300,000	+6	11	14	9	11	10

은둔 마법사 플레이북

여러분은 마법의 기예를 배우면서 젊은 시절을 보냈지만, 그 후 마을에서 정착하기로 했습니다. 이제, 여러 가지 사건이 일어난 덕분에 여러분은 집 근처에서 사는 젊은이 일행과 친구가 되었습니다. 여러분은 이들이 모르는 세상의 일들을 많이 알지만, 여러분 역시 어쩌면 젊은이들을 보고 배우면서 오래전부터 여러분을 괴롭혀오던 문제들을 해결할 수 있을지도 모릅니다.

여러분은 현명한 학자입니다. 여러분의 지능과 지혜는 10에서 시작하며, 나머지 능력치는 8에서 시작합니다

누구나 다 한때는 아이였지요. 여러분은 어떻게 자랐나요?

1d12	부모는 마을에서 어떻게 살았나요? 여러분은 무엇을 배웠나요?	습득
1	여러분은 고아입니다. 참 어렵게 살았지요.	+2 지혜, +2 건강, +1 지능
2	마땅한 이유이든 억울한 이유이든, 아버지가 추방자였습니다.	+2 지능, +1 지혜, +1 건강, 기능: 생존술
3	부모가 어부였고, 여러분은 강가에서 지냈습니다.	+2 민첩성, +1 근력, +1 지혜, 기능: 낚시
4	가족이 마을 바깥에서 작은 농장을 꾸렸습니다.	+2 건강, +1 지혜, +1 매력, 기능: 농사
5	아버지는 지역 대장장이였고, 여러분에게 망치와 풀무질을 가르쳤습니다.	+2 근력, +1 민첩성, +1 매력, 기능: 대장장이
6	이전에 아버지가 했던 것처럼 여러분도 양을 몰고 산으로 갔습니다.	+2 건강, +1 민첩성, +1 지혜, +1 근력
7	부모는 이 지역 여관을 운영했습니다. 여러분은 여러 여행자를 만나고 그들의 이야기를 들으면서 자랐습니다.	+2 매력, +1 지능, +1 민첩성, +1 지혜
8	여러분은 마치 운명의 여신처럼 베틀로 실을 자르거나 꼬았습니다.	+2 민첩성, +1 지능, +1 매력, 기능: 방직
9	부모 중 누군가가 옛이야기를 보관하고 전승했습니다. 여러분 머릿속은 부모에게 배운 이야기로 가득 찼습니다.	+2 지능, +1 매력, +1 지혜, 기능: 민간전승
10	아버지는 파수꾼이었습니다. 누구에게나 엄하지만 공정하게 대했습니다.	+2 근력, +1 매력, +1 건강, 기능: 운동
11	여러분은 숲으로 가서 약초와 산딸기를 모으곤 했습니다.	+2 지혜, +1 건강, +1 민첩성, 기능: 약초 지식
12	아버지가 지역 상인이었습니다. 여러분은 가격을 매기고 사람들을 끌어드리는 법을 배웠습니다.	+2 매력, +1 지능, +1 민첩성, 기능: 흥정

1d8	여러분은 어릴 적 어느 점이 남달랐나요?	습득
1	때로 아이들은 싸우곤 하지요. 여러분은 절대 진 적이 없습니다.	+2 근력, +1 지혜
2	여러분이 이기지 못하는 시합은 없었습니다.	+2 민첩성, +1 지능
3	여러분은 이 근방에서 가장 튼튼한 아이였습니다.	+2 건강, +1 매력
4	여러분이 모르는 비밀은 없었습니다.	+2 지능, +1 민첩성
5	여러분은 공감을 잘 해주었기 때문에 사람들이 이런저런 이야기를 털어놓았습니다.	+2 지혜, +1 건강
6	여러분은 누구에게나 사랑받았습니다.	+2 매력, +1 근력
7	여러분은 남의 문제를 잘 해결해주었지만, 자기 사정은 털어놓지 않았습니다.	+1 근력, +1 건강, +1 매력
8	사람들은 저마다 가르칠 것이 있습니다. 여러분은 여러 사람에게 이런저런 것들을 조금씩 배웠습니다.	+1 민첩성, +1 지능, +1 지혜

1d8	여기 정착한 후, 여러분은 다른 플레이어 캐릭터들과 가장 친한 친구가 되었습니다. 이 오합지졸 꼬마들 외에는 누구와 친하게 지내나요?	습득
1	파수꾼은 여러분의 조언을 신뢰합니다.	+2 근력, +1 매력
2	어부들은 때때로 여러분을 데리고 물고기를 잡습니다.	+2 민첩성, +1 지혜
3	여러분은 사냥꾼들과 야영을 하곤 합니다.	+2 건강, +1 지능
4	어르신 하나는 여러분이 바깥으로 돌아다니던 시절을 기억하며, 함께 긴 이야기를 나누기를 즐깁니다.	+2 지능, +1 민첩성
5	베 짜는 할머니는 여러분의 통찰력을 높이 평가하며 여러분을 존중합니다.	+2 지혜, +1 근력
6	여관 주인은 여러분에게 이야기를 듣는 대가로 술을 공짜로 줍니다.	+2 매력, +1 건강
7	늙은 과부가 여러분에게 집안일을 도와달라고 부탁하곤 합니다.	+1 근력, +1 지능, +1 매력
8	역전의 용병은 여러분과 이야기를 나누기를 즐깁니다.	+1 민첩성, +1 건강, +1 지혜

여러분은 마법의 기예를 배우고 이 마을에서 정착했습니다. 여러분은 2레벨 마법사가 되며, 클래스 능력으로 마법 감지와 주문 사용, 기능: 민간전승, 캔트립 마법사의 빛, 의식 마지막 안내와 마법사의 집을 얻습니다. 다음 표는 여러분이 어떤 주문을 더 익히는지 정합니다. 여러분의 은둔 생활은 어땠나요?

1d6	여러분은 어떤 종류의 마법을 펼치나요?	습득
1	진실과 명료함, 빛의 마법을 사용했습니다. 여러분은 다음 마법을 얻습니다: 주술 꿰뚫는 눈, 주술 마력 조사, 캔트립 영혼 시야	+2 지능, 주문 (왼쪽 항목)
2	사령술과 영 속박의 어두운 마법을 압니다. 여러분은 다음 마법을 얻습니다: 주술 시체 움직이기, 의식 투명 하인, 캔트립 영혼 시야	+2 지능, 주문 (왼쪽 항목)
3	훌륭한 환상술사입니다. 여러분은 다음 마법을 얻습니다: 주술 고급 환상, 의식 투명 하인, 캔트립 환상 짜기	+2 지능, 주문 (왼쪽 항목)
4	자라나는 식물과 녹색 정원의 마법을 압니다. 여러분은 다음 마법을 얻습니다: 주술 속박, 의식 치유의 딸기, 캔트립 드루이드의 손길	+2 지혜, 주문 (왼쪽 항목)
5	마법의 집을 보호하는 데 특화되어 있습니다. 여러분은 다음 마법을 얻습니다: 주술 문 잠그기, 의식 마녀의 파수꾼, 캔트립 환상 짜기	+2 지능, 주문 (왼쪽 항목)
6	사람들이 여러분의 말을 듣도록 만드는 힘의 언어를 말합니다. 여러분은 다음 마법을 얻습니다: 주술 명령의 말, 의식 힘의 지팡이, 캔트립 저주	+2 지혜, 주문 (왼쪽 항목)

1d6	여러분은 이 마을의 마녀와 어떤 사이인가요?	습득
1	마녀는 여러분을 가까운 친구이자 아군으로 여깁니다.	+2 지혜, 기능: 약초 지식
2	마녀는 여러분이 선한 성품을 가졌다는 것은 알지만, 여러분의 기이한 마법을 못마땅해합니다.	+2 지능, 기능: 금단의 비밀
3	여러분과 마녀는 친구이자 경쟁자입니다.	+2 지혜, 기능: 민간전승
4	마녀는 여러분을 멀리하며 여러분 앞에서 거의 입을 열지 않습니다.	+2 지능, 기능: 금단의 비밀
5	마녀는 여러분을 인정하며 도움을 환영하지만, 여러분이 좀 더 집 밖으로 많이 나오기를 바랍니다.	+2 지능, 기능: 고대 역사
6	마녀는 여러분의 날카로운 지성을 인정하며, 철학 논쟁을 벌이기를 즐겨합니다.	+2 지능, 기능: 논리

1d6	여러분은 어째서 제자를 들였나요? 오른편 플레이어는 즉시 지능을 +1, 매력을 -1 얻으며, 다음 사건을 함께 겪습니다.	습득
1	예전에 여러분과 마주쳤던 큰 도적 떼가 여러분의 물건을 훔치러 왔습니다. 오른편 제자는 도적들이 마을에 들어오는 것을 발견하고 여러분에게 경고해서 +1 지혜를 얻습니다.	+1 지혜, 주술: 시각 공유
2	여러분 정원이 전혀 관리가 안 되어서 엉망이 되었을 때, 젊은이가 나타나서 묻지도 않고 잡초들을 뽑기 시작했습니다. 오른편 제자는 자신도 모르던 재능을 깨닫고 언제나 여러분에게 도움을 주기 위해 돌아왔으며, +1 근력을 얻습니다.	+1 근력, 주술: 환상의 기능
3	어느 용병 무리가 마을 시장에 나타나 여러분을 찾았습니다. 오른편 제자는 여러분이 그들의 눈을 피해 비밀의 집으로 몰래 돌아가도록 도왔고, +1 민첩성을 얻습니다.	+1 민첩성, 주술: 잠의 장막
4	북쪽에서 온 어느 강력한 야만인 전사가 오래전 여러분을 끝장내셌다고 맹세를 했습니다. 이 악당은 마을까지 왔지만, 젊은이가 뒤에서 그를 후려쳐 기절시킨 다음 여러분을 도와 그를 마을 바깥의 야생지대로 치웠기 때문에 여러분에게 손 하나 댈 수 없었습니다. 오른편 제자는 +1 지혜를 얻습니다.	+1 지혜, 주술: 평화의 성역
5	어느 강력한 악마가 과거의 모욕을 갚기 위해 여러분을 뒤쫓아 마을에 왔습니다. 오른편 제자는 두려움 없이 철을 사용해 악마의 앞을 막았고, +1 지능을 얻습니다.	+1 지능, 주술: 추방
6	예전 스승의 맞수가 이제 강력한 리치가 되었습니다. 리치는 해골 전사들을 보내 마을을 공격했습니다. 여러분이 마법을 준비하는 동안, 오른편 제자는 마을 사람들을 모아 안전한 곳으로 피신시켰고, +1 매력을 얻습니다.	+1 지능, 주술: 망자 피하기

1d6	여러분 집 안, 또는 주변에 있는 특별한 장소는?	습득
1	눈에 띄지 않고 경비가 철저한 지하실.	+1 건강, 지하 저장고
2	지성 있는 박쥐 가족이 거주하는 다락.	+1 매력, 다락
3	여러분이 여러 해 동안 둥글게 쌓은, 선돌로 만든 작은 원.	+1 근력, 환상열석
4	집 남쪽 끝에 만든, 여러 가지 물품을 꽉꽉 채운 작업장.	+1 민첩성, 작업장
5	다양한 전문 서적을 갖춘 도서관.	+1 지능, 도서관
6	각종 경이로운 과일과 약초가 가득한 정원.	+1 지혜, 정원

캐릭터 시트를 채우세요!

1. 캐릭터 이름과 클래스, 레벨을 적으세요.

2. 능력치를 적으세요. 각 능력치 옆에 다음 쪽에 나온 능력치 보너스를 적으세요.

3. 캐릭터의 기능과 클래스 능력, 초기 장비 및 사고 싶은 물건을 적으세요. 은둔 마법사는 다음 장비를 가지고 시작합니다: 단검, 편안한 로브와 평범한 옷, 마을 변두리에 있는 여러분의 기이한 집, 과거 인연이 있으며 곧 들이닥칠 몇몇 방문자들, 의식에 필요한 마법 재료, 은화 4d6냥.

4. 가치관을 하나 선택하세요. 캐릭터는 질서, 혼돈, 중립 중 하나입니다. 정하지 못하겠다면 대부분 사람처럼 중립을 선택하세요.

5. 클래스에 따라 기본 공격 보너스를 받습니다. 2레벨 마법사는 +1입니다.

6. 행동 순서는 캐릭터 레벨+민첩성 보너스+0(마법사) 입니다.

7. 캐릭터의 장갑 수치는 10+민첩성 수정치+캐릭터가 받는 장갑 보너스입니다.

8. 캐릭터의 행운 점수는 3점입니다.

9. 캐릭터의 HP는 처음에 6+건강 보너스로 시작하며, 2레벨이 되면서 1d6+건강 보너스를 더합니다.

10. 다음 쪽에 나온 극복 판정 수치를 적으세요.

11. 캐릭터가 사용할 법한 무기의 수치를 '명중 보너스'와 '피해' 항목에 적으세요. 근접 무기 명중 보너스는 기본 공격 보너스+근력 보너스이며, 원거리 무기 공격 보너스는 기본 공격 보너스+민첩성 보너스입니다. 근력 보너스는 근접 무기의 피해에도 더합니다.

146

참고 사항

판정

능력치 판정: d20을 굴린 다음 주사위 결과를 관련 능력치와 비교하세요. 주사위 결과가 능력치와 같거나 낮다면 성공입니다. 주사위 결과가 능력치보다 높다면 실패입니다.

극복 판정: d20을 굴립니다. 주사위 결과가 극복 판정 수치와 같거나 높다면 성공입니다.

전투 판정: d20을 굴린 다음, 관련 공격 보너스를 더합니다. 상대의 **장갑** 수치와 비교하세요. 판정 결과가 상대 장갑 수치와 같거나 높다면 공격은 명중합니다. 판정 결과가 장갑 수치보다 낮다면 빗나갑니다.

클래스 능력

체력 주사위: d6
행동 순서 보너스: +0
갑옷: 은둔 마법사는 갑옷을 입을 수 없습니다.

주문 사용: 은둔 마법사는 캔트립, 주술, 의식이라는 서로 다른 세 가지 방식으로 마법의 힘을 사용할 수 있습니다. 캐릭터가 처음 가지고 시작하는 주문은 플레이북을 참조하세요.

마법 감지: 은둔 마법사는 선천적으로 마법을 민감하게 느끼기 때문에, 특정한 사람이나 장소, 또는 물건에 마법의 기운이 깃들여 있는지 알아낼 수 있습니다. 마법을 감지하려면 몇 분 정도 집중해야 하므로, 단순히 보는 것만으로는 대상이 마법적인 기운을 띄고 있는지 알 수 없습니다. 사람들은 캐릭터가 자신들을 강렬하게 지켜보거나 식사 시간이 돼도 음식에 집중하지 않는 모습을 보고 마법을 감지하려 한다는 것을 쉽게 알아차릴 수 있습니다. 마스터는 캐릭터가 유난히 강력한 마법 근처에 있다면 즉시 마법의 기운을 알아차릴 수 있다고 정할 수 있습니다.

행운 점수

캐릭터는 행운 점수를 다음 방식으로 사용할 수 있습니다.

친구 돕기: 보통, 캐릭터는 관련 기능이 있어야만 친구의 능력치 판정을 도울 수 있습니다. 하지만 행운 점수를 1점 쓴다면, 해당 판정에 활용할 수 있는 적합한 기능이 없더라도 친구를 도와 판정에 +2 보너스를 줄 수 있습니다.

재도전: 캐릭터는 행운 점수를 1점 써서 능력치 판정이나 극복 판정, 명중 판정처럼 플레이 중에 일어나는 실패한 판정을 다시 굴릴 수 있습니다.

죽음 속이기: 죽을 위기에 처한 캐릭터는 행운 점수를 1점 써서 HP를 0으로 안정시키고 추가 피해를 받지 않을 수 있습니다.

능력치	보너스
1	-4
2-3	-3
4-5	-2
6-8	-1
9-12	0
13-15	+1
16-17	+2
18-19	+3

레벨	경험치	기본 공격 보너스	독 극복	숨결 무기 극복	신체 변형 극복	주문 극복	마법 물품 극복
1	0	+0	14	15	13	12	11
2	2,500	+1	14	15	13	12	11
3	5,000	+1	14	15	13	12	11
4	10,000	+2	14	15	13	12	11
5	20,000	+2	14	15	13	12	11
6	40,000	+3	13	13	11	10	9
7	80,000	+3	13	13	11	10	9
8	150,000	+4	13	13	11	10	9
9	300,000	+4	13	13	11	10	9
10	450,000	+5	13	13	11	10	9

은퇴한 참전용사 플레이북

여러분은 질릴 정도로 전쟁을 맛보았습니다. 젊은 시절, 여러분은 고향에서 멀리 떨어진 전투에 참전해 군주와 장군들을 위해 싸웠습니다. 이제 여러분은 이 마을에 정착해 조용한 삶을 누릴 준비를 하고 있습니다. 하지만 여러분 주변에는 이 꼬마들이 있고, 누군가는 꼬마들에게 자신을 지키는 법을 가르쳐 주어야 합니다.

여러분은 강인하며 똑똑합니다. 여러분의 건강과 지능은 10에서 시작하며, 나머지 능력치는 8에서 시작합니다.

누구나 다 한때는 아이였지요. 여러분은 어떻게 자랐나요?

1d12	부모는 마을에서 이렇게 살았나요? 여러분은 무엇을 배웠나요?	습득
1	여러분은 고아입니다. 참 어렵게 살았지요.	+2 지혜, +2 건강, +1 지능
2	마땅한 이유이든 억울한 이유이든, 아버지가 추방자였습니다.	+2 지능, +1 지혜, +1 건강, 기능: 생존술
3	부모가 어부였고, 여러분은 강가에서 지냈습니다.	+2 민첩성, +1 근력, +1 지혜, 기능: 낚시
4	가족이 마을 바깥에서 작은 농장을 꾸렸습니다.	+2 건강, +1 지능, +1 매력, 기능: 농사
5	아버지는 지역 대장장이였고, 여러분에게 망치와 풀무질을 가르쳤습니다.	+2 근력, +1 민첩성, +1 매력, 기능: 대장장이
6	이전에 아버지가 했던 것처럼 여러분도 양을 몰고 산으로 갔습니다.	+2 건강, +1 민첩성, +1 지혜, +1 근력
7	부모는 이 지역 여관을 운영했습니다. 여러분은 여러 여행자들을 만나고 그들의 이야기를 들으면서 자랐습니다.	+2 매력, +1 지능, +1 민첩성, +1 지혜
8	여러분은 마치 운명의 여신처럼 베틀로 실을 자르거나 꼬았습니다.	+2 민첩성, +1 지능, +1 매력, 기능: 방직
9	부모 중 누군가가 옛 이야기를 보관하고 전승했습니다. 여러분 머릿속은 부모에게 배운 이야기로 가득 찼습니다.	+2 지능, +1 매력, +1 지혜, 기능: 민간전승
10	아버지는 파수꾼이었습니다. 누구에게나 엄하지만 공정하게 대했습니다.	+2 근력, +1 매력, +1 건강, 기능: 운동
11	여러분은 숲으로 가서 약초와 산딸기를 모으곤 했습니다.	+2 지혜, +1 건강, +1 민첩성, 기능: 약초 지식
12	아버지가 지역 상인이었습니다. 여러분은 가격을 매기고 사람들을 끌어드리는 법을 배웠습니다.	+2 매력, +1 지능, +1 민첩성, 기능: 흥정

1d8	여러분은 어릴 적 어느 점이 남달랐나요?	습득
1	때로 아이들은 싸우곤 하지요. 여러분은 절대 진 적이 없습니다.	+2 근력, +1 지혜
2	여러분이 이기지 못하는 시합은 없었습니다.	+2 민첩성, +1 지능
3	여러분은 이 근방에서 가장 튼튼한 아이였습니다.	+2 건강, +1 매력
4	여러분이 모르는 비밀은 없었습니다.	+2 지능, +1 민첩성
5	여러분은 공감을 잘 해주었기 때문에 사람들이 이런저런 이야기를 털어놓았습니다.	+2 지혜, +1 건강
6	여러분은 누구에게나 사랑받았습니다.	+2 매력 +1 근력
7	여러분은 남의 문제를 잘 해결해주었지만, 자기 사정은 털어놓지 않았습니다.	+1 근력, +1 건강, +1 매력
8	사람들은 저마다 가르칠 것이 있습니다. 여러분은 여러 사람들에게 이런 저런 것들을 조금씩 배웠습니다.	+1 민첩성, +1 지능, +1 지혜

1d8	여러분은 다른 플레이어 캐릭터들과 가장 친한 친구가 되었습니다. 이 오합지졸 꼬마들 외에는 영지 근처의 다른 사람 중 누구와 친하게 지냈나요?	습득
1	사냥개 몰이꾼 대장과 친하게 지내면서 이야기를 주고받았습니다.	+2 근력, +1 매력
2	어부들은 여러분을 마음에 들어 해서 서로 이야기를 주고받았습니다.	+2 민첩성, +1 지혜
3	영지를 돌아다니면서 어느 행상인과 친구가 되기까지 했습니다.	+2 건강, +1 지능
4	이 가문의 집사와 체스를 두곤 합니다.	+2 지능, +1 민첩성
5	요리사와 함께 시간을 보내면서 쉽게 알 수 없는 성안의 생활을 익혔습니다.	+2 지혜, +1 근력
6	성의 안주인과 각종 문제를 의논했습니다.	+2 매력, +1 건강
7	마음 속 시름을 잊기 위해, 성에 있는 모든 사람을 만나면서 각종 일을 했습니다.	+1 근력, +1 지능, +1 매력
8	노련한 경비대장이 여러분을 무척 마음에 들어 합니다.	+1 민첩성, +1 건강, +1 지혜

마을에 정착하기 전, 여러분은 수많은 전투에 참전했습니다. 여러분은 2레벨 전사가 되며, 클래스 능력으로 무기 숙련과 특기, 기능: 전술을 얻습니다. 다음 표는 여러분의 클래스 능력을 더욱 명확하게 정합니다. 여러분은 전쟁에 나가서 어떤 일을 겪었나요?

1d6	첫 전투에서는 어떤 일을 겪었나요?	습득
1	행군 도중 날카로운 눈과 귀로 적의 습격을 눈치챘습니다.	+2 지혜, 기능: 경계
2	직속상관이 쓰러져서, 여러분이 책임을 맡았습니다.	+2 매력, 기능: 지휘
3	전투가 벌어지기 전에는 겁을 먹었지만, 양측이 맞부딪친 다음부터 마치 신들린 것처럼 싸웠습니다.	+2 근력, 기능: 위협
4	적의 보급선을 습격하는 작전에 선발되었습니다.	+2 민첩성, 기능: 은신
5	자신도 믿기지 않지만, 전투가 벌어지기 전에 무심코 지휘관에게 무척 훌륭한 조언을 주었습니다.	+2 지능, 기능: 전술
6	머나먼 땅에서 전투에 참여하기 전, 전우들과 함께 길고 힘든 행군을 견디어야 했습니다.	+2 건강, 기능: 생존술

1d6	마지막 전투에서는 어떤 일을 겪었나요?	습득
1	군대가 서로 대치하고 있을 때, 적장이 교섭을 제안했습니다. 여러분은 이 세상에는 무력 외에도 다른 길이 있다는 사실을 깨달았습니다. **무기 숙련** 능력으로 창을 선택합니다.	+2 매력, 무기 숙련 (왼쪽 항목)
2	습격조로 선발되어 적의 영토로 깊숙하게 침투했을 때, 여러분은 전쟁이 평범한 사람들을 어떻게 짓밟는지 직접 목격했고 자신의 삶을 바꾸기로 했습니다. **무기 숙련** 능력으로 전투 도끼를 선택합니다.	+2 건강, 무기 숙련 (왼쪽 항목)
3	일대일 전투에서 적의 용사를 죽였습니다. **무기 숙련** 능력으로 대형도끼를 선택합니다.	+2 근력, 무기 숙련 (왼쪽 항목)
4	지휘관이 사악한 자라는 사실을 깨닫고 탈영했습니다. 어떤 이들은 불명예스러운 행위라고 말하겠지만, 여러분은 자신의 선택에 한 점 부끄러움이 없습니다. **무기 숙련** 능력으로 장검을 선택합니다.	+2 근력, 무기 숙련 (왼쪽 항목)
5	적의 무시무시한 돌격으로 수많은 전우가 죽어갈 때, 여러분 홀로 살아남았습니다. **무기 숙련** 능력으로 창을 선택합니다.	+2 건강, 무기 숙련 (왼쪽 항목)
6	여러분이 속한 궁병대가 적 기병대의 돌격을 격퇴해서 승리를 거두었습니다. **무기 숙련** 능력으로 장궁을 선택합니다.	+2 민첩성, 무기 숙련 (왼쪽 항목)

1d6	여러분은 어째서 제자를 들였나요? 오른편 플레이어는 즉시 근력을 +1, 지능을 -1 얻으며, 다음 사건을 함께 겪습니다.	습득
1	마을에 정착한 지 얼마 지나지 않아, 여러분은 젊은이가 괴롭힘을 당하는 모습을 목격하고 도와주기로 했습니다. 오른편 제자는 여러분에게 한 두 가지 재주를 배운 후 불량배에게 맞서 싸웠고, +1 건강을 얻습니다.	+1 건강, 특기: 저항력
2	어느 날 저녁, 한 사악한 요정이 마을 변두리에서 젊은이를 괴롭히고 있었습니다. 여러분은 젊은이를 도와 요정을 내쫓았습니다. 오른편 제자는 여러분의 도움으로 아무 탈 없이 살아남았고, +1 민첩성을 얻습니다.	+1 민첩성, 특기: 방어형 전투
3	몇 년 전 가을 축제에서 레슬링 대회가 열렸을 때 젊은이는 대회에 참여하기로 했습니다. 여러분은 그가 안쓰러워서 훈련을 도와주었습니다. 오른편 제자는 결국 졌지만 많은 것을 배웠고, +1 근력을 얻습니다.	+1 근력, 특기: 빙이형 진투
4	지난겨울 어느 사악한 상인과 난폭한 부하들이 마을에 왔을 때, 이들은 몇몇 마을 사람들을 위협해 재물을 빼앗았습니다. 젊은이는 이에 맞서 무언가 하기를 원했고 여러분은 그를 돕겠다고 했습니다. 오른편 제자는 상인의 부하가 늙은 과부를 괴롭히지 못하게 막았고, +1 근력을 얻습니다.	+1 근력, 특기: 강한 일격
5	젊은이는 이틀 걸리는 거리에 있는 이웃 마을에 무언가를 전달해야 했습니다. 여러분은 그가 길 위에서 마주칠지도 모르는 위험이 우려되어서 자청해서 여행에 따라나섰습니다. 오른편 제자는 여행 동안 여러분의 말을 한 마디 한 마디 철저히 지켰고, +1 지혜를 얻습니다.	+1 지혜, 특기: 저항력
6	야만인 무리가 마을 근처를 약탈할 당시, 마을의 아이들은 전쟁을 지나치게 일찍 겪어야 했습니다. 여러분은 그중에서 이 젊은이에게 싸우는 법을 가르쳤습니다. 오른편 제자는 마을 사람들이 야만인 무리를 격퇴할 때 여러분 옆에 함께 서서 싸웠고, +1 건강을 얻습니다.	+1 건강, 특기: 방어형 전투

1d6	여러분은 옛 전쟁의 추억으로 무슨 기념품을 지니고 있나요?	습득
1	부대원들의 꿈.	+1 매력, 오래된 보물 지도
2	지휘관의 호의.	+1 지능, 얻기 힘든 훈장
3	어느 전사한 전우의 징표.	+1 건강, 조각상
4	완패한 후 항복한 어느 적의 무기.	+1 민첩성, 외국의 무기
5	용사의 칭호.	+1 근력, 장식한 단검
6	부대의 행진가.	+1 건강, 커다란 뿔피리

캐릭터 시트를 채우세요!

1. 캐릭터 이름과 클래스, 레벨을 적으세요.

2. 능력치를 적으세요. 각 능력치 옆에 다음 쪽에 나온 능력치 보너스를 적으세요.

3. 캐릭터의 기능과 클래스 능력, 초기 장비 및 사고 싶은 물건을 적으세요. 은퇴한 참전용사는 다음 장비를 가지고 시작합니다: 단검, 농부의 옷, 갑옷 위에 착용하는 군복, 선택한 무기, 가죽 갑옷 (+2 장갑), 방패 (+1 장갑), 은화 4d10냥.

4. 가치관을 하나 선택하세요. 캐릭터는 질서, 혼돈, 중립 중 하나입니다. 정하지 못하겠다면 대부분 사람처럼 중립을 선택하세요.

5. 클래스에 따라 기본 공격 보너스를 받습니다. 2레벨 전사는 +2입니다.

6. 행동 순서는 캐릭터 레벨+민첩성 보너스+1(전사) 입니다.

7. 캐릭터의 **장갑** 수치는 10+**민첩성** 수정치+캐릭터가 받는 **장갑** 보너스입니다.

8. 캐릭터의 **행운 점수**는 3점입니다.

9. 캐릭터의 HP는 처음에 10+**건강** 보너스로 시작하며, 2 레벨이 되면서 1d10+**건강** 보너스를 더합니다.

10. 다음 쪽에 나온 극복 판정 수치를 적으세요.

11. 캐릭터가 사용할 법한 무기의 수치를 '명중 보너스'와 '피해' 항목에 적으세요. 근접 무기 명중 보너스는 기본 공격 보너스+**근력** 보너스이며, 원거리 무기 공격 보너스는 기본 공격 보너스+**민첩성** 보너스입니다. **근력** 보너스는 근접 무기의 피해에도 더합니다. 무기 숙련으로 받는 보너스를 잊지 마세요!

참고 사항

판정

능력치 판정: d20을 굴린 다음 주사위 결과를 관련 능력치와 비교하세요. 주사위 결과가 능력치와 같거나 낮다면 성공입니다. 주사위 결과가 능력치보다 높다면 실패입니다.

극복 판정: d20을 굴립니다. 주사위 결과가 극복 판정 수치와 같거나 높다면 성공입니다.

전투 판정: d20을 굴린 다음, 관련 공격 보너스를 더합니다. 상대의 **장갑** 수치와 비교하세요. 판정 결과가 상대 **장갑** 수치와 같거나 높다면 공격은 명중합니다. 판정 결과가 **장갑** 수치보다 낮다면 빗나갑니다.

클래스 능력

체력 주사위: d10
행동 순서 보너스: +1
갑옷: 은퇴한 참전용사는 아무 갑옷이나 입을 수 있습니다.

무기 숙련: 은퇴한 참전용사는 특별하게 잘 다루는 선호 무기가 있습니다. 캐릭터가 잘 다루는 무기는 플레이북에 있습니다. 캐릭터는 선택한 무기를 들고 싸울 때 명중에 +1 보너스, 피해에 +2 보너스를 받습니다.

특기: 은퇴한 참전용사는 경험을 쌓으면서 몇 가지 재주를 얻어 좀 더 강해질 수 있습니다. 캐릭터가 받는 첫 번째 특기는 플레이북에 있습니다. 이후 얻을 다음 특기는 **울타리 너머, 또 다른 모험으로** p.10을 참조하세요.

행운 점수

캐릭터는 행운 점수를 다음 방식으로 사용할 수 있습니다.

친구 돕기: 보통, 캐릭터는 관련 기능이 있어야만 친구의 능력치 판정을 도울 수 있습니다. 하지만 행운 점수를 1점 쓴다면, 해당 판정에 활용할 수 있는 적합한 기능이 없더라도 친구를 도와 판정에 +2 보너스를 줄 수 있습니다.

재도전: 캐릭터는 행운 점수를 1점 써서 능력치 판정이나 극복 판정, 명중 판정처럼 플레이 중에 일어나는 실패한 판정을 다시 굴릴 수 있습니다.

죽음 속이기: 죽을 위기에 처한 캐릭터는 행운 점수를 1점 써서 HP를 0으로 안정시키고 추가 피해를 받지 않을 수 있습니다.

능력치	보너스
1	-4
2-3	-3
4-5	-2
6-8	-1
9-12	0
13-15	+1
16-17	+2
18-19	+3

레벨	경험치	기본 공격 보너스	독 극복	숨결 무기 극복	신체 변형 극복	주문 극복	마법 물품 극복
1	0	+1	14	17	15	17	16
2	2,000	+2	14	17	15	17	16
3	4,000	+3	13	16	14	14	15
4	8,000	+4	13	16	14	14	15
5	16,000	+5	11	14	12	12	13
6	32,000	+6	11	14	12	12	13
7	64,000	+7	10	13	11	11	12
8	120,000	+8	10	13	11	11	12
9	240,000	+9	8	11	9	9	10
10	360,000	+10	8	11	9	9	10

Beyond the Wall and Other Adventures uses several terms and names that are Copyright 2000-2003 Wizards of the Coast, Inc. These terms are used under the terms of the Open Game License v1.0a, and are designated as Open Content by that license.

All proper nouns, names, product line, trade dress, and art is Product Identity. Everything else is open game content.

Share and enjoy.